# 每天一个人生思考

柯　君◎编著

地震出版社

**图书在版编目（CIP）数据**

每天一个人生思考/柯君编著．—北京：地震出版社，2010.11

ISBN 978-7-5028-3785-3

Ⅰ.①每…　Ⅱ.①柯…　Ⅲ.①人生哲学－通俗读物
Ⅳ.①B821-49

中国版本图书馆 CIP 数据核字（2010）第 158298 号

**地震版**　XT201000149（XM0034）

**每天一个人生思考**

**柯　君　编著**

**责任编辑：江　楚**

**责任校对：宋　玉**

---

出版发行：地震出版社

北京民族学院南路 9 号　　邮编：100081
发行部：68423031　68467993　　传真：88421706
门市部：68467991　　传真：68467991
总编室：68462709　68423029　　传真：68455221
E—mail：seis@ht. rol. cn. net

经销：全国各地新华书店

印刷：九洲财鑫印刷有限公司

---

版（印）次：2010 年 11 月第一版　2010 年 11 月第一次印刷
开本：787×1092　1/16
字数：287 千字
印张：20
书号：ISBN 978-7-5028-3785-3/B（4425）
定价：36.00 元

# 前言

FOREWORD

什么是人生？人生的价值何在？每个人对人生都会有自己的价值定位和实际追求，如何选择全在于自己。

关于人生的种种思考，每个人都会得出不同的答案。每一种答案都决定着一条道路，按照自己的路走下去，向着心中的目标前行，绝不后悔自己的选择，因为人生只有一次无法重复。

讲一个关于苏格拉底的故事：

几个学生问哲学家苏格拉底："人生是什么？"

苏格拉底并未直接回答，而是把他们带到一片苹果林，让他们从果林的这头走到那头，每人挑选一只自己认为最大最好的苹果。不许走回头路，不许选择两次。

在穿过苹果林的过程中，学生们认真细致地挑选自己认为最大最好的苹果。等大家来到苹果林的另一端，苏格拉底已经在那里等候他们了。他笑着问学生："你们挑到了自己最满意的果子吗？"学生们四目相视，没有回答。

苏格拉底见状，又问："怎么啦，难道你们对自己的选择不满意？"

"老师，让我们再选择一次吧，"一个学生请求说，"我刚走进果林时，就发现了一个很大很好的苹果，但我还想找一个更大更好的。当我走到果林尽头时，才发现第一次看到的那个就是最大最好的。"

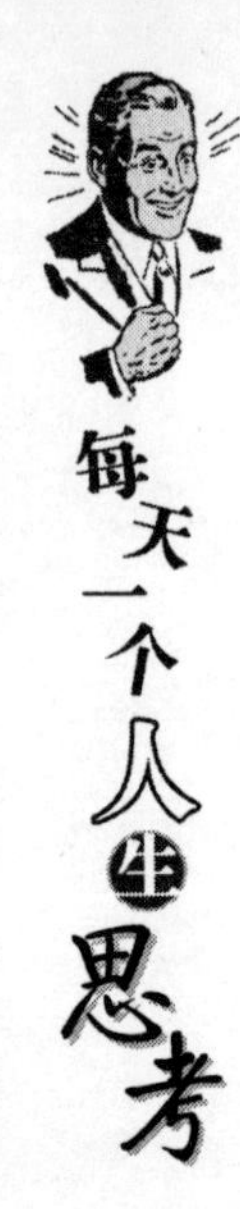


另一个接着说："我和他恰好相反。我走进果林不久，就摘下一个我认为最大最好的果子，可是，后来我又发现了更好的。所以，我有点后悔。"

"老师，让我们再选择一次吧！"其他学生也不约而同地请求。

苏格拉底笑了笑，语重心长地说："孩子们，这就是人生——人生就是一次无法重复的选择。"

人生是一段没有回程的路，选择了就不要后悔。在纷繁复杂的社会，寻找片刻的宁静，沉淀思绪，着眼未来，思考自己的人生。

《每天一个人生思考》将解开你关于人生的种种疑问，带给你全新的感受，帮你重新定位自己的人生。

本书从十二个方面：希望、人生规划、财富、自信、诚信、友谊、交往、心态、处世、成败、得失、幸福等全面思考人生，帮助你定位自己的人生，选择自己的生活。阅读完本书，你会有一种焕然一新的感觉，重新点燃心中的激情，向着理想的生活迈进，活出全新的自己。

## 第一章　关于人生希望的思考

希望是什么？人活着为什么要有希望？一个简单的被无数人无数次提及的问题，却没有一个明确的答案。每个人的心中都有或曾经有过希望，都正在或曾经在希望的牵引下寻找自己的人生。



## 第二章　关于人生规划的思考

完美人生早规划，青年励志要趁早。如何在竞争激烈的社会脱颖而出，如何成为社会精英，取决于你的人生蓝图。想成为什么样的人，如何实现心中的理想，这一切都需要提前设计好。

## 第三章　关于人生财富的思考

什么是财富？财富就是一个人拥有并能使自己幸福的东西。人活着就是在寻找幸福，而财富是获得幸福的保障。财富是人们最难拥有，也最希望拥有的东西，但它不是人生唯一的追求。



## 第四章　关于人生自信的思考

“这个世界上，没有人能够使你倒下，如果你自己的信念还站立的话。”

——马丁·路德金

自信的人永远不会倒下，自信的人生充满骄傲。自信是一种境界，当你真正达到这种境界时，你就会发现身边的变化，发现一股源于内心的力量。

## 第五章 关于人生诚信的思考

诚信，诚实守信。诚，即真诚、诚实；信，即守承诺、讲信用。做人真诚，做事有信，唯有如此，才能得到人们的信任与帮助。

人生在世，唯真诚者幸福，他们内心平静，恪守信用，因此得到人们的赞誉，享受美好的生活。





## 第六章 关于人生友谊的思考

所谓友谊实即人与人之间的一种良好的关系，其中包括了解、欣赏、信任、容忍、牺牲……诸多美德。如果以友谊做基础，则其他的各种关系如父子、夫妇、兄弟之类均可圆满地建立起来……“君子之交淡若水”，因为淡所以不腻，才能持久。“与朋友交，久

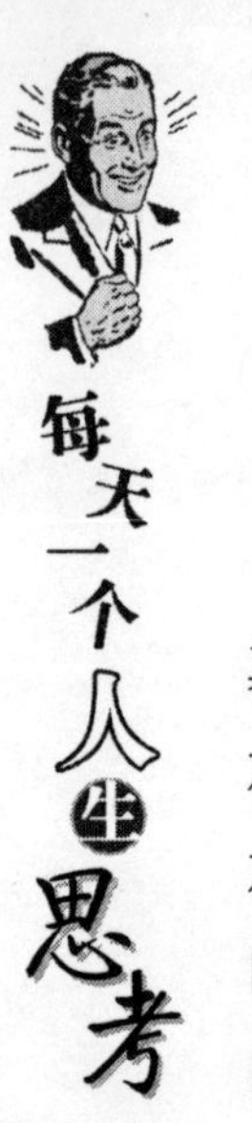


而敬之。”敬就是保持距离，也就是防止过分地亲昵。不过“狎而敬之”是很难的。需要注意的是，友谊不可透支，总要保留几分。

——梁实秋



## 第七章　关于人生交往的思考

交往是人类的基本需要，从古至今，人们都极为重视交友之道。与人交往，以礼相待，以诚相见，这是交往的前提。通过交往，建立信任，结交朋友，继而分享喜悦，分担忧愁。

一死一生，就知道了交情的深浅；一贫一富，就知道了交友的态度；一贵一贱，交友的真情自然可见。

——《汉书》

## 第八章　关于人生心态的思考

马斯洛说过：心态若改变，态度跟着改变；态度改变，习惯跟着改变；习惯改变，性格跟着改变；性格改变，人生就跟着改变。从马斯洛的话中可以看出，改变心态是第一位的。拥有良好的心态，健康的身体、成功的事业、幸福的生活也将随之而来……



## 第九章　关于人生处世的思考

古人云："世事如棋局，不着的才是高手；人生似瓦盆，打破了方见真空。"意思是说，世间之事，有如一盘棋局，只要有争斗，就会有输赢胜败，只有不着一子，与世无争，才是真正的世外高人；人生在世，就好像生活在一个封闭的瓦盆之中，追名逐利，忙碌终生，只有冲破这个蒙蔽人的本性的瓦盆，才能悟解人生的真谛，达到超凡入圣的境界。

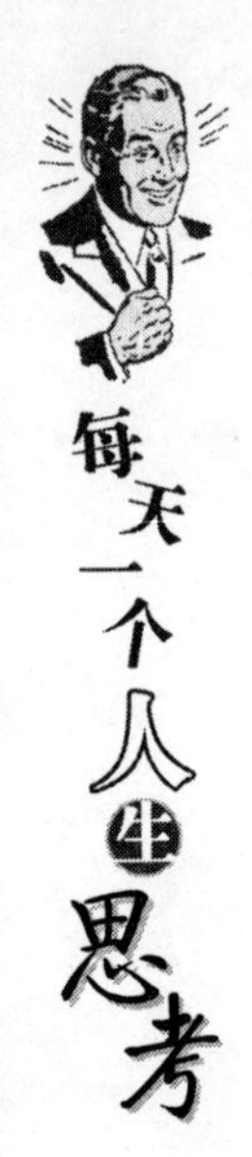




## 第十章 关于人生成败的思考

拍拍身上的灰尘/振作疲惫的精神/远方也许尽是坎坷路/也许要孤孤单单走一程/莫笑我是多情种/莫以成败论英雄/人的遭遇本不同/但有豪情壮志在我胸

——《壮志在我胸》

每个人的境遇有不同，成功与失败，不是评价一个人价值的标准。无论成败，都只是过眼云烟，未来的一切会更美好，你的人生路标指向远方。



## 第十一章 关于人生得失的思考

得失是一种轮回，得失之间：得必失，失必得。人生在世，如果太在意得失，必受其累。

得之泰然，失之淡然，此谓得失之最高境界。看淡得失，珍惜现在所拥有的一切，你就会感受到生命的本真和幸福。

## 第十二章　关于人生幸福的思考

研究表明，幸福是由复杂的因素构成的，明显处于理想环境的人也未必幸福，因为理想环境也许与一个人的实际情感没太大关系。其实，一个人幸福与否，关键在于自己的内心。当你满足时，就会觉得一切都那么美好；当你被外物所扰，就会迷失在生活中而烦闷不已。

# 第一章

# 关于人生希望的思考

希望是什么？人活着为什么要有希望？一个简单的被无数人无数次提及的问题，却没有一个明确的答案。每个人的心中都有或曾经有过希望，都正在或曾经在希望的牵引下寻找自己的人生。

## 希望是盏不灭的灯

希望是盏不灭的灯，为无数人找到人生的方向。希望犹如童话中的阿拉丁神灯，它带给人们战胜一切困难的勇气和力量。

有一盏不灭的灯，静静跳跃，温暖暗淡的长夜，它的名字叫希望。

有一盏不灭的灯，恣意燃烧，迎接破晓的清晨，它的名字叫希望。

有一盏不灭的灯，灼灼耀目，照亮迷途的彷徨，它的名字叫希望。

温家宝总理在亚洲博鳌论坛上反复提到“希望”二字，意在鼓励人们坚强，走出困境。希望就像黑夜里的星星，在漆黑的夜晚给人指明方向。希望就像一盏永不灭的灯火，支撑着人们度过黑夜，走向灿烂的明天。

莎士比亚曾经告诉过我们：“希望在任何时候都是一种支撑生命的安全力量。”这不仅仅是一句话，更是一条永远不灭的永恒的真理，并且至始至终提醒着我们：绝望产生希望，希望点缀人生！

希望使人一步步地向成功迈进，无论过程多么艰辛。霍金说过：“无论命运有多坏，人总应有所作为，有生命就有希望。”这句话表达出霍金

的心声，他用行动证明了一切。毕竟，有希望的生命才是有意义的，霍金从他患病开始就保持着强烈的希望，并在希望的指引下一步步迈向成功。

司马迁也是如此，他一心为了完成巨著，强忍着身心的苦痛。只是希望恢弘历史千古传诵，希望灿烂文化得以传承。为了希望，他万寻众索；为了希望，他呕心沥血，为后人留下了一笔宝贵的财富。

希望是一盏不灭的灯，点亮人生，给人力量。在人生的旅途中，最重要的既不是财富，也不是地位，而是自己胸中像火焰一般熊熊燃起的意念，即“希望”。因为那种毫不计较得失、为了巨大希望而活下去的人，肯定会生出勇气，不以困难为事，激发出巨大的激情，闪烁出洞察现实的睿智之光。只有睿智之光与时俱增、终生怀有希望的人，才是具有最高信念的人，才会成为人生的胜利者。

亚历山大大帝给希腊和东方的世界带来了文化的融合，开辟了一直影响到现在的丝绸之路的丰饶世界。据说，在出发远征波斯之前，他需要筹钱买进种种军需品和粮食等物，但他早已把珍爱的财宝和他领有的土地，几乎全部都分给臣下了。

群臣之一的庇尔狄迦斯深以为怪，便问亚历山大大帝：“陛下带什么启程呢？”

对此，亚历山大回答说：“我只有一个财宝，那就是‘希望’。”

生活中需要希望，没有希望，生活将无法继续；学习中需要希望，没有希望，学习将毫无乐趣；成功需要希望，没有希望，我们面临的只有失败与挫折；人生需要希望，没有希望，生命将如一口枯井，了无生趣，人生也就失去了意义。

点亮不灭的心灯，以温暖的希望之火照亮危机四伏的暗夜，凭梦想的火焰融化坎坷与挫折的坚冰，擎一盏不灭的心灯，走在人生的寻梦之路，即使踽踽独行，也将不畏黑暗与孤独。

在马来西亚的一个国际心理学会议上，一位俄国心理学家向华先生大力推荐他所创立的积极心理治疗理论。

俄国人讲了他做过的一个试验：将两只大白鼠丢入一个装了水的器皿中，它们会拼命地挣扎求生，一般维持的时间是8分钟左右。然后，他在同样的器皿中放入另外两只大白鼠，在它们挣扎了5分钟左右的时候，放入一个可以让它们爬出器皿的跳板，这两只大白鼠得以活下来。若干天后，再将这对大难不死的大白鼠放入同样的器皿，结果令人吃惊：两只大白鼠竟然可以坚持24分钟，3倍于一般情况下能够坚持的时间。

这位心理学家总结说：前面的两只大白鼠，因为没有逃生的经验，它们只能凭自己本来的体力来挣扎求生；而有过逃生经验的大白鼠却多了一种精神的力量，它们相信在某一个时候，一个跳板会救它们出去，这使得它们能够坚持更长的时间。这种精神力量，就是积极的心态，或者说是内心对一个好的结果心存希望。

当时，华先生心里想着那两只大白鼠，总觉得不是滋味，就略带反感地对俄国人说，有希望又怎么样，最后它们还不是死了。出乎华先生的意料，这时，俄国人告诉华先生：不，它们没有死。在第24分钟时，华先生看它们实在不行了，就把它们捞出来了。

华先生问：为什么要那么做？

俄国人说：因为有积极心态的大白鼠有价值，更值得活下去。我们人类应尊重一切希望，哪怕是大白鼠内心的希望。

希望就是力量。在很多情形下，希望的力量可能比知识的力量更强大，因为只有在希望的支撑和引领下，知识才能被更好地利用。

如果一个人现在一无所有，但是只要拥有希望这盏永远不会熄灭的灯，他就可能拥有一切，而一个人即使拥有一切，却没有希望，即使是白昼，他的人生也是暗淡无光的。

当中世纪的黑暗将最后一抹追求真理的星火吞噬，布鲁诺用不屈的追求，不灭的心灯，燃起了熊熊的生命之火，灼热了愚昧大众蒙蔽的双眼。

希望是一盏永远不会熄灭的心灯，汇成一把燃烧着希望的火炬，撼动人生。只要心存希望，人生就有意义。如果一个人没有了希望，他的生活将变得暗淡无光。让我们看看下面这个故事：

一个中年人因为偏瘫住进了医院，他气色很好，其他器官也很正常，但就是左半边的身体失去了知觉。

中年人的一个朋友带着小孩去探望他，小孩在病房里大喊大叫，朋友气愤之下便伸手去拧孩子的耳朵，孩子痛得尖叫起来。中年人叹了口气说："我真羡慕小孩子呀！"

朋友问："羡慕小孩子的天真无邪？"中年人摇了摇头。

"羡慕小孩子的无忧无虑？"中年人又摇了摇头。

"那你到底羡慕的是什么呢？"

中年人长吁了一声，两眼涌满了泪花说："我只是羡慕小孩子能感觉到疼痛啊！"朋友一听，愣住了。

中年人叹了口气解释说："我这种病，治来治去，不过是为了让自己能重新站起来。如今我这半边身体就像是木头，用针刺也没有一丝反应，如果它能感觉到疼痛，那么我的康复就有希望了。"

拥有希望是一件幸福的事，它点亮人生，指引你找到方向。没有希望的人是可悲的，他们就像故事中的中年人一样，即使用针扎也没有丝毫反应。

希望是盏不灭的灯，面对挫折和不幸，不要绝望，不要放弃，因为希望就在你的手中。唯有希望才能战胜厄运，照亮人生之路。西班牙思想家松苏内吉曾说过：“我唯一不能缺少的东西就是希望。”拥有了希望，无论处在怎样的黑暗之中也会看到光明，无论经受怎样的痛苦也会感到快乐。

点亮希望的心灯，让生活变得更加精彩！

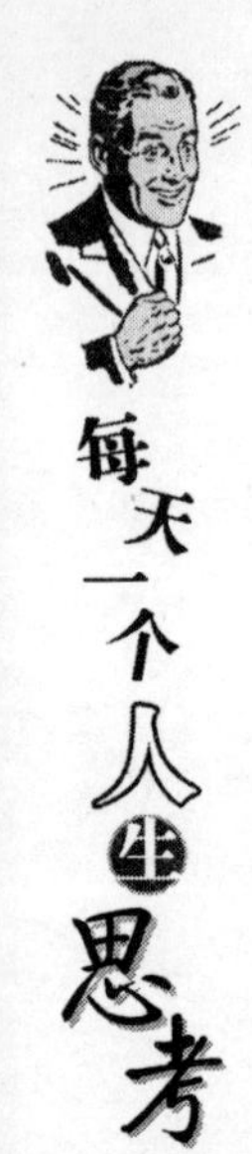

## 明天比今天更精彩

拥有希望的人生是精彩的，拥有希望的人相信明天会更加精彩。希望总是好的，它能让人看到光明的未来，拥有不断进取的动力。

人的一生不可能一帆风顺，难免有坎坷创伤，只要心中有希望并竭尽全力，明天一定会比今天好，未来一定会更加精彩。

现在，很多年轻人都有过这样的苦恼，他们苦苦寻觅人生的意义，却又毫无头绪。他们对自己的前途感到迷茫，不知所措。这是由于他们没有梦想，没有希望。

小刚是一名平时就不太努力的学生，高考成绩当然也意料之中地不怎么样，但正是这一次的成绩让他思考了几天，认识到自己以前都是在为父母而活，自己根本没想过自己的人生该怎么去过。

父母和朋友看到他的成绩，也没有觉得他考得不好，他也就能这样了。大家都让他去读个专科或者三本的学校好了，可是他这次却没有这么想了："大学一辈子只上一次，上就上自己想上的大学。"这是他的理想，大家只能是帮他分析利弊，无权干涉，人生的路是自己走出来的，大家做出的不过是自己的选择而已。

他在日记中写着下面的话，这些话正是他成熟的一个标志，正是这些话表明了他懂得了人生是自己的人生。

“今天是26号了，做出复读的决定已经快24小时了，心里很平静，似乎是大悲之后的麻木。但是我知道的是，麻木的可以是感情，不能是思想。未来在自己手中，这句话已经说烂了。从小就有多少人跟我说过这个，现在我才真正地理解了。我已经毁灭了自己的现在，将来呢，我还要接着毁灭它吗？人生的轨迹就将由此决定吗？不不不，人是要有点信念的，否则就是躯壳一个。浑浑噩噩的人不是没有，而且有很多，我知道如果自己这一步走错了，那么等待我的也将是这个下场。

年轻人拥有光明的前程，未来的辉煌等着你们去创造，不管是学习还是生活都是在为自己的人生而活。小刚的选择就是成全了自己的理想，给自己一个充满希望的未来。

给自己一个希望，相信明天会更好。有这样一个故事：

两位患者在医院等候就诊时攀谈起来，他们这次都是因为胃疼的毛病来医院检查的。他们谈起了自己的希望和人生的打算，碰巧的是，两位病人都有去西藏看看的打算，但是以前一直未能成行。后来医生叫两位病人去检查，很不幸，检查的结果是其中一位得了胃癌，而另一个只是轻微的胃炎。

知道自己得了胃癌的人，感觉到自己人生的时间不多了，决定马上进行自己一直未执行的计划，他去了一次西藏，在拉萨的土地上留下了自己的足迹；他读完了莎士比亚所有的作品，圆了大学时的梦想；他重新学习，考取了研究生……

一年后，两个人碰巧又在同一家医院见面。那个实现了愿望的人是接到了医院的通知，要他去复查。原来当初医院的诊治出了差错，他并没有胃癌，这次是去进一步诊治确认。而另一个只是得胃炎的人又因为别的小毛病上医院来检查了。

这次，这两个人又攀谈了起来。那个被误诊的人说：我真的无法想象，要不是这场病，我的生命该是多么的糟糕。是它提醒了我，去做自己想做的事，去实现自己想实现的梦想，那样才能体会到什么是真正的人生和生命。而那个只是得了胃炎的人呢？他早已因得的不是癌症而把自己所说的梦想放到脑后了。

原本两个人的梦想相同，但是现在只有一个人实现了它，差别就在于一个人有希望、有梦想，并且付之行动；而另一个人没有为了梦想而行动，只能抱憾终身。

给自己一个希望并为之行动，你的人生就会变得更加精彩。

杰克是一名即将毕业的大学生，和其他同龄人一样，对未来充满希望，相信明天会更好。他选择的专业是新闻学，他像所有尚未成名的记者一样拥有远大的理想，他说："我毕业时想干一番惊天动地的事业。"

杰克并不是普通的四年级学生，他已经35岁，与精神疾病斗争了十多年。杰克以往没有生活目标，生活一团糟。他经常与人争吵，一次他在社区中心里打了人。这是一次愤怒引起的冲动行为，但现在他把那一拳视为转折点。他说："我想我的生活已经糟到了极点，我不能再这样下去，所以我决定重新做人。"

现在，杰克离目标的实现已经不远了，他将这段经历描述成一个缓慢但脚踏实地的过程，"在我学会走路之前不得不学爬行，学会走路之后才能奔跑。"

作为一名同精神疾病斗争了多年的患者，杰克能够考上大学，并向着心中的目标前进，这一切都是因为他的心中充满希望，充满对美好生活的向往，他坚信明天一定比今天更加精彩，因此他不断向着目标努力，一步步地迈向成功。

有人问他：如何实现自己的目标呢？杰克回答说："必须始终相信自己，永远也不要放弃希望。"

从各方面来说，他已经经受了这么多年艰苦的磨练，成功终于在望了。他马上就要去参加两份全职工作的面试，一份是网络电台，另一份是报社。无论面试结果如何，杰克将会取得成功是毫无疑问的，他充满自信、干劲十足，就像一个斗士，准备用笔杆子大干一场。

明天比今天更精彩，只要心中拥有梦想，拥有希望，一切将会变得美好。年轻人拥有骄人的资本，他们的明天充满希望，只要努力，相信每个人的明天都会值得期待。我们有理由相信：明天比今天更精彩！

## 风雨过后阳光普照

风雨过后，阳光普照。在漫长而艰辛的人生之旅中，经常会遭遇挫折与失败。这时，一定要认识到跌倒了并不可怕，关键是以怎样的心态去面对失败，并能迅速振作精神，继续前进。

乐观的人更容易获得成功，他们总是以积极进取的态度面对人生，跌倒了再爬起来，永不言弃。他们知道，风雨过后一定会出现温暖的阳光，那正是引领他们东山再起的曙光。

美国从事个性分析的专家罗伯特·菲力浦有一次在办公室接待了一个因自己开办的企业倒闭而负债累累、妻离子散的流浪汉。那人进门打招呼说：我来这儿，是为了见这本书的作者。说着，他从口袋中拿出一本名为《自信心》的书，那是罗伯特许多年前写的。

流浪者继续说：一定是命运之神在昨天下午把这本书放入我的口袋中的，因为我当时决定跳到密西根湖，了此残生。我已经绝望了，所有的人（包括上帝在内）已经抛弃了我，但幸运的是我看到了这本书，使我重现点燃了生的希望。我相信只要我能见到这本书的作者，他一定能协助我再度站起来，东山再起。现在，我来了，我想知道你能替我这样的人做些什么。

在他说话的时候，罗伯特从头到脚打量流浪者，发现他茫然的眼神、沮丧的皱纹、十来天未刮的胡须以及紧张的神态，完全地向罗伯特显示，他已经无可救药了。但罗伯特不忍心对他这样说。因此，罗伯特请流浪汉坐下来讲他的故事。

听完流浪汉的故事，罗伯特想了想说：虽然我没有办法帮助你，但如果你愿意的话，我可以介绍你去见本大楼的一个人，他可以帮助你赚回你所损失的钱，并且协助你东山再起。罗伯特刚说完，他立刻跳了起来，抓住罗伯特的手，说道：看在上帝的份上，请带我去见这个人。

罗伯特看到流浪汉的心中仍然存有一丝希望，于是他带着流浪汉来到从事个性分析的心理试验室里，和他一起站在一块看来像是挂在门口的窗帘布之前。罗伯特把窗帘布拉开，露出一面高大的镜子，他可以从镜子里看到他的全身。罗伯特指着镜子说：就是这个人。在这世界上，只有一个人能够使你东山再起，那就是你自己，你需要坐下来，彻底认识这个人——当作你从前并未认识他——否则，你只能跳密西根湖里，因为在你对这个人作充分的认识之前，对于你自己或这个世界来说，你都将是一个没有任何价值的废物。

流浪汉站在镜子前愣了一会，然后他朝着镜子走了过去，用手摸摸他长满胡须的脸孔，对着镜子里的人从头到脚打量了几分钟，然后后退几步，低下头，开始哭泣起来。一会儿后，罗伯特领他走出电梯间，送他离去。

几天后，罗伯特在街上碰到了这个人，而他不再是一个流浪汉形象，他西装革履，步伐轻快有力，神采奕奕，原来那种衰老、不安、紧张的姿态已经消失不见。他十分感谢罗伯特先生让他找回了自己，找到希望，他很快找到了工作。

多年以后，那个人真的东山再起，成为芝加哥的富翁。

风雨过后，阳光普照。失败是成功之母，跌倒了不放弃希望，重新

站起来，一定会赢来成功。发明大王爱迪生一生共获得1000多项发明专利，难道他就没有失败的时候吗？不，在发明电灯时，他失败过无数次，但他不气馁，反而积累了更多的经验，终于成功地发明出了电灯，为人类的进步做出了卓越的贡献。

失败不可避免，年轻人要勇敢地面对它，要经得起打击。风雨过后，阳光普照。梅花战胜严寒，才赢得世人钦佩；青松傲风霜，方显得挺直峻拔。“沉舟侧畔千帆过，病树前头万木春。”面对失败与挫折，我们要保持积极乐观的人生态度，告诉自己：风雨过后一定会出现希望的曙光！

只要有坚定的信念，相信阳光一定会出现在暴风雨后，你就能东山再起。没有什么可以战胜你，只有你自己。

史铁生是当代中国最令人敬佩的作家之一。1969年史铁生到陕北延安地区插队，结果不幸的是，他双腿瘫痪，年纪轻轻的他从此和轮椅打上了交道。任何一个年轻人都无法面对瘫痪的人生，史铁生也曾迷茫、消极地度过了一段日子，然而他很快就从人生的阴影中走了出来。他逐渐坦然地面对自己的身体，他说，他可以被剥夺很多人身自由，但是他的灵魂是谁都无法占据的。于是他开始从事写作，用残缺的身体谱写出健全而丰满的思想。

身体的瘫痪使他的生活有时候不能自理，但是他并没有因为这些困难而放弃自己的写作。这种积极的心态完全可以从他的作品中感觉到。虽然他面临的是生活的苦难，可是他的作品却表达了明朗和快乐，字里行间我们看到的是他的微笑，体会到的是他的睿智。他的作品超越了残疾人对命运的哀怜和自叹，而上升为对残疾者生存以及精神生活的关注。他的叙述由于有着亲历的体验而贯穿一种温情，又有对于荒诞和宿命的抗争，这些都是他对于命运的呐喊。面对困难，他没有倒下，他甚至怀着比健康人更积极向上的心态去与困难斗争，去与命运抗衡。

对于苦难，他这样说："我越来越相信，人生是苦海，是惩罚，是原罪。对惩罚的最恰当的态度，是把它看成锤炼的机会。"

面对挫折与失败，我们要坚信风雨过后，阳光必将普照大地。我们要满怀希望，向着人生的制高点，向着心中的理想，努力吧，奋斗吧，这只不过是黎明前的黑暗。战胜自己，成功就在眼前，相信风雨之后一定有阳光。

面对挫折与困难，我们不仅仅需要信心，还得有勇气，乐观地看待这一切。风雨过后是阳光，只有经历过严寒酷暑的人，才能体会到春天的温暖。

在人生的旅途上，每个人都会遭受挫折与失败，而生命的价值就是坚强地闯过挫折，冲出坎坷，奔向美好的明天。年轻人要以积极乐观的态度面对人生，要相信一定能实现心中的梦想。

只要心中充满阳光，就没有什么困难可以阻挡你前进的脚步。相信风雨过后一定会看见美丽的彩虹，一定会感受到阳光的温暖。

风雨过后，阳光普照。让我们以积极乐观的人生态度去面对美好的生活，为了心中的目标努力拼搏，在漫长艰辛的人生之旅中证明自己的价值，实现人生的理想。

## 附录：你是一个乐观的人吗？

问题1：你发现地上有一个闪闪发光的东西，你觉得那是什么？

A. 昂贵的宝石。

B. 瓶盖。

C. 镜子的碎片。

D. 硬币。

答案解释：

A. 超级乐天派："真走运，真是件不可思议的事!"这就是你的想法。所以，无论遇到任何挫折，你始终能够保持乐观的人生态度。

B. 有点悲观的人：也许你自已不觉得，但是你确有悲观的倾向，不过，不妨试着改变一下看待事物的角度，多往积极的方面想，也许你的生活就会发生改变。

C. 超级悲观的人：因为发现漂亮的东西而想靠近看看，结果却怕自己会被镜子割伤，你的想法就是这么悲观。但是，选 B 和 C 的人也有所谓踏实的一面，这也是一个优点。

D. 比较乐观的人：在生活中常常表现出乐观但不乏慎重的一面，你的生活中规中矩，每天都有开心事。

问题 2：假设你来到某度假胜地，住进预先订好的旅馆房间后，松了口气，当你试着打开窗户时……你会看到什么样的景色呢?

A. 可以看见旅馆的游泳池和人群。

B. 看到海边，还可以看见在那里玩的人们。

C. 可以看见远方有一座岛。

D. 窗外是广大的阳台，上面种着五颜六色的花草。

答案解释：

A. 有点悲观型：旅馆的游泳池之类的，一般说来都在窗边，这种距离感转换成时间轴时，以长久的态度而言，觉得将来是抓不住的，稍微有点悲观的成分存在。

B. 乐观型：看得到旅馆外的东西的距离感，表示你多少对长远的将来抱有一点展望，一般说来，这是认为自已的将来很乐观。

C. 超级乐观型：可以看到那么远的距离的话，你的将来是不是很安乐、无忧无虑呢? 不过，比起忧郁地沉思，还不如开朗一点更能招来运气。

D. 严重悲观型：只能看到这么近的东西，你的未来观实在是非常悲观!

## 相信未来希望不减

相信未来，希望不减。困难的日子终究是要面对的，但是希望不减，一定会等到云开雾散的那天。相信明天会更好，为了明天的幸福，请准备好。今天的付出都会在未来得到回报，只要付出努力，一定会收获成功。

相信自己，相信未来。在我们的前面，还有一段很长的路要走，只要希望不减，等待我们的必将是一条洒满阳光的大道。

生活对每个人都是一样的，何必整日愁眉苦脸地生活，何不以积极乐观的心态去面对人生，努力拼搏。很多时候，都是我们自己把问题复杂化了。只要相信未来，即使再困苦的日子也会挺过去，美好的未来就在前方。

从前，有一老一少两个相依为命的瞎子，每日靠弹琴卖艺维持生活。一天，老瞎子终于支撑不住病倒了。他自知不久将离开人世，便把小瞎子叫到床头，紧紧拉着小瞎子的手，吃力地说："孩子，我这里有个秘方，这个秘方可以使你重见光明。我把它藏在琴里面了，但你千万记住，你必须在弹断第一千根琴弦的时候才能把它取出来，否则，你是不会看见光明的。"小瞎子流着眼泪答应了师父。老瞎子含笑离去。

一天又一天，一年又一年，小瞎子将师父的遗嘱铭记在心，不停地弹啊弹，将一根根弹断的琴弦收藏着。当他弹断第一千根琴弦的时候，当年那个弱不禁风的少年小瞎子已到垂暮之年，变成一位饱经沧桑的老者。他按捺不住内心的喜悦，双手颤抖着，慢慢地打开琴盒，取出秘方。

然而，别人告诉他，那是一张白纸，上面什么都没有。泪水滴落在纸上，他笑了。

很显然，老瞎子骗了小瞎子。但这位过去的小瞎子如今的老瞎子，拿着一张什么都没有的白纸，为什么反倒笑了？因为就在他拿出“秘方”的那一瞬间，突然明白了师父的用心。虽然是一张白纸，但是他从小到老弹断一千根琴弦后，却悟到了这无字秘方的真谛：在希望中活着，才会看到光明。

相信未来，希望不减。多么糟糕的事情都会过去的，只要努力拼搏，一定会迎来美好的明天。

每个人都会遇到挫折，可贵的是遇到挫折后不放弃自己的未来。相信未来，它是一种信念，是你的精神力量，相信自己，因为你是最好的，相信未来，成功一定在前方等着你。

1927 年，美国阿肯色州的密西西比河大堤被水冲垮，一个 9 岁的黑人小男孩的家被水冲毁，在洪水即将吞噬他的一刹那，母亲用力把他拉上了堤坡。

1932 年，男孩 8 年级毕业了，因为阿肯色的中学不招收黑人，他只能到芝加哥读中学，家里没有那么多钱。那时，母亲做出了一个惊人的决定——让男孩复读一年。她则必须替整整 50 名工人洗衣、熨衣和做饭，为孩子攒钱上学。

1933 年夏天，家里凑足了那笔血汗钱，母亲带着男孩踏上火车，奔向陌生的芝加哥。在芝加哥，母亲靠当佣人谋生。男孩以优异的成绩中学毕业，后来又顺利地读完大学。1942 年，他开始创办一份杂志，但最后一道障碍是缺少 500 美元的邮费，不能给订户发函。一家信贷公司愿借贷，但有个条件，得有一笔财产作抵押。母亲曾分期付款好长时间买了一批新家具，这是她一生最心爱的东西。但她最后还是同意将家具作了抵押。

1943 年，那份杂志获得巨大成功。男孩终于能做自己梦想多年的事了：将母亲列入他的工资花名册，并告诉她算是退休工人，再不用工作了。那天，母亲哭了，那个男孩也哭了。

后来在一段反常的日子里，男孩经营的一切仿佛都陷入谷底，面对巨大的困难和障碍，男孩已无力回天。他心情忧郁地告诉母亲："妈妈，看来这次我真要挫败了。"

"儿子，"她说，"你努力试过了吗?"

"试过。"

"非常努力吗?"

"是的。"

"很好。"母亲果断地结束了谈话，"无论何时，只要你努力尝试，就不会失败。"

果然，男孩渡过了难关，攀上了事业新的巅峰。这个男孩就是驰名世界的美国《黑人文摘》杂志创始人、约翰森出版公司总裁、拥有三家无线电台的约翰·H·约翰森。

失败只有一种，那就是放弃努力。奋斗就有希望，坚持就能成功。相信未来，希望不减。那个黑人小男孩一步步地走到了今天，就是因为心中有一个不灭的希望在支撑他取得成功。

石油大王洛克菲勒是美国的三大富翁之一，但拥有亿万家

产的他平时花钱却十分节俭。

有一天，他陪朋友到一家熟识的餐厅去用餐。在那家餐厅附近，他遇见一个年轻的乞丐。那个乞丐手拉着小提琴，朝行人乞讨。洛克菲勒一下子被那些美妙的音乐吸引住了，他走过去聆听了一会儿。尔后，他满意地点了点头说："年轻人，你很有音乐天赋，不应该靠乞讨度日。"

乞丐感觉面前这个老人很面熟，好像经常在一些废弃的报纸上看到。

乞丐惊讶地问："你是?"

洛克菲勒笑着说："洛克菲勒，一个靠搬运油桶谋生的老头。"

顿时，乞丐有种受宠若惊的感觉。

洛克菲勒便从衣兜里掏出一张纸币递给那个乞丐，不小心将一毛钱的硬币带了出来。那个硬币在地上划了一个圈后，滚落在乞丐身后的排水沟里。洛克菲勒走过去，俯身将那个硬币捡起来，然后仔细擦去上面的灰尘。

那个乞丐诧异地问："洛克菲勒先生，如果我像你那么有钱的话，根本不会在乎那一毛钱的。"

洛克菲勒好像是开玩笑地说："也许，这就是你至今仍在乞讨的原因吧。"

就在洛克菲勒转身离开时，那个乞丐疾步追了过去，嗫嚅道："洛克菲勒先生，我想用你给我的这张整票，换那一枚硬币。"

洛克菲勒很高兴地与他交换了，并且还拍了拍乞丐的肩膀。

几年后，洛克菲勒有一次应邀去参加一个音乐演奏会。在演奏会结束时，一位年轻的小提琴家急匆匆赶到洛克菲勒面前，异常感激地说："洛克菲勒先生，你还记得那一枚硬币吗?"说

**着，他从贴胸的口袋里，摸出一枚闪亮的硬币。**

**洛克菲勒也快乐地大笑起来说：“迄今为止，这是我知道的一枚最有价值的硬币！”**

相信自己，相信未来，一切皆有可能。只要心中的希望不减，那么一定可以迎来曙光。成功就在你摆脱困境的那一刻，未来的天空一片湛蓝。

## 希望之舟乘风破浪

每天都是新的希望，无论身陷怎样的逆境，都不应该绝望，只要搭上希望之舟，就能乘风破浪，克服航行途中的一切困难。即使处于绝望的境地，也能把这种绝望转换为希望，从而获得成功。

在一次航行中，巨浪打翻了航船，船上人员死伤无数，有一个人却侥幸地获得一个救生艇而幸免遇难。他的救生艇在风浪上颠簸起伏，如同树叶一般被吹来吹去。他迷失了方向，救援人员也没有找到他。

天渐渐地黑下来，饥饿、寒冷和恐惧一起袭上心头，他的心灰暗到了极点，无助地望着天边。忽然，他看到一片片阑珊的灯光，他高兴得几乎叫了出来。他奋力地划着小船，向那片灯光前进。然而，那片灯光似乎很远，天亮了，他也没有到达那里。但是他没有死心，仍然继续艰难地划着小船，他想既然能看到灯光，就一定是一座城市或者港口。

生的希望在他心中燃烧着。白天时灯光看不清，只有在夜晚，那片灯光才在远处闪现，像是对他招手。就这样，三天过去了，饥饿、干渴、疲惫更加严重地折磨着他，有几次他都觉得自己快要崩溃了，但一想到远处的那片灯光，他又陡然增添了许多力量。

第四天，他依然向着那片让他有生还希望的灯光划着。最后，他实在是支撑不住了，就昏倒在艇上。虽然如此，但他脑海中却始终闪现着那片灯光，依然认为能够活着到达那片有灯光的港湾或码头。

到了晚上，终于有一艘经过的船把他救了上来。当他醒来时，大家才知道，他已经在大海上漂泊了四天四夜。当有人问他是怎么坚持下来时，他指着远方的那片灯光说："是那片灯光给我带来了希望。"大家顺着他指的地方望去，那里哪是什么灯光，只不过是天边闪烁的星星！

有希望就有前行的动力，就有生活的希望。在我们生命的旅途中，一定会遇到各种挫折和困境，只要不放弃希望，心头有一个坚定的信念，努力地去寻找，就一定会渡过难关。让希望之舟载着我们前行，乘风破浪，克服一个又一个困难，相信终有一天会到达胜利的彼岸。

年轻人要有一颗积极乐观的心，对生活充满希望，绝不能悲观，否则生活将是暗淡无光的，生活中处处是绝境。希望是最美好的，因此，世界上最残酷的事情莫过于扼杀希望。现实无论怎样严峻，只要未来有希望，人的意志就不会被摧垮。

鲍勃·摩尔在参加哈佛大学的招生考试时，列入考试的五门功课中，竟然有三门不及格，因此没有能够顺利进入这所著名的大学深造。摩尔感到非常自卑，常常将自己关在黑屋子里，怨天尤人，唉声叹气。

这年夏天，鲍勃·摩尔的家乡接连下了一个多月的暴雨。终于，山洪暴发了。鲍勃·摩尔不幸被滚滚的山洪卷进了咆哮的河流。在巨浪翻滚的河水中，他像一片轻飘飘的树叶一样被抛来抛去，生命危在旦夕。他心里暗想，这回完了。

就在鲍勃·摩尔万念俱灰、最后一丝生的希望也即将被死

神抽走的时候，脑袋突然被洪水中滚动的石块给碰了一下，骤然的疼痛使他猛然清醒过来。刹那间，他突然想起去年夏天与女友在这条河中漂流探险时，曾在这条河的下游遇到过一棵粗壮的老树。老树有一个粗大的枝丫，正好斜长着横贴在水面上。只要能够抓住这根树枝，他就能够保住自己的生命。一想到这里，他的心中立刻充满了希望，浑身上下顿时力气倍增，心也不慌了，僵硬的四肢也变得灵活了。

鲍勃·摩尔心中默念着那棵救命的老树，在洪水中顽强地坚持着，拼命地挣扎着……历尽艰险，他终于游到了那棵老树跟前。但是，当他拼命地抱住伸向河面的树杈时，谁知那树杈早已枯朽，使劲一拽，便“咔嚓”一声断为两截，鲍勃·摩尔只好紧抱着断落的树杈，继续随水漂流。刚漂出没有多远，就被河边经过的抢险队员搭救上岸。

事后，鲍勃·摩尔说，要是早知道那根树杈是枯朽的，他兴许就不可能坚持游到那儿。

得知这次事故后，远在英国的父亲打来电话给鲍勃说：你瞧，连死神都害怕希望呢！只要你心中还有希望，那么，再大的困难，再大的挫折都能够战胜。你想，既然你已经通过了两门考试，那就一定能通过更多的考试。记住，哈佛大学就是你生命的下游那棵紧贴河面生长的“大树”。

鲍勃·摩尔心中豁然开朗。于是，他重新回到学校，走进了课堂，拿起了课本。并最终以优异的成绩考入了哈佛大学，成为哈佛大学自开办激励教育学科以来最出色的学员之一。

希望之舟，乘风破浪。心中有希望，就有前进的动力。尽管航程中会遇到暴风雨的侵袭，尽管面临着触礁的风险，但是只要有希望，再大的苦难都会过去，人生充满希望，明天的辉煌就在不远的将来。

施利华曾经是叱咤泰国商界的风云人物。他曾是一家股票公司的经理，为这家公司挣了几个亿，自己也因此发家。后来，他把投资重心从股票转向房地产，把所有积蓄和银行贷款全都投入了房地产生意。但时运不济，1997 年 7 月的金融风暴把他从老板的宝座上拉了下来。除了一身债，施利华这个昔日的亿万富翁变得一无所有。

面对命运的无情捉弄，施利华曾经万念俱灰。经过几个月的心理煎熬，他终于鼓起回头再来的勇气，和太太开了一间做三明治的手工作坊，他每天头戴小白帽，胸前挂着售货箱，沿街叫卖三明治。很多人尝了“施利华三明治”后，都喜欢上了它那独特的味道，施利华的小本生意因此越来越好，他的人生又重新鼓起了希望的风帆。

是什么让施利华重新回到正轨？是希望的力量。希望的力量让施利华战胜困难，也胜了自己。如果摆脱不了过去，就难免心灰意冷、一蹶不振，甚至失去活下去的信心。只有勇于直面惨淡的现实，勇于挑战人性的弱点，才能走出昔日的阴影，也才能树立从零开始、回头再来的信念，继而扭转人生的危局，赢得最后的成功。

希望之舟，乘风破浪。人生不可能一帆风顺，失败了不要怕，爬起来重头再来。一个缺乏回头再来勇气的人，可能拥有过成功的人生阶段，但不可能赢得成功的人生。而每一个笑到最后的成功者，必然都具有回头再来的勇气。

和田一夫原是国际流通集团——日本八佰伴集团的总裁，1997 年 9 月 18 日，八佰伴集团破产，和田一夫由富翁一夜跌落为穷光蛋。从拥有 30 间一幢的海景房到租住一室一厅公寓，从乘坐劳斯莱斯专车到自己买票乘坐公交车，他的生活彻底变了

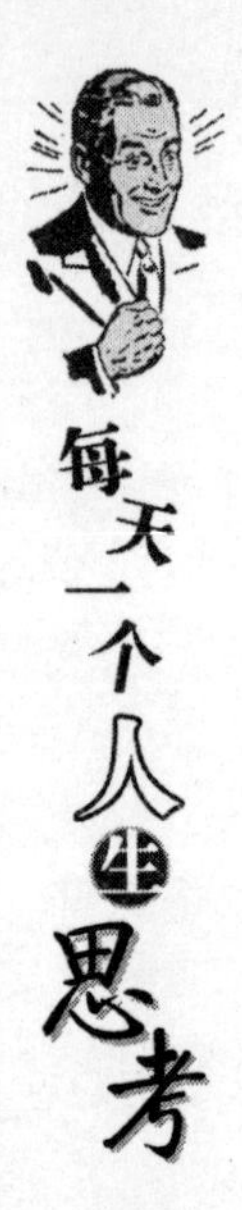


一个样。但他很快就从痛苦中站了起来，下定决心回头再来。1998年4月，和田一夫创立了和田经营株式会社，并成立了“国际经营塾”，这是一个只有4名员工、10家会员企业的小公司。从这个小公司起步，和田一夫几年后又重塑了人生的辉煌。

只要有希望，就不会陷入绝境。只要有希望，就有重头再来的勇气与决心。试问，这样的人怎能不成功呢？

满怀希望的年轻人，让我们乘着希望之舟，开足马力，向着心中的目标前行，努力去实现自己的人生梦想吧！

第二章

# 关于人生规划的思考

完美人生早规划，青年励志要趁早。如何在竞争激烈的社会脱颖而出，如何成为社会精英，取决于你的人生蓝图。想成为什么样的人，如何实现心中的理想，这一切都需要提前设计好。

每天一个人生思考

# 人生规划及早设定

所谓人生规划就是一个人根据社会发展的需要和个人发展的志向，对自己的未来的发展道路做出一种预先的策划和设计。人生规划的内容包括：个人自身规划、健康规划、事业规划、情感规划、晚景规划。

人生规划对于年轻人来说尤为重要，良好的人生规划决定一个人的未来。年轻人若想拥有一个美好的未来，就要及早规划人生，找到前进的方向，并根据自己的规划培养自身的各项素质，为了实现梦想而努力。

人生规划及早设定，对于一个人的成功至关重要。美国著名企业家比尔·拉福就是一个很好的例子，他在中学毕业之际就树立了明确的志向：成为一名杰出的商人。

比尔·拉福的父亲是洛克菲勒集团的一名高级职员，父亲的生活熏陶了年少的拉福。拉福的父亲在商界摔打了多年，对商海中的事务了如指掌，深谙其中奥妙。他发现儿子有商业天赋，机敏果断，敢于创新，但却很少经历过磨难，没有经验，更缺乏知识。于是，拉福父子进行了一次长谈，共同制定了计划，描绘出职业生涯的蓝图，拉福听从了父亲的劝告，升学时并没有直接去读贸易专业，而是选了工科中最普通的专业——机械制造。

这一步为拉福今后的成功埋下了伏笔，因为做商贸必须具

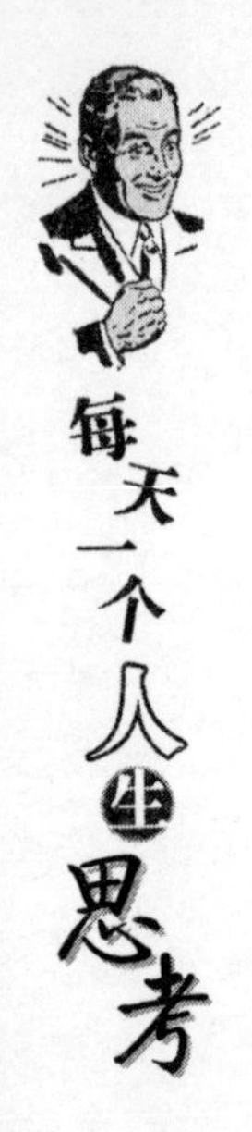

备一定的专业知识，在贸易中，工业商品占据绝大多数，如果不了解产品的性能、生产制造情况，很难保证贸易的收益。因此，具备一些工科的基本知识是经商的先决条件。况且，工科学习，不仅是知识技能的培养，它还能帮助你建立一套严谨求实的思维体系，训练你的推理分析能力，使你有一种脚踏实地的工作态度，这些素质对经商帮助极大。

比尔·拉福就这样在麻省理工学院度过了四年。他没有拘泥于本专业，还广泛接触了其他课程。学习了许多化工、建筑、电子等方面的基础知识，这些知识在他后来的商业活动中发挥了不可忽略的作用。

大学毕业后，拉福没有立即投入商海。按照原先的设计，他开始攻读经济学的硕士学位。商业毕竟不是工业，这是一种经济活动，有其本身的规律与特征。现代商业不再像古代阿拉伯人做起来那么简单了，无论是程序上，还是规则、内容上都相当复杂，需要进行专门了解。在市场经济条件下，一切经济活动都通过商业活动来进行，不了解经济规律，不学习经济学的知识，很难在商业领域内立足。

于是，拉福又考进芝加哥大学，开始了为期三年的经济学硕士课程。这期间，他掌握了经济学的基本知识，深入了解了经济规律，懂得了商业活动的社会地位、作用，搞清了影响商业活动的众多因素。他还特意认真学习了有关的经济法律。现代商业活动中法律充当了至关重要的角色，没有法律保障，现代商业将陷入一片混乱。他更注重学习微观经济活动的管理知识，而不把主要精力用来研究理论经济学，那是职业经济学家的工作，他志不在此。因此，比尔·拉福对会计、财务管理也较为精通。这样，几年下来，他在知识上完全具备了经商的素质。

比尔·拉福拿到硕士学位后仍然没有投身商海，而是考了公务员，应聘到政府部门工作。因为他的父亲深知经商必须有很强的交往能力，人际关系在商业活动中异常重要，要想在商业上获得成功，必须深知处世规则，充分了解人的心理特征，善于与人交往，能够给人以良好的印象，使人信任你，愿意与你合作。

比尔·拉福在政府部门一干就是五年。这五年中，他从稚嫩的热血青年成长为一名老成持重、不动声色的公务员。他在后来的商业生涯中，从未上当受骗，这都归功于他在政府的五年锻炼。

此外，他通过那五年的政府机关工作，结识了一大批各界人士，建立起一套关系网络，他非常善于利用这些网络，为他提供丰富的信息，提供许多便利条件。这对他后来的商业有相当大的帮助。

五年的政府工作结束以后，比尔·拉福已经完全具备了成功商人所要具备的各种条件，羽翼丰满了。于是，他辞职下海，去了父亲为他引荐的通用公司熟悉商业业务。又经过两年，他已经掌握了商情和商业技巧，业绩斐然。这时候他不再耽误时间，婉言谢绝了通用公司的高新挽留。跳出来自己开办拉福商贸公司。

功夫不负有心人，比尔·拉福的准备实在是太充分了，他几乎考虑到每一个细节，学会了商人应学会的一切。因此，他的商业进展异常顺利，拉福公司的成长速度出奇地快。二十年后，拉福公司的资产由最初的二十万美元发展成为二亿美元，而比尔·拉福也成为一个奇迹，受到世人的尊敬。

1994年10月，比尔·拉福率团到中国进行商业考察，在接受记者采访时谈起了他的经历。拉福认为他的成功应感谢他父亲的指导，他们共同制定了一个重要的职业规划，这个方案最终使他功成名就。

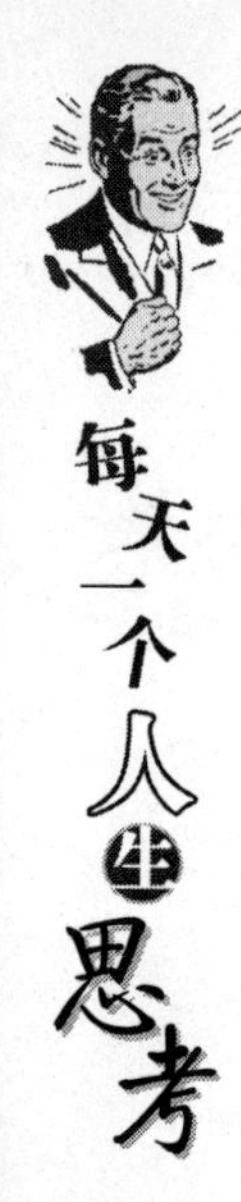


完美的人生规划可以成就一个人的未来，比尔·拉福的例子就足以证明这一点。年轻人要尽早确立目标，为自己的人生定位，相信你的未来不是梦。

那么，年轻人如何规划自己的人生呢？下面简单介绍几个必备的步骤：

第一步：确立明确的人生观、价值观和人生目标。

人生规划的目的就是要实现自己的梦想，实现人生目标，这也是人生规划的基础和原则。每个人的人生观、价值观和人生目标会随年龄的增长、对社会认知的改变而清晰。人生规划也应该根据这些进行相应的调整和改进。

第二步：充分了解自己、分析自己。

综合自我分析、他人的评价、专业人员的分析，客观地为自己定位，做出适合自身的发展规划。

第三步：详细制定自己的人生规划，最好是细化到各个年龄段。

第四步：发挥自身优势，完善各项素质与能力。

越早规划人生，你就越早接近成功。完美的人生规划助你早日步入成功者的行列，所以，每一个立志成才的年轻人都需要一份详尽的人生规划，它是获得成功的先决条件。

被封为“台湾科技首富”的郭台铭在谈到自己的人生规划时这样说：

我的人生规划大概分 3 个阶段：

25 岁到 45 岁是一个阶段，为钱做事；

45 岁到 65 岁是另一个阶段，为理想做事；

65 岁退休以后，我希望能为兴趣做事。

为钱做事，容易累；

为理想做事，能够耐风寒；

**为兴趣做事，则永不倦怠。**

世界顶尖潜能大师安东尼·罗宾曾说过："有什么样的目标就有什么样的人生。"每一个成功者都有自己的人生目标，并应该根据主客观环境的变化设计出具体的人生规划。

没有规划的人生，就像是没有目的地的航行，四处漂泊而不知所寻。因此，年轻人要及早为自己制定人生规划，向着理想的彼岸前进。

## 长远目标激励人生

古人云：有志之人立长志，无志之人常立志。要想人生有所作为，就要有远大的目标，立长志而非常立志。长远目标激励人生，只拥有短期目标而没有长期目标，则缺少整体规划，难成大事。而长远目标＋短期目标的模式，才能更早成功。

苏联有句谚语，一个人努力的目标越高，他的才力就发展得越快，对社会就更有用。

大禹在外奔波 13 年，三过家门而不入，终于率众制服当时的洪灾，传为佳话，流传至今；越王勾践立志欲报仇雪恨，为了使自己不因贪图安乐而忘记耻辱，激励斗志，他夜间睡在柴草上，并在住处悬挂着苦胆，经常尝尝那胆的苦味。

这些都说明了长远目标的重要性，它激励人们不断向前，为了梦想，为了目标而努力拼搏，最终成就伟业。下面是一个关于长远目标的寓言故事：

从前，有一头老牛想在自家门前修一条路，直通河岸。为了使这条路更加笔直，老牛决定自己先踩出路的轮廓来。于是，在一个雨后的清晨，老牛开始踩这条路了。老牛很谨慎，它认真地看着脚下，每走一步都要前、后、左、右仔细地观察一番，看看自己踩得直不直。没走几步老牛就发现了问题，它的脚印虽然每一步看起来都很直，可总体却总是歪斜的。试了几次都是这样，老牛很纳闷。

正在老牛百思不得其解的时候，小马走了过来。小马获知老牛的烦恼后，对老牛说："我来帮你踩吧!"小马站在老牛家门前仰起头向小河边眺望了一会儿，然后紧紧盯着前方，快速向河边跑去。小雨刚过的草地上留下了小马清晰的脚印，这些脚印之间并不十分整齐，但整体却是笔直的。

看着小马踩出的笔直轮廓，老牛高兴极了，可它还是不明白为什么小马能踩得那么直，而自己却做不到。小马告诉它说："我奔跑的时候一直看着前方的目标，即使脚下稍有凌乱，可方向是不会错的；而你踩的时候，只注意脚下直不直，却忽视了前面的目标，其结果自然不同。"

可见，只有短期目标而缺少长期目标是很难成功的，一定要有长远的计划，并配合短期目标，这样才能提高效率，实现目标。

那么，如何实现长远目标呢，这也需要技巧。把长远目标拆分成一个个小目标，则会更加容易实现。正如列宁的一句名言："要向大目标走去，就要从小目标开始。"就像数学中的因式分解，把一个复杂的多项式化为几个整式的积的形式，这种变形叫作把这个多项式因式分解，也作分解因式，以便于观察和计算。

同样，分解目标，就是把一个看似很难达到的大目标，分解成几个容易达到的小目标，这样，你就会发现，原来的那个大目标，变成了"碎片"，要想达到它就轻而易举了。有这样一个故事：

1984 年，在东京国际马拉松邀请赛中，名不见经传的日本选手山田本一出人意料地夺得了世界冠军，当记者问他凭什么取得如此惊人的成绩时，他说了这么一句话："凭智慧战胜对手"当时许多人都认为，这个偶然跑在前面的矮个子选手是故

弄玄虚。马拉松是体力和耐力的运动，只要身体素质好又有耐性就有望夺冠，爆发力和速度都在其次，说用智慧取胜，确实有点勉强。

十几后，这个谜团终于被解开了，山田本一在他的自传中这么说：“每次比赛之前，我都要乘车把比赛的线路仔细看一遍，并把沿途比较醒目的标志画下来，比如第一个标志是银行，第二个标志是一棵大树，第三个标志是一座红房子，这样一直画到赛程的终点。比赛开始后，我以很快的速度奋力向第一个目标冲去，等到达第一个目标，我又以同样的速度向第二个目标冲去。四十几公里的赛程，就被我分解成这么几个小目标轻松地跑完了。起初，我并不懂这样的道理，我把我的目标定在四十几公里处的终点线上，结果我跑到十几公里时就疲惫不堪了，我被前面那段遥远的路程给吓倒了。”

这个故事告诉了我们，要把一个大目标分解成几个小目标就更容易达到。

曾经有一位瘦子和一位大胖子在一段废弃的铁轨上比赛走枕木，看谁能走得更远。

瘦子心想：我的耐力比胖子好得多，这场比赛我一定会赢。刚开始的时候，瘦子走得很快，渐渐地将胖子落下了一大截。但走着走着，瘦子走不动了，只能眼睁睁地看着胖子迈着稳健的步伐赶上来，逐渐从后面超过了他，瘦子想继续加力，但终因精疲力竭而跌倒了。

最后，在极大好奇心的驱使下，瘦子想知道其中的秘诀。胖子说：“你走枕木时只看着自己的脚，所以走不多远就跌倒了。而我太胖了，以至于看不到自己的脚，只能选择铁轨上稍远处的一个目标，朝着目标走。当接近目标时，我又会选择另一个目标，然后就走向新目标。”

随后胖子意味深长地指出：“如果你向下看自己的脚，你所能见到的只是铁锈和发出异味的植物而已；而当你看到铁轨上某一段距离的目标时，你就能在心中看到目标的完成，就会有更大的动力。”

远大的目标助人成功，而将长期目标分成一个一个短期目标，则更容易实现。一个长远的目标，其实现过程绝不是几天、几个月可以完成的，通向长远目标的道路是蜿蜒曲折望不到尽头的。所以，如果一心只看到长远目标，那么一定会被遥不可及的未来所吓倒。正确的做法是循序渐进，将远大的目标分成一个一个中短期目标，最终达到长远的目标。就好比爬山，由于山太高，心中不免产生恐惧。但是，如果将一个个小山头作为目标，爬到一处山头就休息一下，然后再向上爬，直到山巅。

年轻人朝气蓬勃，他们是未来的希望，一个长远的目标能够促使他们更好更快地进步。对于一个年轻人来说，“立长志”很重要。因为它是人生成功的基础。而要做到这一点，不仅要有建立在自知之明基础上的信心，更要有坚持不懈的恒心，有百折不回的毅力，有对社会的强烈责任感。这样才能目光远大，胸襟开阔，知难而进，对个人的道德修养严格要求，对掌握知识本领精益求精。相反，那种经常立志而实际上等于无志的人，说到底，就是缺乏上述的种种品格，不用说，他在人生的道路上也就难以获得成功。

树立远大志向，以此激励自己不断进取，成就辉煌的人生。

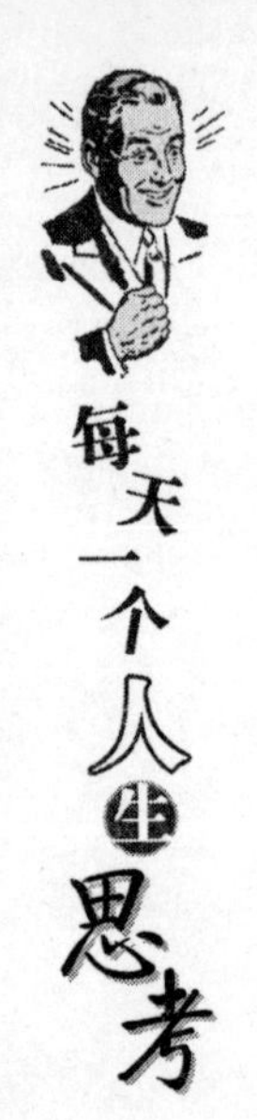

## 锁定目标直至成功

年轻人若想早日成功，关键在于锁定一个目标，并向着正确的方向努力，这样才能提高效率，早日实现目标。锁定目标，就有了明确的奋斗方向，就不会迷失方向。

从前，有个人邀请三个小男孩在雪地上玩游戏："我呆会儿站在雪地的那一边，等我发出信号后，你们就开始跑。谁留在雪地上的脚印最直，谁就是这场比赛的胜利者，可以拿到奖品。"

比赛开始了。第一个小男孩从迈出第一步开始，眼光就紧紧地盯着自己的双脚，以确保自己的脚印更直。第二个小男孩一直在左顾右盼，观察着同伴是如何做的。第三个小男孩则最终赢得了这场比赛，他的眼睛一直盯着站在对面的那个人，更确切地说，是一直盯着他手中拿着的奖品。

只有将眼光坚定不移地聚焦在人生目标上的人，才会少走弯路，与成功的距离也会大大缩短。锁定目标，向着目标坚定不移地走去，一定会取得成功。

还有一个故事：

有一位父亲带着他的三个孩子到沙漠里去猎杀骆驼。

他们到达了目的地。父亲首先问老大："你看到了什么呢？"

老大回答："我看到了猎枪、骆驼，还有一望无际的沙漠。"父亲摇摇头说："不对。"父亲以相同的问题问老二。

老二回答："我看到了爸爸、大哥、弟弟、猎枪、骆驼，还有一望无际的大沙漠。"父亲又摇摇头说："不对。"

父亲又以相同问题问老三。

老三回答："我只看到了骆驼。"父亲高兴地点点头说："答对了。"

锁定目标，心无旁骛，集中精力去完成任务，这才是成功的关键。目标一经确立之后，就要全神贯注，勇往直前，直到达成目标。

那么，年轻人应该如何锁定目标呢，简单地说就是将目标集中到一点。

美国一位生物学家有幸拍到一组精彩镜头。有一种麻雀大小的鸟儿刚刚落在沙地上准备觅食时，潜伏在沙地里的蛇猛地窜了出来。鸟儿用自己的爪子一下又一下地拍击蛇的头部，由于力量有限，蛇依然攻击不止。鸟儿一边躲闪着蛇信，一边用爪子继续拍击蛇的头部，其落点分毫不差。在鸟儿拍击了1000多次后，蛇终于无力地软瘫在沙地上，再也动不起来了。

小鸟和蛇的力量对比是如此悬殊，它甚至还没有一只麻雀飞得高，但是它却战胜了蛇，保住了性命。生物学家唯一的解释就是，这种鸟儿经过长期的经验积累后，终于掌握了一套对付蛇的办法，那就是瞄准蛇头的一个点，不停地去打。

在现实生活中，很多人之所以失败，就是没有把目标集中到一点坚持不懈地走下去，而成功者则锁定目标并锲而不舍地走到最后。由此看

来锁定目标对于取得成功的重要性，只要能把目标集中到一点，哪怕力量微小，但只要坚持，就能创造奇迹。

在美国，有一位穷困潦倒的年轻人，身上全部的钱加起来也不够买一件像样的西服。但他仍全心全意地坚持着自己心中的梦想，他想做演员，当电影明星。好莱坞当时共有 500 家电影公司，他根据自己仔细划定的路线与排列好的名单顺序，带着为自己量身订做的剧本一一前去拜访。但第一遍拜访下来，所有的 500 家电影公司没有一家愿意聘用他。面对无情的拒绝，他没有灰心，从最后一家被拒绝的电影公司出来之后不久，他就又从第一家开始了他的第二轮拜访与自我推荐。

第二轮拜访也以失败而告终。第三轮的拜访结果仍与第二轮相同。但这位年轻人没有放弃，不久后又咬牙开始了他的第四轮拜访。当拜访第 350 家电影公司时，这里的老板竟破天荒地答应让他留下剧本先看一看。他欣喜若狂。

几天后，他获得通知，请他前去详细商谈。就在这次商谈中，这家公司决定投资开拍这部电影，并请他担任自己所写剧本中的男主角。不久这部电影问世了，名叫《洛奇》。

他就是大名鼎鼎的史泰龙，几乎每一个电影迷都知道他的名字。史泰龙的成功就在于锁定目标，并坚持不懈地为之努力，从不放弃。

没有目标的人一生都在原地打转，最终碌碌无为、抱憾终身。

有一位军阀每次处决死刑犯时，都会让犯人选择一枪毙命或是从左墙的一个黑洞进去，命运未知。所有犯人都宁可选择一枪毙命也不愿进入那个不知里面有什么东西的黑洞。

一天，酒酣耳热之后，军阀显得很开心。

旁人很大胆地问他："长官，您可不可以告诉我们，从这黑洞走进去究竟会有什么结果？"

"也没什么啦！其实走进黑洞的人只要经过一、两天的摸索便可以顺利地逃生了，人们只是不敢面对不可知的未来罢了。"军阀回答。

可见，没有目标的人生比死亡更可怕。优秀的人才与平庸之辈最根本的差别，并不在于天赋，也不在于机遇，而在于有无人生的目标！

年轻人若想更早成才，就要尽早设定人生目标，锁定目标，向着正确的方向前进，一定会登上成功的顶峰。拿破仑·希尔告诉我们，有了目标才会成功。目标是对于所期望成就的事业的真正决心。目标比幻想好得多，因为它可以实现。没有目标，不可能发生任何事情，也不可能采取任何步骤。如果一个人没有目标，就只能在人生的旅途上徘徊，永远到不了任何地方。正如空气对于生命一样，目标对于成功也有绝对的必要。如果没有空气，没有人能够生存；如果没有目标，没有人能成功。

曾有专家做过一个实验：组织三组人，让他们分别向着10公里以外的三个村子步行。

第一组的人不知道村庄的名字，也不知道路程有多远，只告诉他们跟着向导走就是。刚走了两三公里就有人叫苦，走了一半时有人几乎愤怒了，他们抱怨为什么要走这么远，何时才能到达。走到一半时有人甚至坐在路边不愿走了，越往后走他们的情绪越低。

第二组的人知道村庄的名字和路段，但路边没有里程碑，他们只能凭经验估计行程时间和距离。走到一半的时候大多数人就想知道他们已经走了多远，比较有经验的人说："大概走了一半的路程。"于是大家又簇拥着向前走，当走到全程的四分之三时，大家情绪低落，觉得疲惫不堪，而路程似乎还很长，当




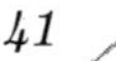

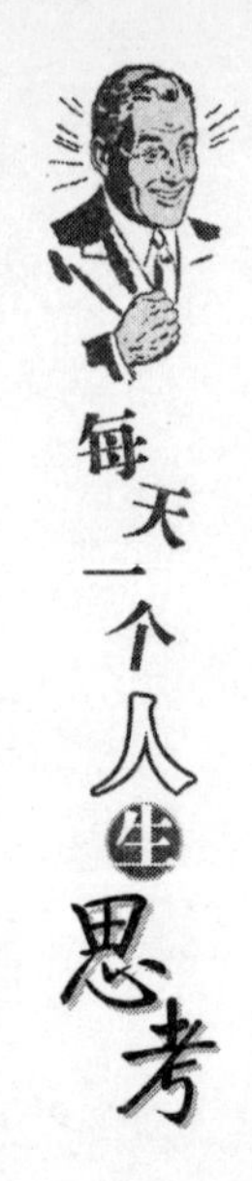

有人说："快到了！"大家又振作起来加快了步伐。

第三组的人不仅知道村子的名字、路程，而且公路上每一公里就有一块里程碑，人们边走边看里程碑，每缩短一公里大家便有一小阵的快乐。行程中他们用歌声和笑声来消除疲劳，情绪一直很高涨，所以很快就到达了目的地。

锁定目标，就会明确前进方向，并且把自己的行动与目标不断加以对照，清楚地知道自己的进行速度和与目标相距的距离时，行动的动机就会得到维持和加强，人就会自觉地克服一切困难，努力达到目标。

因此，年轻人不仅要树立远大的理想，更要锁定目标，明确自己的发展方向，这样会使你更早地通向成功，而不会走弯路。

## 完美计划成就梦想

人生成功于计划，完美的计划助你成就梦想。对于年轻人来说，计划尤为重要，决定了他们今后的发展方向。那么，什么是计划？计划就是如何实现心中的梦想。

完美的计划往往比目标更重要，虽然成功等于目标，但有了目标没有计划，成功的几率是非常小的。每一个成功者都有拟定详细计划的习惯，所以年轻人在过去设定的目标没有达成的时候，应该仔细想一想是不是因为拟定的计划不够详细？假如是的话，请你重新拟一个达成目标的计划，拟定这个计划之前最好是先请教一个成功者。等你拟定完之后，再请教一个同行业顶尖的人士或是你觉得比较成功的人，请他来跟你一起研究你的计划，看看哪里做得很好，哪里的思考还不够严密。这样，你成功的几率就会更高。

完美计划成就人生梦想，而没有计划的人则很难获得成功。做事没有计划、没有条理的人，无论从事哪一行都不可能取得成绩。一个在商界颇有名气的经纪人把“做事没有条理”列为许多公司失败的一个重要原因。

缺乏完美的人生计划，即没有明确的人生目标，或许正是无法实现梦想的原因。几年前，美国作家盖尔·希伊出版了一部畅销书，书名叫《开拓者们》，他在撰写这部书的时候，通过一份内容十分广泛的“人生历程调查问卷”，间接地访问了6万多个各行各业的人士，他发现那些最

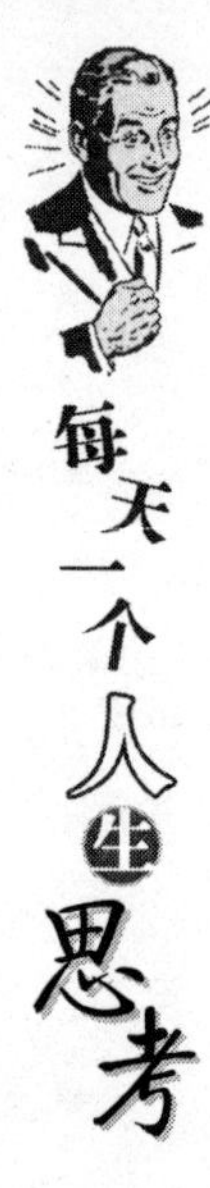

成功和对自己生活最满意的人至少有两个共同的特点：第一，他们喜欢有更多的亲密朋友；第二，他们都致力于实现一个其实际能力所难于达到的目标。根据希伊的研究，这些开拓者们觉得他们的生活很有意义，而且比那些没有长远目标驱使其向前的人更会享受生活。正如西方有一句谚语所说的："如果你不知道你要到哪儿去，那通常你哪儿也去不了"。

完美的人生计划就是一个实现你终生目标的时间表，也是一个实现那些影响你日常生活的无数更小目标的时间表。事实上，做事有计划对于一个人来说，不仅是一种做事的习惯，更重要的是反映了他的做事态度，是取得成就的重要因素。

具体来说，完美的人生计划应该是这样的：

(1) 人生目标是什么？怎样去达到目标？一定要心中有数。短期目标和长期目标相结合，仔细思考未来的每一步。

(2) 近期目标是什么？主要包括：学习、事业、健康、家庭、财富等等。

(3) 确定每天的具体工作。每天工作结束后，拟出明天准备做的工作。每天睡觉前和第二天早上起床前要核对一下当天工作完成情况，尽量不要把没有完成的工作转移到第二天。

(4) 如果你已经工作，设定一个短期经济目标，以刺激个人成长的计划。

(5) 经常与优秀人士交往，学习他们的经验与教训，得到他们的帮助。

(6) 考虑环境因素，有些环境因素可以帮助你达成梦想，而还有一些会成为你的障碍。但是，一步步来，找出每一个阻碍你实现梦想的障碍，然后想办法去克服它们。一旦你把所有的未知的事情从头到尾尽你最大努力找到相应方案，你就已经拥有的你计划了。

(7) 把你的计划按照阶段分成不同的部分，以降低它们的复杂程度。在这个过程中，你的计划会变成多个任务项，每一项会在一天的时间跨度内完成。如果一个任务需要多天完成，就把它们进一步地细分。任务越小，难度越小。

（8）在实现计划的过程中控制好进度，找出问题并解决它们。有些计划看似永远无法达成，只是因为少了一些监督。如果事情毫无进展，那么就改变它。否则，你的计划只是一个美好的愿望。

（9）耐心地去完成你的工作。所有完美的计划都需要花费大量的时间，不可能一蹴而就。基础工作必须一步步坚实地完成，否则你的计划的地基就会非常不可靠。

有一个关于四只毛毛虫的故事。为了能够吃到苹果，第一只毛毛虫跟随着大众的足迹，辛苦一生，却并不知道自己在做什么；第二只毛毛虫以吃到大苹果为目标，为此它不懈努力，但最终也只找到了一个酸酸的小苹果；第三只毛毛虫拥有一个望远镜，但大苹果却因为它的犹豫而被其他虫捷足先登；第四只毛毛虫因为有详细的计划，最终实现了他的目标！

拥有完美的计划才能实现目标，但在目标制订好之后，则需要考虑的就是如何实现它，通过什么途径来达成目标。为此，年轻人必须制订出一套完整、详细、明确、具体的计划。记住，你的成就之大，绝不会超出你的计划之完美。假如你现在还是一个收入微薄的雇员，你目前的状况与你理想的目标相差甚远，你要实现这么巨大的跨越，就必须做大量的工作，这些工作也必须是井然有序。因此，你在开始行动之前，必须要好好地精心策划一番。尽量考虑到与实现目标有关的所有因素，没有计划地盲目行动，很容易走弯路。

若想实现计划，成就梦想，年轻人一定要有正确的自我认识。如果目标不切实际，则会浪费宝贵的时间。一个人只有充分地认识自我、了解自我，才能超越自我，才能真正地提升自我价值。能看到自己的缺点，才能弥补不足；能了解自己的特长，才能发挥优势。正确、客观、全面地认清自我是走向成功的起点。

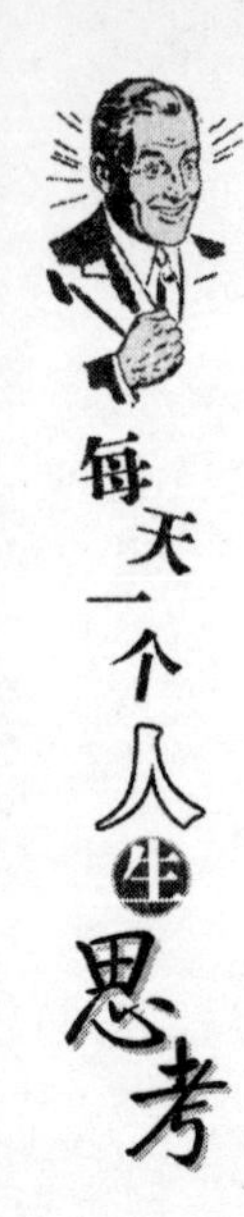


正确地认识自己，包括以下几点：

(1) 心理素质。一个人的心理素质与其能否成功息息相关，良好的心理素质是成功的保障。

(2) 思想认识。观念决定成败，一个人思想的高度决定了人生的高度。

(3) 人际关系。在竞争激烈的社会中，任何人都不可能孤立地存在。能得到他人的理解、认同和帮助，是实现目标的一股不可忽视的力量，尤其是你的家人和朋友。检查自己能否与家人、朋友、邻居及同事融洽相处，想想如何改善这些状况；检查有没有对你发展事业能提供帮助的人脉资源，想想如何利用。

(4) 兴趣特长。利用自己的特长和从事自己感兴趣的事业，更容易成功。所以，结合实际地发挥特长、发展兴趣有着重大意义。

(5) 周边环境。环境对一个人的成功有着重大影响。所谓“近朱者赤，近墨者黑。”如果你整天与那些思想消极、工作怠惰、无所作为的人待在一起，时间久了，就难免受其影响。当然，也有出淤泥而不染者。如果你能与那些积极乐观、思想先进、有所作为的成功者待在一起或经常接触，学习他们的成功经验、思维模式及做事方法等，对你肯定是有益的。

综上所述，要成就梦想，就要拥有完美的人生计划，它是你通向成功不可或缺的步骤。所以，从现在开始，梳理你的人生，认真思考，把你的人生计划写下来。

## 写下你的人生计划

把你的梦想写在纸上，让它们时刻提醒自己，不要忘记梦想，不要停下追逐的脚步。心怀梦想，志存高远，人生之梦需要实实在在地“规划”才能“追寻”。

国外企业家很重视职业生涯规划，这其实也是一种超前意识，微软公司及比尔·盖茨的成功都离不开这种超前意识。所以，年轻人要及早订下奋斗目标，做好人生规划。成功人士之所以成功，多半是因为他们在有意识地管理他们的人生。因此，年轻人若想在今后的发展中有所作为，就要提前规划自己的人生。

对于广大年轻人而言，由于年纪轻，缺乏经验，常常会半途而废。这时就需要把自己的人生目标、计划都写下来，让它们时刻提醒自己，必然有助于一步步接近目标，并最终实现目标。当年轻人们有意识地将人生计划写在纸上，并不断以此激励自己，那么，实际上就是在管理着他们的人生。经验告诉我们，做好人生规划并不是一件轻松的事。托尔斯泰说过：人生不是一种享乐，而是一桩十分沉重的工作。当然，如果能够很好地规划人生，那么你一定可以过得轻松一些。

把你的人生计划写在纸上，然后努力去实现这些梦想。当你有一天回首往事，一定会为此感到欣喜，而不是悔恨不已。

人生如大海航行，人生规划就是人生的基本航线，有了航线，人们就不会偏离目标，更不会迷失方向，才能更加顺利和快速地驶向成功的

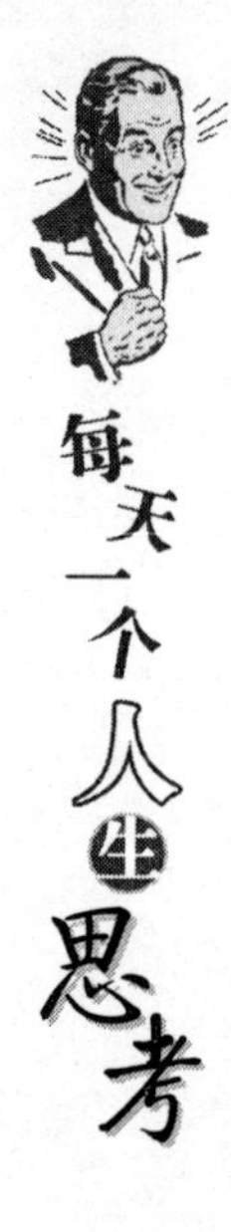

彼岸。那么，作为一名立志成才的有志青年，除了拥有梦想和明确的目标之外，应该如何进行人生规划呢？

首先，正确地认识自我。

(1) 人生定位。人生定位是确认自己人生的理想和目标，即确认你自己应当成为什么样的人。不同的人不同的情形会有不同的定位。人生定位很重要的一个工作是找到你的理想人格、理想人生的榜样人物，即为自己树立一个代表追求目标的典型。

(2) 社会需求分析。任何人都不是孤立地存在于世上，而是生存于现实的特定的社会环境之中。个人的成功、幸福、发展，必须以社会的某些客观条件为前提，成功幸福的人生往往是领先超前或同步于、融合于当代社会发展大潮。个人人生的价值和意义，只有放在广阔真实的社会背景之下，才能显示出其真谛。

其次，要明白你自己所处的人生阶段。

人生规划大体上可以分成以下几个阶段：

A，12～20 岁：人生学习期

B，20～30 岁：人生进修期

C，30～40 岁：人生巩固期

D，40～70 岁：智慧奉献期

E，70～80 岁：人生总结期

明白自己各阶段的目标，为以后阶段的规划做好充分准备。我们还必须制定详细的年度奋斗计划。总体来说，在不同的时期，需要实现的阶段性目标不同，实现目标的措施也不同。总之，目标越清晰越好，对目标的界定越明确越好。如一年之内读哪些书，一年之内在某一行业做到什么职位等等。

年轻人一定要认清自己所处的阶段，明白自己该阶段的主要目标，不要偏离自己的航线。

# 第三章

# 关于人生财富的思考

什么是财富？财富就是一个人拥有并能使自己幸福的东西。人活着就是在寻找幸福，而财富是获得幸福的保障。财富是人们最难拥有，也最希望拥有的东西，但它不是人生唯一的追求。

## 良好心态财富人生

良好的心态是人生的一笔宝贵财富，如果能以一个良好的心态去面对人生，就会发现人生是那么美好，生活充满快乐。同样，良好的心态也决定了一个人将拥有更多的财富。

玩过开心农场的朋友都知道一个道理，那就是种庄稼的经验越多、投入越多、生长的周期越长，它的收益就越大。这个道理反映出每个人对待财富的心态，但是很多人在面对财富诱惑时不能控制自己，心态失衡导致与财富擦肩而过。最简单的例子是：每年收益一次的是高管，每月收益一次的是员工，每天收益一次的是零工。

零工每天都有赚钱的机会，但收益却很小，而高管则是每年收益一次，赚的却是最多的。就像股市一样，做短线是投机，做长线的才是投资。因此，收益的大小是与心态成正比的。

穷人和富人最根本的区别是，穷人每天都在找机会，一天没有收益他就会感到不安，而富人则拥有良好的心态，他们等待机会，从而赚取最大利润。

心态与财富息息相关，良好的心态让人耐心等待机会，一旦机会来临，他们会毫不犹豫地采取行动，获得最大收益。而穷人因为受制于自己的内心，认为天生就是穷命，就算有机会他们也没有能力把握住。有这样一个寓言故事：

曾经有两个人，一个是体弱多病的富翁，一个是身体健康的穷汉。两人相互羡慕着对方。富翁为了得到健康，乐意出让他的财富；穷汉为了成为富翁，随时愿意舍弃健康。

一位著名的外科医生发现了人脑的交换方法。富翁随即提出要和穷汉交换头脑。其结果，富翁会变穷，但能得到健康的身体；穷汉会富有，但将病魔缠身。穷汉未加思考，爽快地答应了。

手术成功了。穷汉成为富翁，富翁变成了穷汉。但不久，成了穷汉的富翁由于有了强健的体魄，又有着成功的意识，渐渐地又积累起财富。可同时，他总是担忧自己的健康，稍遇不适就会大惊小怪。由于他总是担惊受怕，久而久之，他那副好身板又回到原来那多病的状态，或者说，他又回到了以前那种富有而体弱的状况中。

那么，另一位新富翁又怎么样呢？他总算有了钱，但身体孱弱。然而，他总是忘不了自己是个穷汉，有着失败的意识。他不用钱来投资，而是将它们很快挥霍一空，结果他又变成原来的穷汉。然而，由于他无忧无虑，换脑时带来的疾病也不知不觉地消失了。他又像以前那样有了一副健康的身子骨。

最后，两人都回到了原来的模样。

这是一个典型的心态决定财富的故事，或许有些片面，但也不得不给人以警示。有句话这样说道：投资能否赚到钱，关键在于投资者的心态。的确，良好的心态可以胜过百万资产，如果有一个良好的心态，即便遭遇财富缩水，照样也可以泰然处之，冷静对待；如果心态过于浮躁，过于急功近利，那么就算遇到好机会，也会与之擦肩而过。

有一个股市的例子：

夫妻二人分别开户炒股，前几年赶上牛市，老婆便买进了一只基金，过了一段日子，那只基金行情看涨，每一份涨了将近6毛钱，老公看老婆赚到了钱，便以较高价位跟着吃进了相同的基金。又过了些时日，股市开始震荡调整，这对夫妻买进的那只基金也开始“跳水”，老公担心股市要“转阴”，赶忙把手头的基金悉数抛出，结果每份不但不挣钱，反而赔了将近3角。又过了一段日子，大盘行情又开始看好，那只基金涨得比这位老公吃进时的价位还要高出许多，老婆见好就收，及时把手中基金悉数抛出，赚了个盆满钵满。但不出几日，大盘继续攀高，那只基金也跟着水涨船高，老公又开始埋怨老婆：“你看，基金卖早了吧，要是现在抛可以多赚很多钱。”

同样一只股票或基金，为什么你赚不到钱，而别人却能赚到钱，很大程度上与你的心态有关。股市瞬息万变，而且这种变化又的确很难找到规律可循，每个投资者都想在最低点买进，在最高点抛出，可就是世上最睿智的投资者，也永远做不到这一点。但是，只要拥有良好的心态，相信一定会在股海中淘到属于你的一桶金。

很多年前，在福建一个偏僻的乡村住着兄弟两人，他们要改变贫穷的现状，便决定离开家乡，到海外去谋发展。大哥比较幸运，被奴隶主卖到了富庶的旧金山，弟弟则被卖到比中国更穷困的菲律宾。

几十年过去了，兄弟俩又幸运地聚在一起。今日的他们，已今非昔比了。哥哥当了旧金山的侨领，拥有两间餐馆，两间洗衣店和一间杂货铺，而且子孙满堂，有些承继衣钵，又有些成为杰出的工程师等科技专业人才。弟弟呢？居然成了一位享誉世界的银行家，拥有东南亚相当分量的山林、橡胶园和银行。经过几十年的努力，他们都成功了。但为什么兄弟两人在事业上的成就，却有如此的差别呢？

哥哥说，我们中国人到白人的社会，既然没有什么特别的才干，唯有用一双手煮饭给白人吃，为他们洗衣服。总之，白人不肯做的工作，我们华人统统顶上了，生活是没有问题，但事业却不敢奢望了。例如我的子孙，书虽然读得不少，也不敢妄想，唯有安安分分地去做一些中层的技术性工作来谋生。

看见弟弟这般成功，做哥哥的不免羡慕弟弟的幸运。弟弟却说，幸运是没有的。初来菲律宾的时候，做些低贱的工作，但发现当地的人有些是比较愚蠢和懒惰的，于是便顶下他们放弃的事业，慢慢地不断收购和扩张，生意便逐渐做大了。

影响人生的绝不仅仅是环境，心态控制了个人的行动和思想。同时，心态也决定了自己的视野、事业和成就。一个人能否成功，能否成就财富人生，就在于他的心态了。

心态决定财富，良好的心态是成就财富的必要条件。不要让一颗穷心左右你的人生，拥有财富的未来无尽美好。

# 眼光长远财源滚滚

眼光决定高度，有什么样的眼光，你的财富就有多大。富人的眼光长远，所以财源滚滚；而穷人则无法发现赚钱的机会，因此只能受穷。创造财富的过程，就是一个发现财富的过程，在这个过程中，决定成功和失败的关键因素，就是发现财富的眼光。

俗话说：环境改变命运，眼光决定财富，眼光有多远，世界就有多大。如果说在市场经济活动中，机会带来了财富，那么决定机会的就是眼光。你能看到什么，将决定你能得到什么。人类历史发展了几千年，每个时代都涌现出无数的财富英雄，这说明每个时代都充满了无数的机遇，机遇无处不在，而唯独具备财富眼光的人看到了平凡事物中不平凡的财富，站得高才能看得远，真正的财富眼光能够洞察财富先机、发现财富机遇、锁定财富焦点，拥有财富眼光，才能采取科学有序的行动，从而获得真正的智慧、幸福和财富。

生活中并不缺少致富的机会，而是没有为机会作好充分的准备。当机会降临时，很多人没有把握住，使财富从我们的眼皮底下轻易地溜走了。其实，把机会转变成财富是需要发现财富的眼光的。眼光不同，取得的结果就不一样。有这样一个故事：

多年以前有位年轻人，乘火车去某地。列车行驶在一片荒野中，在一个拐弯处，火车开始减速，这时前方出现了一幢异

常醒目的平房，尽管很简陋，但在一望无际的荒野上，这平房却显得格外“抢眼”。此时很多乘客都从百无聊赖的困倦中睁大了眼睛，“欣赏”起寂寞旅途中的特殊“风景”来，众人开始纷纷议论起这幢孤单的房子来……

年轻人在见到这幢房子的瞬间，内心为之一动，这房子是不是会有更大的用途呢？返程时，年轻人在此地下了车，不辞辛苦地找到了那幢房子。房子的主人告诉他，火车的噪音已使他不能继续忍受下去了，他正想低价出售这幢房子，但卖了很久也没有人问津。

不久，年轻人用不到5万元买下了那幢平房，他开始和一些大公司联系，希望有公司能在这里做广告。后来某国际巨头公司看中了这个地方特殊的广告效应，在三年的租期中，支付给年轻人20万元租金。

眼光长远，财源滚滚。一个人最重要的就是高瞻远瞩的眼光。眼光决定一个人的潜力界限，眼光有多远，世界就有多大。

致富需要长远的眼光，与其羡慕成功者，不如学习他们是如何发现财富的，不断地提高自己的识别能力。

美国有个年轻制瓶工人。一次，他的女友在约会中穿了一件十分别致的套裙：膝盖部较窄，使腰部显得很有吸引力，看上去很漂亮。他觉得这裙子的线条真是美极了，便目不转睛地欣赏起来。看着看着，一个念头忽然跃入他的脑海：如果根据这种裙子的式样，做一个瓶子，一定会别具一格。

约会一结束，年轻人便迅速地根据这件套裙的形状，设计出了瓶子的图纸。不久，一种新款式的瓶子诞生了。由于它不仅外表美观而且用手握住的时候不容易滑脱，同时瓶子里的液体看起来比实际的要多，因此很受一些大饮料公司的青睐。

1923 年，可口可乐公司花费 600 万美元从年轻人手中买下专利，这就是今天我们见到的可口可乐瓶子的造型，而年轻人也为它新颖的设计一夜成名。

眼光长远的人，才会有着广阔的天地去拼搏、去奋斗。比如说商人，经营眼光往往会决定自己的生意能够做多大，以及用怎样的方式去赚钱。盛大网络公司在纳斯达克上市，陈天桥凭借 65%的公司股份坐拥 88 亿人民币的财富。“三十而立”的陈天桥完成这些只用了 5 年的时间，并登上了 2004 胡润 IT 富豪榜的榜首。他最重要的不是才华、勇气、毅力、机遇……这些老生常谈的东西已没有讨论的必要，他最重要的是眼光。是网络游戏成就了陈天桥，但是就算陈天桥当初没有迷上游戏，他一定也能找到其他创业的好点子——关键不是他看上的东西，而是他有穿透性的眼光。

同样一件东西，人的聪明才智不同，用法不同，效果就会有天壤之别——差别不在于东西本身，根本的原因在于其用与不用、会不会用，即一个眼光问题。所谓眼光，就是你用你的人生经验、学识、胆识和智慧来观察世界、观察社会、观察他人的一种标准和思维。特别是当今时代，全球化趋势需要全球性眼光分析和判断事物，否则就会作出错误的判断。眼光是决策的前提，看一个人的眼光，就是看一个人的选择！同时，看一个人的选择，可以判断一个人的眼光。大到一个国家的路线选择，小到一个人的人生职业选择，都可以反映出一个人的眼光。

红顶商人胡雪岩说过这样一段话：“如果你拥有一县的眼光，那你可以做一县的生意；如果你拥有一省的眼光，那么你可以做一省的生意；如果你拥有天下的眼光，那么你可以做天下的生意。”李嘉诚之所以能够把一个生产塑胶花的小作坊发展成为享誉全球的长江实业集团，其财富秘诀自然有许多，但目光长远却是其中十分重要的一条。

1967 年，香港社会很不稳定，投资者普遍失去信心，香港

房价暴跌。但李嘉诚却凭借过人的眼光和开拓魄力，趁机低价大肆收购其他地产商放弃的地盘。到了70年代，香港楼宇需求大幅回升时，他一下子赚了个盆满钵盈。在李嘉诚几十年的经营生涯中，类似的事例很多，他超人一筹的长远眼光是他成功经营的最佳保证。

有这样一个故事：

有两个结伴而行的流浪汉遇到了一个垂钓的老人，老人看见两人饥饿得可怜，就准备将钓到的鱼分给他俩。其中一个流浪汉高兴得不得了，因为又可以大饱口福了；而另一个却不要鱼，他希望得到老人的鱼竿以及钓鱼的技术。老人感觉很奇怪，但还是答应了，并教了他整整一个下午。

后来，两个流浪汉又各自流浪了。得到鱼的那个流浪汉将鱼吃完后，又开始沿街乞讨。而另一个流浪汉，则是来到了一个大湖边，开始以钓鱼为生，几年后，他盖起了房子，娶了媳妇，生了儿子，还有了自己的渔船，过上了幸福安康的生活。

一个人如果只顾眼前的利益，就会像第一个流浪汉那样，得到的只是短暂的快乐；而把眼光放长远一点，看得远一点，就会获得长久的收获。把眼光放长远，你将会得到更多。将眼光放长远一点，其实就是给自己一个长远的奋斗目标，在这一目标的指引下奋斗，才不至于失去方向或半途而废。目标是一个人前进的动力，能使人不断开拓进取、永不满足。

还有一个故事：

两个人同时掉进了山洞，一个借着火光在洞中行走，他能看清脚下的石块，能看清周围的石壁，因此他不会碰壁，也不

**会被石块绊倒。但是，他就是看不到山洞的出口，走来走去，就是走不出山洞，最终累死在洞中。**

**而另一个人则抛弃了火把，在黑暗中摸索行走。虽然不时碰壁，不时被石头绊倒，但是因为他置身于一片黑暗之中，他的眼睛能敏锐地感觉到洞口透进来的光，他迎着这缕微光爬行，最终逃离了山洞。**

若想创富，就要像后者一样把眼光放长远，敢于抛弃手中的火把，才能看见远方的光明，才能走出狭窄的山洞，走进一个广阔的人生天地。

眼光长远，财源滚滚，你有什么样的眼光就决定了怎样的人生高度，决定了你的财富水平。

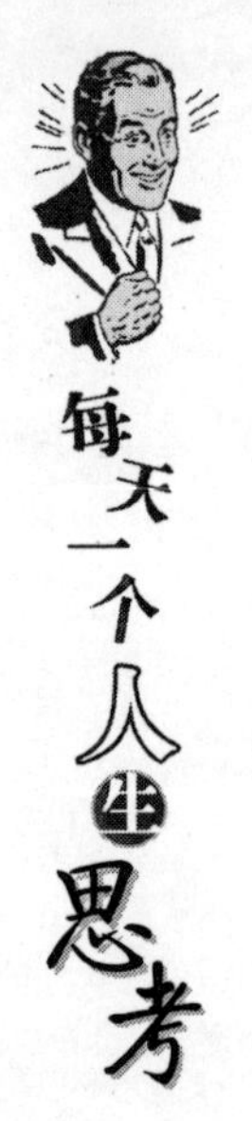

## 拼命省钱不如赚钱

拼命省钱不如赚钱，虽说勤俭节约是中华民族的传统美德之一，每个人都应该以节俭为荣。居家过日子，不会精打细算，再好的日子也会过穷。但是，在当今这个遍地黄金的社会，比起拼命省钱，赚钱才能使人更多地积累财富。

做生意讲究开源节流，过日子也是如此。若想过上富足的生活，“节流”是必不可少的，但很显然“开源”更加重要。

省钱是在收入稳定的情况下，相对减少成本来增加利润，这样收入是有限的，就是把成本节省到最低，最后省下的存款也是有限的。而挣钱呢？挣钱是在成本相对稳定的情况下，尽可能多地增加收入来增加财富，这样创造的收入越多，最后获得的财富就越多，增加收入是没有上限的，那获得财富的空间也是无限的。有没有这种感觉，节省生活成本，心里会不舒服，感觉是种被动无奈的行为？而增加收入呢，则认为是一种主动的行为，给人以希望。

举个简单的例子：

某人月工资 1000 块，把开支降到最低，每月也要花 500 块，这样一个月他就能省下 500 块。要是他手脚大点，想过得舒服点，就一个月花 1000 块，一分也没省下。怎么办？这样他就想法多挣，就要想办法涨工资。怎么涨工资呢？就要提升能力，找到薪水更高的工作。然后一个月挣2000块。这样就可以多花一些了，也提高了生活质量。

一个很简单的道理，没挣到钱你省什么啊？总不能有无本之木、无水之源，凭空省出什么来吧？一个月就只给你300块，看能省出什么来！

说这句话是有前提的：在挣不到钱的情况下就不如省着点花啦，这也是没钱人最喜欢说的一句话。要是有机会挣得到的话那就去挣吧，干嘛那么辛苦去省呢！也不是说要大家把钱花光，花钱要适当，要不就叫浪费了。

在以前"新三年，旧三年，缝缝补补又三年"的时代，家庭教育的格言也是朱子的"一粥一饭，当思来之不易。半丝半缕，恒念物力维艰"。当时，发家致富是资本主义思想，不能说、更不能做的。你要想在生活的某个方面略有改善，譬如说穿得好一点，就必须得靠另一个方面的勤俭节约才行，譬如吃得差一些。这大抵是当时大多数人认定的"财富守恒定律"。

厉行节约、反对浪费、注意积蓄、简朴生财几乎是所有家庭的信条。一般家庭都在"余"字上做文章：过年大门上喜欢贴两条大鲤鱼，年夜饭也都留着两条鱼不动筷子，一直放到大年初一。

改革开放以后，不知从何时起，人们关于财富的不同观念开始出现了碰撞。省钱与赚钱孰先孰后、孰轻孰重的问题，也成了家里的"世纪问题"。

20世纪80年代，部分人开始意识到单纯的节约已经不是改善生活的方法了，只有主动出击，才能够使家庭富裕起来。

到了90年代，更多的人开始认同"开源"比"节流"更重要，但传统的理财观仍旧很有市场："要是注意零星积累、坚持自己擦车、自己剃头、自己做衣服、客人来了自己做饭，总之是发扬'延安精神'，恐怕连房子都买成了！"

尽管争执不断，现实却是：已很少有人再自己烧菜请客了；早年的

全副理发用具已锈迹斑斑；缝纫机也成了“电脑桌”；家中自行车不再自己擦洗；拖地板、擦玻璃的工作也改由钟点工代劳了……这大概就是两种观念的较量开始发生倾斜的佐证。

开源节流这句话就最好地说明了省钱不如挣钱。开源就是挣钱，节流就是省钱。这里把开源摆在节流的前面，正说明了开源比节流重要。源都没有节什么流！

拼命省钱不如赚钱，在赚钱的路上可以发现更好的机会。挣钱就会多想办法，分析和尝试各种可能创收的渠道和方法，也许在这尝试的过程中，就会遇到最好的机会，从此让自己发展成长，前途无限。

以前人们为了省钱，很少叫出租车。有了成本观念后，把耗时、累人的挤公车，换成了叫“出租”——便可以节省出大量时间，可以思考，可以行动，寻找或创造致富的机会！

拼命省钱不如赚钱，而在赚钱的过程中可以锻炼你的能力，增强实力。我们一般判断一个人成功与否，喜欢问这个人的财富有多少。财富从某种程度证明一个人的实力，财富越多，这个人就越成功。挣钱一方面可以增加收入，同时也锻炼了个人能力，增强自己的实力。人的能力提高了，就有资本取得更好的机遇，也就能增加自己的收入。

挣到了钱，人的实力增强了，在维持或提高自己生活水平的前提下，才能有剩余资金用于投资。投资自己，自己本身就是一种投资，这种投资最没有危险。你要知道别人是如何挣钱的，至少要知道四个系统到五个系统或者更多的系统是如何挣钱的：建议每天接触一些关于商贸、财经的资讯；每周都要同不同的系统接触；你可以从和他们老板的交谈中了解到系统的运作；找到你的财务教练；参加一些实际工作但不要工资；多做一些工作但一定要仔细观察。

拼命省钱不如赚钱，聪明人懂得让钱生钱。一个月再怎么省，工资也就那么多，真正的有钱人都懂得钱生钱的道理。对于年轻的朋友来说，精打细算的理财规划绝对是致富的途径之一。如果有人问你，你的收入来源有哪些，你给出的答案很可能只有工作收入。其实对工薪族来说，要想获得更多收入，一定要学会投资理财。

综上所述，挣钱是一种积极的心态，挣钱的路上会发现更好的机会，挣钱会增强人的实力，挣钱会让钱生钱，所以说省钱不如挣钱。

## 附录：测测你的赚钱能力

1. 在买东西时，会不由自主地算算卖主可能会赚多少钱？

A. 是　　　　B. 否

2. 如果有一个能赚钱的项目，而你又没有钱，你会借钱投资来做？

A. 是　　　　B. 否

3. 在购买大件商品时，经常会计算成本？

A. 是　　　　B. 否

4. 在与别人讨价还价时，会不顾及自己的面子？

A. 是　　　　B. 否

5. 善于应付不测的突发事件？

A. 是　　　　B. 否

6. 愿意下海经营而放弃拿固定的工资？

A. 是　　　　B. 否

7. 喜欢阅读商界人物的经历？

A. 是　　　　B. 否

8. 对于自己想做的事，就坚持不懈地追求并达到目的？

A. 是　　　　B. 否

9. 除了当前的本职工作，自己还有别的一技之长？

A. 是　　　　B. 否

10. 对于新鲜事物的反应灵敏？

A. 是　　　　B. 否

11. 曾经为自己制定过赚钱计划并且实现了这个计划？

A. 是　　　　B. 否

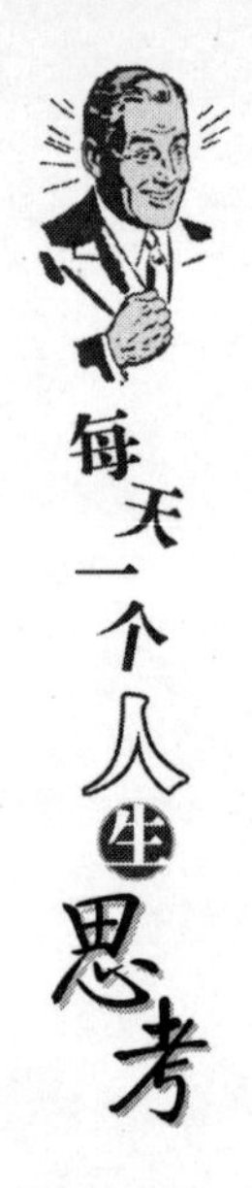


12. 在生活或工作中敢于冒险？

A. 是　　　　B. 否

13. 在工作中能够很好地与人合作？

A. 是　　　　B. 否

14. 经常阅读或收看财经方面的文章？

A. 是　　　　B. 否

15. 在股票上投资并赚钱？

A. 是　　　　B. 否

16. 善于分析形势或问题？

A. 是　　　　B. 否

17. 喜欢考虑全局与长远问题？

A. 是　　　　B. 否

18. 在碰到问题时能够很快地决策该怎么做？

A. 是　　　　B. 否

19. 经常计划该如何找机会去挣钱？

A. 是　　　　B. 否

20. 做事最重视的是达成的目标与结果？

A. 是　　　　B. 否

记分方法：每题每一个肯定的答案都记为 1 分。

分数解释：

如果你的得分在 12 分以上，这意味着你已经具有一定的赚钱心理基础了，可能你还具备了较强的赚钱能力，你可以考虑选择一个项目大胆地去干。

如果你的得分在 12 分以下，那么，你在准备投身于某一个项目之前，不妨再学习或训练一下自己的赚钱技巧吧。

## 创新思维成就财富

创新思维成就财富梦想，苏联心理学家达维多夫提出，只有敢于“标新立异”，敢于做第一个吃螃蟹的人，才有可能成为先驱；而没有创新思维，墨守成规，永远就只能做一个执行任务的人，不会有大的成就。你想成就财富传奇吗？或者你只想拥有高品质的生活？这不是梦想，在这个遍地黄金的时代，如何把金子装到自己的口袋里，关键在于头脑，在于你的创新思维。

思路打开了，财路也就宽了。比尔·盖茨说过，人与人之间最大的区别是脖子以上的区别。头脑，决定了你的财富。有这样一个故事：

20 世纪 40 年代，纽约的一家银行来了一位女士，要求贷款 1 美元。经理回答，当然可以，不过需要她提供担保。只见女士从皮包里拿出一大堆票据说：“这些是担保，一共 50 万美元。”经理看着票据说：“您真的只借 1 美元吗?”女士说：“是的，但我希望允许提前还贷。”经理说：“没问题。这是 1 美元，年息 6%，为期 1 年，可以提前归还。到时，我们将票据还给您。”

经理虽然心存疑惑，但由于那名女士的贷款没有违反任何规定，经理只能按照规定为女士办了贷款手续。当女士在贷款合同上签了字，接过 1 美元转身要走的时候，那经理忍不住问：

“您担保的票据值那么多钱，为何只借 1 美元呢？即使您要借三四十万美元，我们也很乐意。”

女士坦诚地说：“是这样的，我必须找个保险的地方存放这些票据。但是，租个保险箱得花不少的费用，放在您这儿既安全又能随时取出来，一年只需要 6 美分，划算得很。”女士的一番话让经理恍然大悟，茅塞顿开。

充分利用规则，获得最大利益。在获取财富的过程中，创新思维让你看到机遇，从而赚取利润。有一个故事：

有三个人要被关进监狱三年，监狱长给他们三个一人一个要求。

美国人爱抽雪茄，要了三箱雪茄。

法国人最浪漫，要一个美丽的女子相伴。

而犹太人说，他要一部与外界沟通的电话。

三年过后，第一个冲出来的是美国人，嘴里鼻孔里塞满了雪茄，大喊道：“给我火，给我火！”原来他忘了要火了。

接着出来的是法国人。只见他手里抱着一个小孩子，美丽女子手里牵着一个小孩子，肚子里还怀着第三个。

最后出来的是犹太人，他紧紧握住监狱长的手说：“这三年来我每天与外界联系，我的生意不但没有停顿，反而增长近两倍，为了表示感谢，我将送你一辆顶级跑车！”

不断接触最新的信息，了解最新的趋势，不断创新，只有这样才能赢得美好的未来。

沈阳有个名叫王洪怀的人靠捡破烂为生。一天他突发奇想，收一个易拉罐只赚几分钱，如果把它烤化了，当作金属去卖会不会赚更多的钱呢？他把一个易拉罐剪开，放在自行车铃盖中熔成一小块银灰色的金属，自己花600元钱到沈阳市有色金属研究所做了化验。化验结果表明，易拉罐是铝镁合金做成的。当时市场上铝锭的价格，每吨在1.4万元至1.8万元之间，每个易拉罐重18.5克，5.4万个空罐就是一吨。这样一算，卖熔化后的材料比直接卖易拉罐要多赚6倍左右的钱。于是他决定做熔炼易拉罐这项生意。他办了个金属再生加工厂，1年内，用易拉罐熔炼了240多吨铝锭。仅3年就收入270多万元，他也从一个捡破烂的变成了百万富翁。别人捡了破烂直接卖，他把破烂变成宝以后再卖，两个思路两重天。拾荒也能出个百万富翁，王洪怀的故事让大家赞叹不已。

创新思维成就财富人生，只有看到别人看不到的机遇，才能赚到别人赚不到的钱。在我们身边，总有人抱怨现实条件不好让他们与财富无缘，但为什么总有那么多看似平凡者，却创造了惊人的业绩？一个重要的原因就是他们善于创新，勇于创新，善于从多个角度思考问题。事实证明，墨守成规，因循守旧者，往往与财富无缘。只有勇于创新，善于创新，不断创新，你才能不断收获更多财富。

世界汽车大王亨利·福特的大名想必无人不知，他不但给美国装上了车轮子，甚至可以说，是他将人类社会带入了汽车时代。而福特的成功，就是源于其创新精神。

福特是一位农场主的儿子，但他从小就对机械充满浓厚兴趣。福特喜欢创新，年轻时他先后从事过机械修理、手表修理、船舶修理等工作。到30岁时，正是源于他不断求新的精神，成功制造出汽油机，两年多后他的第一辆车也研制、试验成功。

随后，他又成功地制作出了三辆汽车。但是，由于缺乏管理经验，福特前两次办汽车厂都以失败告终。但福特并没有放弃，他不断创新，推陈出新，相继制造出了性能稳定的诸多车型，销量甚佳。

生于农场主家庭的福特还深刻了解美国农村，地广人稀，农民需要的是操作简单、坚固耐用、耐得住颠簸的汽车。结合这个特点，福特又创造出了简单、耐用、低价的新型车，这使福特汽车很快占据了世界汽车市场68%的份额。在这个过程中，福特不断创新，当时别的汽车制造厂的工人都是每天工作10小时，每天3美元。他却推出"八小时工作制"，"每天5美元"，表面上对他的原始积累很不利，但是另一方面他吸收了很多熟练工人，提高了工作效率；另外，他还发明了"生产流水线"，还创造性地提出了"科学管理"的理念。

在这些创新思维的支持下，福特汽车公司成为享誉世界的知名品牌。

当今社会竞争激烈，只有创新思维才能脱颖而出，率先一步抢占商机。创新就是财富，一个好点子就能让你赚到钱。决定一个人财富的关键就在于头脑，在于创新思维。

20世纪80年代末，某单位的锅炉房后面有个老式的烟囱，这个烟囱体积巨大且年久失修。由于长时间没人修理，烟囱里面被各种废渣和煤灰堵得死死的，对出烟造成了严重阻碍。

眼看到了冬天，供暖问题迫使单位要对这根烟囱进行维修，当时由于没有好的清理办法，一般情况下都是将烟囱拆掉重修。但是，由于重建烟囱需要经费，这下可难坏了厂长。

厂长觉得拆掉再建很可惜，便在厂里广征意见，如果有谁能把烟囱内壁清理干净就予以奖励。后来，厂里有个小伙子想出了一个主意，他先向领导申请了 200 块钱，全部买了鞭炮，就是人们经常放的“二踢脚”；然后绑在一起在烟囱里面燃放，结果烟囱内壁的灰全被震了下来。烟囱清了，厂子省了钱，小伙子也得到了厂长的赞赏与奖励。

创新，一个好点子就是你致富的机会，拥有创新思维才能成就财富人生。时代不断进步，陈旧落后的事物渐渐被新生事物所淘汰，在这个过程中，谁能看到机会，想出新意，谁就能抢占先机，赚得第一桶金。

## 附录：李开复先生谈如何培养创新能力

下面这段话是李开复先生关于培养创新能力所给出的建议，希望读者从中悟出一些道理：

我的第一个建议是，在学习中，要知其然，也要知其所以然。中学生学习三角形面积定理时，可能人人都会背诵底乘以高除以二的公式，但是，聪明学生还会记住这个公式是如何推导出来的。

第二个建议是，遇到问题试着从不同角度来思考。美国 3M 公司一位研究员想发明黏合力非常强的胶水，但因为种种原因失败了，实验得到的只是一种黏合力很差的液体。一段时间后，他发现人们有这样一种需求：把便条或书签贴到桌上或墙上，可以随时揭下来——他此前发现的黏合力差的液体不正可以派上用场吗？就这样，一种险遭废弃的技术促成了即时贴的发明。

第三个建议是，多问问题才能更深理解。

第四个建议是，动手实践。小时候，父亲曾让我们解答这样一个问题：用 6 根火柴拼成 4 个大小一模一样的正三角形。通过动手实践，我们都找到了正确答案。这样的实践让我对几何空间知识记忆深刻。

第五个建议是，追随自己的兴趣、爱好。在谷歌，我们宁愿让员工

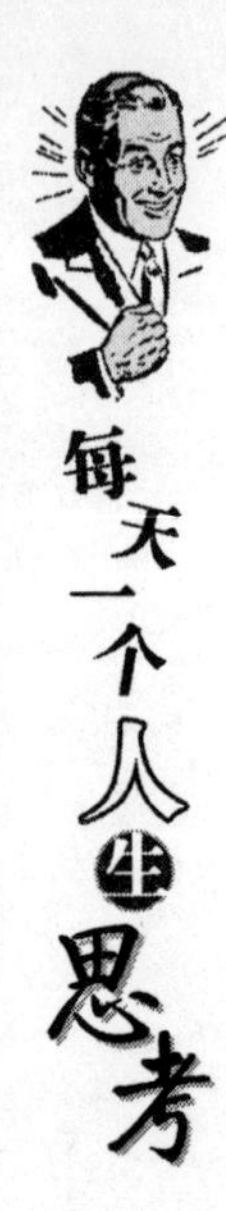

做一个自己有激情的项目，也不愿因为项目紧急或重要，强迫他们做自己不感兴趣的事情。

在一种鼓励探索，支持兴趣，重视实践的教育环境下，创新并不难。只要培养出灵活的头脑和扎实的基本功，再兼具了科学家、市场人员、工程师的特质，同时热爱自己所从事的工作，你就一定可以做出最新颖、最有用、也最有可行性的创新来！

# 不断充电自我增值

当今社会的竞争激烈程度可以用“残酷”二字形容，稍一松懈，就会被后起之秀超越。这并不是简单的超越，你很可能因此丢掉饭碗。那么，如何保住你的职位，提高你的收入水平呢？这就需要不断进行“充电”，自我增值，提高各种能力。

如今的职场已经不能光靠一张文凭“吃遍天下”了，需要通过能力证明自己，如果你想单靠原有的文凭在职场立足，几乎不可能。先来看一看现代企业的管理者们是如何对下属进行绩效考核的吧，也许会让你明白为什么身在职场必须要不断“充电”的缘故了。美国某公司老板杰克·威尔逊先生善于管理，他最重要的管理手段就是末端淘汰制。也就是说，奖励有效率的20%的人，有目标地鼓舞中间70%的人，淘汰最后面10%的效率低下的人。

简单的末位淘汰制，若想保住饭碗，就需要不断“充电”，自我提高。否则，你就是被淘汰的最后10%的人。现在的很多企业都实行末位淘汰制，如果你正好就是落在后面的人，被淘汰的命运一定会降临到你的头上。没有人愿意接受被淘汰的厄运，无论是拿出专门时间去深造，还是在工作中不断学习，都必须行动起来，适应不断变化的环境，进行良性循环的“充电”，使自己拥有胜人一筹的能力。

前一段的经济危机，使经济形势急转直下，就业也变得艰难。而在职的工作人员，想得更多的是如何保住自己的饭碗。于是，人们发现自

我增值的重要性，拼命地学习充电，就是为了能够在竞争激烈的职场中拥有一席之地，不被淘汰。残酷的市场竞争时刻提醒着每个身在职场的人，必须要不断地自我增值，否则就面临被超越的危险。但是，盲目参加各种培训的人也不在少数，既浪费时间，又浪费金钱。那么，让我们看看如今的白领是如何“充电”，实现自我增值的。

(1) 根据企业需求，选择学习方向。根据公司对人才的要求，找到适合自己的发展方向，然后学习各种技能，考取相关证书。

(2) 充电首选英语培训。“现在每个班上的白领学员都要占到一半以上！这在前几年是没有的事。”新街口一家英语培训机构的负责人称，为了应付新增的上班族人群，他们还特地开了一个适合上班族的“小托班”，每天早 9 点到晚 10 点都能灵活上课。英语已经成为现代白领必备的能力，无论哪个专业，都需要一定的英语能力。因此，如果你的英文能力还不过关，一定要及时充电。

(3) 关注小语种。某外语培训机构多语种项目总监介绍：随着外资企业数量的不断增加，其成分也不像以前只局限于英、美、日等企业了，越来越多国家的企业来到中国发展，造成就业市场对小语种人才需求量不断上升。

业内人士分析小语种热产生的原因：一是直接的工作提升、职业提升、职业发展的需要，一般都是外企公司或者中国企业和境外经济往来中需要使用到某种语言；还有一些人是出于培养兴趣或者是提高自己的知识面等原因来学习。

(4) 自我增值是未来晋升的基础。身在职场，不断提高自己的能力是必要的。就业形势越严峻，竞争越激烈，越有必要提高自己，为以后的晋升打下坚实基础。

人就好比一台机器，要发挥出它的最佳效能，就得不时地为它加油加水，否则就会损耗得非常快。也许你才刚开始职业生涯，也许你已经是工作多年的老手，只有时常给自己加满油，才能在职业发展道路上越走越顺。

小王是一个电子与电脑专业的本科生，毕业后到一房地产公司的电脑技术部工作了两年多，主要负责公司电脑系统的维护，并尝试建立了一个局域网。小王对计算机很感兴趣，利用业余时间自学了一些网络知识，也在公司获得了实践的机会。小王对自己的要求很高，不断充电，经常参加各类考试以获得证书。

小王为了进步，不断学习，查阅各种资料，耐心请教朋友。慢慢地，小王对华为认证的认识越来越深入。两三年前，SUN、微软、思科的认证证书曾经是许多年轻人进入IT界中高层的敲门砖。而今天，越来越多的声音表明，国内企业的认证证书随着企业实力的增长，像一只潜力股渐渐升值，开始受到人们的青睐，越来越多的企业在招聘员工时也把这些证书作为衡量员工能力的标准之一，性价比很高的华为认证证书正成为他们进入网络设备行业的新的敲门砖。

小王通过不断努力，考取了各种认证，等待着新的机会，走向新的高度。

一些职场人士之所以会被淘汰，就是因为他们没有意识到自己的知识、能力、经验等等工作技能需要提高了，忽略了及时充电的重要性。那么，哪些情况下就表明需要“充电”了呢？

第一，当你对现状不满，对目前的工作没有兴趣时。小孙职高毕业后进入一家银行当柜员，尽管他的收入不错，但是他并不喜欢这个职业，整天面对着数不完的钱，身心疲惫。他一心想成为一名律师，并为此不断努力。几年间，他曾报名参加北京广播学院新闻学专业的函授，还复习了一段时间想考律师资格证。

经过长时间的努力，小孙终于考取了律师资格证书，并鼓足勇气，辞掉了收入颇丰的银行工作。在朋友的帮助下，进入了一家律师事务所

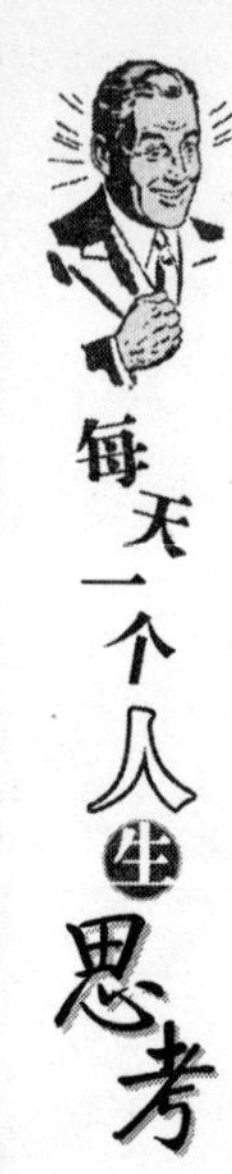


工作。

第二，职业生涯是否处于“停滞”期。安美丽是某著名服装品牌的区域销售经理，这个别人看来令人羡慕的职位，她却辞掉了。“我感觉我的职业生涯面临着前所未有的停滞状态，总是在做着以前做过的事情，重复多于创新。所以我想继续学习新的知识，为提升自我价值继续深造。”基于此，安美丽毅然选择了辞职。

人在其职业的某个阶段会出现所谓的“停滞”期，这种情况是一个信号，一旦出现说明你需要充电了。出现“停滞期”并不可怕，也不一定要辞职，毕竟职场竞争是十分激烈的，保住现在的工作很重要。只要有不断学习的观念，及时充电，一定可以获得提升。

第三，为将来做准备。王魄从外语学院毕业后就在一家贸易公司做秘书，这期间她接触到一些国内和国际大的企业咨询机构，逐渐认识到咨询行业无限广阔的前景，这使她开始有意识地收集这方面的信息和资料，为自己的将来做打算。

为此，王魄在业余时间为自己充电，提高这方面的能力。于是，他开始攻读 MBA 学位，平时也注意练习英语口语。当他取得 MBA 学位后，成功转行进入咨询业，向着职业生涯的新起点进发。

第四，过于安逸的职场生涯。如果你的工作环境太过安逸，那并不是一件好事情，突如其来的危机随时都会爆发。这时就需要你及时提醒自己，不断学习，自我提升，为了增强自我能力而充电，做到万无一失。

## 附录：测一测你的学习能力

1. 喜欢记忆、背诵诗句、文章。

A. 经常　　B. 偶尔　　C. 从不

2. 喜欢看报纸、杂志，而不管是不是看得懂。

A. 经常　　B. 偶尔　　C. 从不

3. 提出诸如“什么时间开始的”一类问题。

A. 经常　　B. 偶尔　　C. 从不

4. 喜欢自己观察某一种东西。

A. 经常　　B. 偶尔　　C. 从不

5. 对新鲜的事物表现出兴奋。

A. 经常　　B. 偶尔　　C. 从不

6. 可随音乐起舞或演唱。

A. 经常　　B. 偶尔　　C. 从不

7. 常问闪电是怎么回事，云是如何形成之类的问题。

A. 经常　　B. 偶尔　　C. 从不

8. 如果在非常熟悉的故事中更换一个词，你会立刻察觉并改正过来。

A. 经常　　B. 偶尔　　C. 从不

9. 可轻而易举地学会骑自行车、溜冰等。

A. 经常　　B. 偶尔　　C. 从不

10. 很愿意扮各种角色，并喜欢编故事，自己做主角。

A. 经常　　B. 偶尔　　C. 从不

11. 走街过巷，能指出这里或那里你曾经到过。

A. 经常　　B. 偶尔　　C. 从不

12. 喜欢听各种乐器演奏，凭乐声便能判断出是哪种乐器。

A. 经常　　B. 偶尔　　C. 从不

13. 擅长绘制地图和描绘物体。

A. 经常　　B. 偶尔　　C. 从不

14. 善于模仿人的各种动作和表情。

A. 经常　　B. 偶尔　　C. 从不

15. 乐于按照大小和颜色对玩具进行分类。

A. 经常　　B. 偶尔　　C. 从不

16. 会进行推测，比如说：“小蝌蚪一动不动，肯定是饿坏了”。

A. 经常　　B. 偶尔　　C. 从不

17. 听故事的时候乐于设想下面的情节。

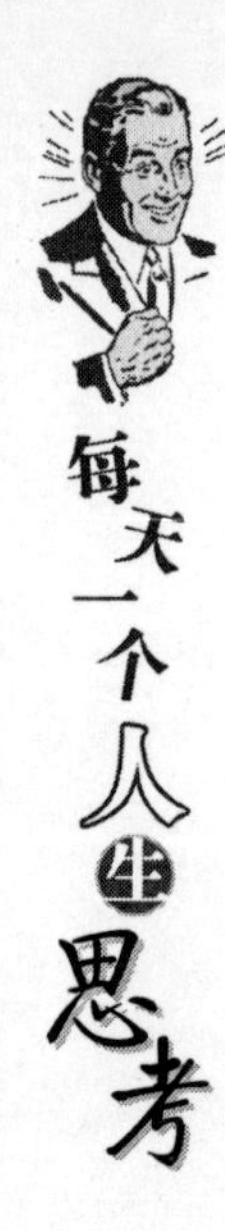


A. 经常　　B. 偶尔　　C. 从不

18. 可对不同声响进行评论。

A. 经常　　B. 偶尔　　C. 从不

19. 当初次见到某人时，往往会说：“他使我联想起某某。”

A. 经常　　B. 偶尔　　C. 从不

20. 能准确判断自己能干些什么或不能干些什么。

A. 经常　　B. 偶尔　　C. 从不

记分方法：选 A 得 3 分，选 B 得 2 分，选 C 得 1 分。

分数解释：

25 分以下者学习能力有待提高。

26～44 分者具备一定的学习能力。

45 分以上者具有很强的学习能力。

# 第四章

# 关于人生自信的思考



“这个世界上，没有人能够使你倒下，如果你自己的信念还站立的话。”

——马丁·路德金

自信的人永远不会倒下，自信的人生充满骄傲。自信是一种境界，当你真正达到这种境界时，你就会发现身边的变化，发现一股源于内心的力量。

## 自信人生成就百年

自信人生二百年！拥有自信，也就拥有了一生的力量。自信是一种力量，当你面向险峰挑战时，信心使你拾级而上；当你想放弃的时候，信心让你把对明天的憧憬写进心灵的底稿；当你遥望漫漫长路时，信心给你坚持下去的力量。

现代科学以及大量的事实证明：自信心是一个人的潜能源源不断地得以释放的精神源泉，是调动一个人积极性和创造性、克服各种困难的巨大力量。

人生不过百年，自信是成就你一生的神奇力量。英国前首相威廉·皮特还是一个孩子时，就相信自己一定能成就一番伟业。在成长过程中，无论他身在何处，无论他做些什么，不管是在上学、工作还是娱乐，他从未放弃过对自己的信心，不断地告诉自己应该成功，应该出人头地。这种自信的观念在他身体的每一个细胞中生根发芽，并鼓励着他锲而不舍、坚韧不拔地朝着自己的人生目标——做一个公正睿智的政治家——前进。

**22 岁那年，他就进入了国会；第二年，他就当上了财政大臣；到 25 岁时，他已经坐上了英国首相的宝座。凭着一股要成功的信念，威廉·皮特完成了自己的飞跃。**

自信人生成就百年，拥有坚强的意志和强烈的自信心，往往使原本平庸的人也能够成就神奇的事业，成就那些虽天分高、能力强，但是多疑虑与胆小的人所不敢尝试的事业。

英国作家夏洛蒂很小就认定自己会成为伟大的作家。中学毕业后，她开始向成为伟大作家的道路努力。当她向父亲透露这一想法时，父亲却说：写作这条路太难走了，你还是安心教书吧。她给当时的桂冠诗人罗伯特·骚塞写信，两个多月后，她日日夜夜期待的回信这样说：文学领域有很大的风险，你那习惯性的遐想，可能会让你思绪混乱，这个职业对你并不合适。但是夏洛蒂对自己在文学方面的才华太自信了，不管有多少人在文坛上挣扎，她坚信自己会脱颖而出。她要让自己的作品出版。终于，她先后写出了长篇小说《教师》、《简·爱》，成为了公认的著名作家。

成功的先决条件，就是自信。在这世界上，有很多人不自信，他们认为无法成为那些头顶光环的成功者，以为他们是不能与那些鸿运高照的人相提并论的。然而，他们不明白，如此缺乏自信是会大大削弱自己的生命力的。

有人说过“假使他想他能够，他就能够；假使他想他不能够，他就不能够。”成功并不难，关键在于是否相信自己能成功，是否拥有强烈的自信心。

乔·吉拉德——世界吉斯尼汽车销售冠军，是世界上最伟大的销售员，他连续12年荣登世界吉斯尼记录大全世界销售第一的宝座，他所保持的世界汽车销售纪录：连续12年平均每天销售6辆车，至今无人能破。

乔·吉拉德也是全球最受欢迎的演讲大师，曾为众多世界

500强企业精英传授他的宝贵经验，来自世界各地数以百万的人们被他的演讲所感动，被他的事迹所激励。

三十五岁以前，乔·吉拉德是个全盘的失败者，他患有相当严重的口吃，换过四十个工作仍一事无成，甚至曾经当过小偷，开过赌场；然而，谁能想象得到，像这样一个谁都不看好，而且是背了一身债务几乎走投无路的人，居然能够在短短三年内爬上世界第一，并被吉尼斯世界纪录称为“世界上最伟大的推销员”。

相信自己，奇迹就会出现。让自信心成为伴随你一生的伴侣，陪伴你迎来一个又一个成功。

自信心是比金钱、地位、家世更有用的条件。它是人生可靠的资本，能使人努力克服困难，排除障碍，去争取胜利。对于事业的成功，它比什么东西都更有效。假使我们去研究、分析一些有成就的人的奋斗史，我们可以看到，他们在起步时，一定要先有一个充分信任自己能力的坚强自信心。他们对自己的能力深信不疑，自信到任何困难艰险都不足以使他们怀疑、恐惧的程度。这样，他们就能所向无敌了。

美国女学者海伦·凯勒生于亚拉巴马州的小镇塔斯康比亚，1岁半时突患急病，致其既盲又聋且哑。在如此难以想象的生命逆境中，她踏上了漫漫的人生旅途……

人们说海伦是带着好学和自信的气质来到人间的，尽管命运对幼小的海伦是如此不公，但在她的启蒙教师安妮·莎利文的帮助下，顽强的海伦学会了写，学会了说。小海伦曾自信地声明：“有朝一日，我要上大学读书！我要去哈佛大学！”这一天终于来了。哈佛大学拉德克利夫女子学院以特殊方式安排她入学考试。只见她用手在凸起的盲文上熟练地摸来摸去，然后用打字机回答问题。前后9个小时，各科全部通过，英文和德

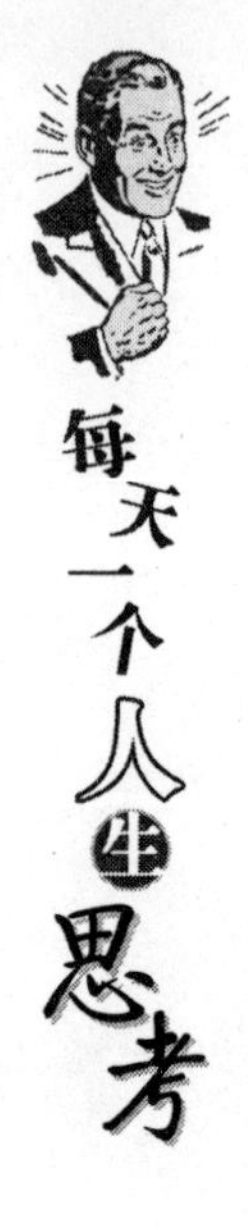


文得了优等成绩。4年后，海伦手捧羊皮纸证书，以优异的成绩从拉德克利夫学院毕业。海伦热爱生活，她一生致力于盲聋人的福利事业和教育事业，赢得了世界舆论的赞扬。她先后完成了《我生活的故事》等14部著作，产生了世界范围的影响，她那自尊自信的品德，她那不屈不挠的奋斗精神被誉为人类永恒的骄傲。

爱迪生说过："自信是成功的第一秘诀"。自信是成就一生的力量，誉满全球的思想家、成功学导师拿破仑·希尔一生致力于成功学的研究与实践，他对自信心十分看重，让我们分享一下他的自信心公式：

第一，我知道我有能力达成自己确切的人生目标；因此，我要求自己，要坚持不懈，持之以恒，朝这个目标努力。从现在开始，立即行动。

第二，我知道心中的思想终将化为外在的实质行动，并逐渐转变成物质上的实体；因此，我将每天集中心力30分钟，认真去想我要成为什么样的人，借以在我心中描绘出清晰的心理画面。

第三，我知道借由自我暗示，我心中所坚持的任何渴望，终将以实际的方式展现出来，支持我达成目标，因此，我每天都要花十分钟要求自己增强自信。

第四，我已写下人生主要确切目标的叙述，我永远都不会中止努力。我会一直努力，直到发展出足够的自信以达成目标。

第五，我完全了解财富和地位若不是建立在诚信正义上，都不会持久，因此，我不会从事无益于大众的交易。借助与人合作，并且聚集我想运用的力量，我会成功。我会请他人来帮助我，因为我自己也乐于助人。我会发展对全人类的爱，借此去除嫉妒、怨恨、自私和愤世嫉俗，因为我知道对人的负面态度，永远不会带给我成功。我要让别人信赖我，因为我会信赖他人，也信任自己。

让我们牢牢记住这则公式，并且以十足的信心，一天大声朗诵一次，这则公式将逐渐左右我的思想行动，让我成为自信的成功人士。

自信人生成就百年，让我们借助拿破仑·希尔的自信心公式，找到适合自己的方法，建立强大的自信心，你将看到自信心带给你的巨大改变，它将伴随你的一生，使你终身受益。

## 附录：你是一个自信的人吗？

1. 一旦你下了决心，即使没有人赞同，你仍然会坚持做到底吗？
2. 你认为你是个绝佳的情人吗？
3. 如果店员的服务态度不好，你会告诉他们的经理吗？
4. 你对自己的外表满意吗？
5. 你认为自己的能力比别人差吗？
6. 你是个受欢迎的人吗？
7. 你认为自己很有魅力吗？
8. 你有幽默感吗？
9. 目前的工作是你的专长吗？
10. 你懂得搭配衣服吗？
11. 你与别人合作无间吗？
12. 危急时，你很冷静吗？
13. 你经常欣赏自己的照片吗？
14. 别人批评你，你会觉得难过吗？
15. 对别人的赞美，你持怀疑态度吗？
16. 你总觉得自己比别人差吗？
17. 你认为自己只是个寻常人吗？
18. 你经常羡慕别人的成就吗？
19. 你为了不使他人难过，而放弃自己喜欢做的事吗？
20. 你会为了讨好别人而打扮吗？
21. 你勉强自己做许多不愿意做的事情吗？
22. 你任由他人来支配你的生活吗？

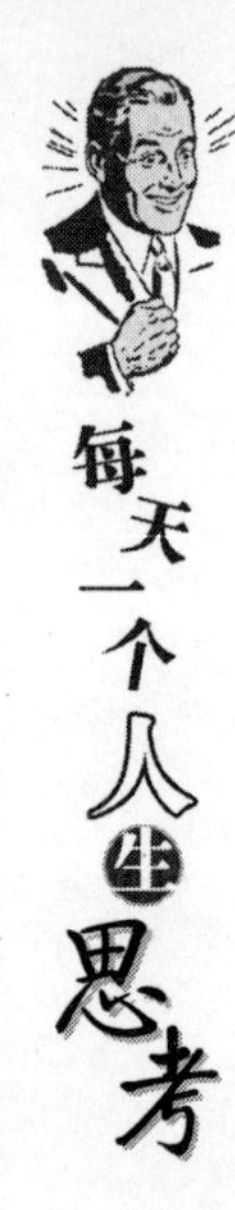


23. 你认为你的优点比缺点多吗?

24. 在聚会上，只有你一个人穿得不正式，你会感到不自在吗?

25. 你经常希望自己长得像某某人吗?

记分方法：1～12 题，答“是”加 1 分，“否”0 分。13～25 题，答“否”加 1 分，“是”0 分。

分数解释：

如果你的分数是 15～25 分，说明你对自己信心十足，明白自己的优点，同时也清楚自己的缺点。不过，需要注意的是，如果你的得分将近 25 分的话，别人可能会认为你很自大狂傲，你不妨在别人面前谦虚一点，这样人缘会更好。

如果你的分数是 9～14 分，说明你对自己颇有自信，但是你或多或少缺乏安全感，对自己产生怀疑。你不妨提醒自己，在优点和长处各方面并不输人，特别强调自己的才能和成就。

如果你的分数是 8 以下，说明你对自己显然不太有信心。你过于谦虚和自我压抑，因此经常受人支配。从现在起，尽量不要去想自己的弱点，多往好的一面去衡量；先学会看重自己，别人才会真正看重你。

# 相信一切皆有可能

一切皆有可能——这是一句大家再熟悉不过的广告语，但却蕴藏着一个来自生命本身的意境：生命就是奇迹，每个人的身上都蕴藏着无数奇迹。只要用心去做，一切皆有可能。

一切皆有可能，在一切都还没成定局以前，所有的可能性都可能成为最后的结果，所有的结果也许也并不都是最初的设想。

2008 年北京奥运会的赛场上演绎的一出出精彩故事震撼着我们的心弦，让我们深刻地感悟到人生没有不可能。赛前，菲尔普斯狂言要从水立方里捞上 8 枚“金镶玉”，有多少人相信？可眼下，不是已变成没有多少人置疑了吗？还是在水立方里，短短 5 天比赛就有 12 项世界纪录被打破了 16 次。刘子歌赛前并不被看好，但他的惊世一鸣让我们个个目瞪口呆、喜出望外。在张娟娟与世界第一女箭手、韩国的朴成贤对决个人金牌时，有人想到她能夺魁吗？中国女排连下古巴队两局时，谁能料到竟会被对手翻盘……这一切，如梦非梦，似幻非幻，让我们不得不相信，在奥运会上“一切皆有可能”。

新人有可能战胜名将，这次不成功可能下次就会如愿，不管有多少人认为不可能。其实，4 年一度的奥运会，云集而来的上万健儿不就是为

了这“一切皆有可能”吗？正是坚信“一切皆有可能”，亚洲最早参加奥运会的国家印度，终于在88年后实现了打破奥运个人项目金牌零的纪录的夙愿；经济发展程度排在世界末尾的多哥，自豪地登上奥运会的奖牌榜……

一切皆有可能，机会只会垂青有准备的人，不必担心自己的水平比别人差，只要自己努力了，成功也许就会属于你了；一切皆有可能，比赛比的是一种精神，无论你是成功还是失败，只要你的精神不倒，那你永远会立于不败之地，暂时的失利说明不了什么。相信自己吧，一切皆有可能！

清华大学食堂工人张立勇，靠自己的毅力和坚持不懈的奋斗，以630分的高成绩考取了托福，这个成绩即使清华的高才生也很难达到。当有人问他说：“你是怎么成功的？有什么座右铭吗？”张立勇说：“有一次，送面包的时候，我在大街上看见一广告牌，写着一切皆有可能。”

是的，张立勇成功了。仅仅一个普通的广告牌，却改变了他一生的命运，我似乎能体会到张立勇当时的感触。他的激情被燃烧了起来，他不甘堕落，不愿就此沉沦一生。“一切皆有可能”使他重新站了起来；“一切皆有可能”给他注入了新的力量，靠自己不懈地奋斗，最后赢得荣誉，收获人生。

人生在世，只要努力争取，一切皆有可能！苏格拉底曾说过：“一个人能否有成就，只看他是否具有自尊心和自信心这两个条件。”千百年来，在人们眼里，命运是神秘莫测、不可把握、无法控制的一种神秘力量，是主宰人们一生的至高无上的主人，而人类则永远是命运的仆人和奴隶，半个世纪以前，一位比利时智者告诉我们，人们完全可以成为命运的主人而非奴隶，这种能够把握、主宰和战胜命运的首要条件就是自信。

自信是人生成功的基石，人的成功之路必须踏着自信的石阶步步登高。有了自信，人才能达到自己所期望达到的境界，才能成为自己所希望成为的人。无论在什么情况下，自信者的格言都是："我想我可以，现在不可以，以后一定可以的！"所以我们每个人务必要把自信送给自己！这种心里暗示的力量是不可估量的，它足可以改变一个人的一生！

每个人都要有信念，相信没有办不到的事。只有相信一切皆有可能，才能创造奇迹，走向成功。

在非洲的大草原上，有一种体形臃肿的巨蜂，它的翅膀很小，脖子也很粗。这种巨蜂在非洲大草原上能够连续飞行 250 公里，飞行高度也是一般蜂类所不能及的。巨蜂非常聪明，平时藏在岩石缝隙或者草丛里，一旦有了食物立即振翅飞起；尤其是当它们发现这一地区即将面临极度干旱的时候，它们就会成群结队地迅速逃离，向着水草丰美的地方飞行。

科学家们称其为"非洲蜂"，根据生物学的理论，这种蜂体形臃肿而翅膀却非常短小，在能够飞行的物种当中，它们的飞行条件是最差的，从飞行的先天条件来说，它们甚至连鸡、鸭都不如；从流体力学来分析，它们的身体和翅膀的比例根本是不能够起飞的；即使人们用力把它们扔到天空去，它们的翅膀也不可能产生承载肥胖身体的浮力，会立刻掉下来摔死。但事实却是，非洲蜂不仅能飞，而且是飞行队伍里最为强健、最有耐力、飞得最远的物种之一。

哲学家们却对此给出了合理的解释：非洲蜂天资低劣，但它们必须生存，而且只有学会长途飞行的本领，才能够在气候恶劣的非洲大草原活下去。简单地说，若是非洲蜂不能飞行，它就只有死路一条。

什么叫"置之死地而后生"？非洲蜂给出了很好的回答；非洲蜂更让

我们相信，在一个执着顽强的生命里，没有什么叫做“不可能”。生命本身就是神奇的，每一个人的身上都蕴藏着无数的奇迹；只要用心去做，一切皆有可能。

成功者的字典里没有“不可能”这三个字，他们坚信，只要努力，一切皆有可能。

1993年，伯森·汉姆徒手攀登上纽约的帝国大厦，在创造了吉尼斯纪录的同时，也赢得“蜘蛛人”的称号。

美国恐高症康复联席会得知这一消息，致电“蜘蛛人”汉姆，打算聘请他做康复协会的心理顾问，因为在美国有八万多人患有恐高症，他们被这种疾病困扰着，有的甚至不敢站在一把椅子上换一只灯泡。

伯森·汉姆接到聘书，打电话给联席会主席诺曼斯，让他查一查第1042号会员。这位会员很快被查了出来，他的名字叫伯森·汉姆。原来他们要聘做顾问的这位“蜘蛛人”，本身就是一位恐高症患者。

诺曼斯对此大为惊讶。一个站在一楼阳台上都心跳加快的人，竟然能徒手攀上四百多米高的大楼，这确实是个令人费解的谜，他决定亲自去拜访一下伯森·汉姆。

诺曼斯来到费城郊外的伯森住所。这儿正在举行一个庆祝会，十几名记者正围着一位老太太拍照采访。原来伯森·汉姆94岁的曾祖母听说汉姆创造了吉尼斯纪录，特意从一百公里外的葛拉斯堡罗徒步赶来，她想以这一行动，为汉姆的纪录添彩。谁知这一异想天开的想法，无意间竟创造了一个耄耋老人徒步百里的世界纪录。

《纽约时报》的一位记者问她：“当你打算徒步而来的时候，你是否因年龄关系而动摇过？”老太太精神矍铄，说：“小伙子，打算一气跑100公里也许需要勇气，但是走一步路是不需要勇气的，只要你走一步，接着再走一步，然后一步再一步，一百公里也就走完了。”

恐高症康复联席会主席诺曼斯站在一旁，一下明白了伯森·汉姆登上帝国大厦的奥秘，原来他有向上攀登一步的勇气。

如果你期待自己的生命中出现奇迹，那么就去挑战那些所谓的“不可能”吧，当你成功的时候，你的生命就会被奇迹之光照亮。如果你一直在原有的环境里，做着熟悉到已经成为习惯的事情，每天日复一日地重复着同样的生活，不做任何超出自己经验之外的努力，又何从期待奇迹会发生？奇迹永远不会诞生于庸常的生活中，它只会出现在向着生命顶峰奋勇进发的艰难而又激动人心的行程中。

在人生的道路上，被拒绝和挫败的恐惧，是很多朋友止步不前的最大障碍，“我不能……”成了他们的口头禅。其实，人与人的能力差别是极其微小的，真正的差别在于不同的思维和信念。对于失败或被拒绝的恐惧使人望而却步，即对失败或被拒绝的预先揣测使你无力向前，阻碍了你去做那些为实现你的目标应该做的事，美好的结果自然也就荡然无存了。

这个世界上所有的伟大成就，所有的人间奇迹都是由普通人创造的，没有三头六臂的神仙，只有意志信念坚定的凡人。请相信：“这个世界上没有什么事情是能或不能，有的只是要或者不要，只要想要，注定得到。”再不要给自己找理由了，再不能给自己找借口了，成功不容易，但失败比成功更难，因为失败的人不得不用一辈子的时间来忍受贫穷、屈辱和艰辛，为什么不奋斗，不去追求成功呢？爱默生说，当他读到下面这句话时，他的人生随之改变——如果你想要获得成功的话，那么做你害怕做的事情，做你本以为不可能的事情，并将这作为你的人生习惯——“去做事吧，你将会拥有一股神奇的力量。”

“一切皆有可能”绝不仅仅是一句空话，当你将它付诸于实践，积极行动起来时，你的生活将会慢慢向好的方向发展，成功也会在不远处等待你。

## 重塑自信改变命运

你曾经因失败而灰心丧气吗，你曾经一败涂地而失去重新站起来的勇气吗，你曾经抱怨命运的不公吗？那么，如何改变命运，让失败的困扰离你而去，这一切都取决于你，取决于你的信心。

重塑自信，你就能改变命运。不管曾经遭受怎样的失败，经历多么惨痛的失败，自信心都是一剂灵丹妙药，让你迅速从失败中崛起，重新找到人生的方向。

大刘下岗之前在一家炼钢厂工作，收入不高但还算稳定。一家三口，妻子在医院工作，女儿上高中，生活平淡且幸福。但没想到的是，六年前工厂倒闭，工人们都下岗了。大刘一家人的生活变得拮据起来，他也常常借酒消愁，陷入了人生低谷。

眼看丈夫一天天陷入低迷，妻子非常着急。用尽各种关系帮丈夫找工作，但是大刘却陷入一蹶不振之中。于是，妻子每天都鼓励丈夫，帮助他重塑信心，帮助他从低谷中走出来。

终于，在妻子和女儿的鼓励下，大刘渐渐恢复过来，他想要重新工作。大刘考虑到自己已经四十多岁了，找工作非常困难，于是便打算自己创业。经过一番琢磨，他打算卖报纸挣钱，几经挑选，他选择在人较多的公交车站卖报。但是车站周边固定的报摊已经有两个了，其中一个卖了很久，还有好多回头客。

大刘琢磨着：要是不做准备就直接开摊卖报，一定会被人家赶出来的。于是他打算从车站的管理人员入手，每天都给他们送上几份报纸，一来二去也就混熟了。这时大刘就讲了自己生活上的困境，车站管理员都能体会出他的艰辛，就同意让他来车站卖报纸。进场后，大刘依然坚持每天给管理员送报纸，维持他们之间的良好关系。

可是由于报纸种类一样，他与先前的两家报摊相比没有任何优势，于是他决定不摆摊，带报纸到人群中和车厢里去卖，这样他还省下了摊位费。经过半年的实践，大刘总结出了规律：等车的中年男性喜欢看报、西服革履的上班族喜欢看报、有座位的人也会买份报纸看看、发生重大新闻时报纸卖得肯定好，根据这一分析，大刘不再光喊“卖报纸了”，而是改成了叫卖热点新闻，他这一招果然有效，报纸的销量比平实多出好多。

一年后，大刘接手了车站内转让的一家报摊，他新增了许多流行杂志，这些都是畅销产品，非常好卖。他还定期做一些促销活动或将过期的杂志贱价卖掉。就这样，他的生意日益红火起来。

某知名公司发现大刘的报亭地理位置优越，而且销量也很大，于是决定在报亭里张贴他们公司的宣传画，这使大刘的报摊又获得了一笔非常可观的收入。两三年下来，大刘每月的收入都在三千元左右，这比他以前在工厂上班所挣的钱要多得多。现在，他又在筹划着接手新的报亭，为了他的事业努力奋斗着。

重拾信心是走向成功的保障，在事业处于低谷时，强烈的自信心会帮你渡过这段艰难的时期，帮你找到改变命运的契机，让你重新振作起来。

在古希腊神话中，有一个关于西齐弗的故事。西齐弗因为

在天庭犯了法，被天神惩罚，降到人世间来受苦。天神对他的惩罚是：要推一块石头上山。每天，西齐弗都花费很大的力气才能把那块石头推到山顶，然后回家休息，可是在他休息时，石头又会自动地滚下来。于是，西齐弗又把那块石头往山上推。这样，西齐弗所面临的是：永无止境的失败。

天神要惩罚西齐弗，也就是折磨他的心灵，使他在“永无止境的失败”命运中，受苦受难。可是，西齐弗并没有失去信心，每次在他推石头上山时，天神都打击他，告诉他不可能成功。西齐弗凭借强烈的自信，心中只想着把石头推上山，因为这是他的职责；只要把石头推上山顶，也就尽到了责任；至于石头是否会滚下来，不需要过多考虑。

就这样，每当西齐弗努力地推石头上山时，他心中显得非常平静，因为他安慰自己：明天还有石头可推，明天还有工作可做，明天还有希望。天神因为无法再惩罚西齐弗，就放他回了天庭。

在人的一生中，失败是不可避免的。如果失败了就没有站起来的勇气，那么这种人的命运是可悲的。真正的成功者绝不惧怕失败，他们深知这是抵达成功之前必经的考验，他们绝不会就此失掉自信，一蹶不振。

现实生活中，有些人输得一败涂地，万劫不复；而有些人愈挫愈勇，卷土重来。这一切都取决于信心，唯有自信的人才能改变命运，成就辉煌。

俄国著名戏剧家斯坦尼夫斯基，有一次在排演一出话剧的时候，女主角突然因故不能演出了，斯坦尼夫斯基实在找不到人，只好叫他的大姐担任这个角色。他的大姐以前只是一个服装道具管理员，现在突然出演主角，便产生了自卑胆怯的心理，演得极差，引起了斯坦尼斯拉夫斯基的烦躁和不满。

一次，他突然停下排练，说：“这场戏是全剧的关键，如果女主角仍然演得这样差劲儿，整个戏就不能再往下排了！”这时全场寂然，他的大姐久久没有说话。突然，她抬起头来说：“排练！”一扫以前的自卑、羞怯和拘谨，演得非常自信，非常真实。斯坦尼斯拉斯夫基高兴地说：“我们拥有了一位新的表演艺术家。”

重塑自信，改变命运。如果你都不相信自己，那么成功将远离你。只有坚定地相信自己的人，才有资格获得成功。失败并不可怕，可怕的是失掉了一颗自信的心。而只有重拾信心，才能迎来曙光，走向成功。

美国著名电台广播员莎莉·拉菲尔在她 30 年职业生涯中，曾经被辞退 18 次，可是她每次都放眼最高处，确立更远大的目标。最初由于美国大部分的无线电台认为女性不能吸引观众，没有一家电台愿意雇用她。她好不容易在纽约的一家电台谋求到一份差事，不久又遭辞退，说她跟不上时代。

莎莉并没有因此而灰心丧气。她总结了失败的教训之后，又向国家广播公司电台推销她的清谈节目构想。电台勉强答应了，但提出要她先在政治台主持节目。“我对政治所知不多，恐怕很难成功。”她也一度犹豫，但坚定的信心促使她大胆去尝试。她对广播早已轻车熟路了，于是她利用自己的长处和平易近人的作风，大谈即将到来的 7 月 4 日国庆节对她自己有何种意义，还请观众打电话来畅谈他们的感受。听众立刻对这个节目产生兴趣，她也因此而一举成名了。

如今，莎莉·拉菲尔已经成为自办电视节目的主持人，曾两度获得重要的主持人奖项。她说：“我被人辞退 18 次，本来会被这些厄运吓退，做不成我想做的事情。结果相反，我让它们鞭策我勇往直前。”

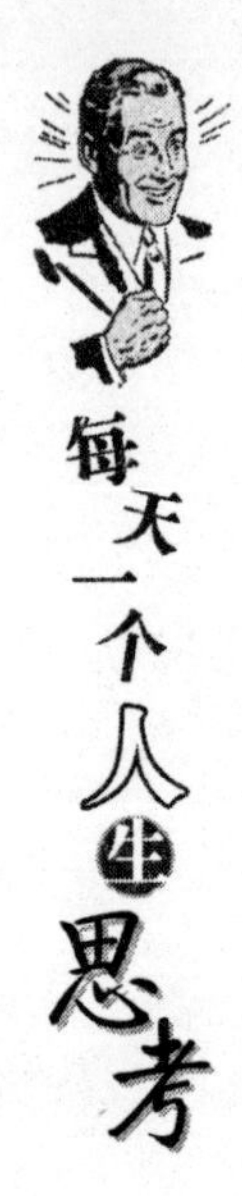


美国百货大王梅西也是一个很好的例子。

他于1882年生于波士顿，年轻时出过海，此后开了一间小杂货铺，卖些针线，铺子很快就倒闭了。一年后他另开了一家小杂货铺，仍以失败告终。

在淘金热席卷美国时，梅西在加利福尼亚开了个小饭馆，本以为供应淘金客膳食是稳赚不赔的买卖，岂料多数淘金者一无所获，什么也买不起，这样一来，小铺又倒闭了。

回到马萨诸塞州之后，梅西满怀信心地干起了布匹服装生意，可是这一回他不只是倒闭，而简直是彻底破产，赔了个精光。不死心的梅西又跑到新英格兰做布匹服装生意。这一回他时来运转了，他买卖做得很灵活，甚至把生意做到了街上商店。头一天开张时账面上才收入11.08美元，而现在位于曼哈顿中心地区的梅西公司已经成为世界上最大的百货商店之一。

遭遇挫折与失败，不要失去信心，要从中吸取经验教训，为了下一次的成功积攒力量。

重塑自信，改变命运。你的人生由你做主，只要信心不失，再大的困难也能过去。命运是可以改变的，关键在于你的自信心有多强。

## 相信自己坚定不移

相信自己，坚定不移。只有对自己信任，做自己想做的人，才能成为生活中的强者，在激烈的竞争中立于不败之地。

充分相信自己的能力，才能在生活中一往无前。当我们对自己的力量充满信心的时候，没有任何东西可以阻碍我们。奥里森·马登说过这样一段话："如果我们分析一下那些卓越人物的人格特质，就会看到他们有一个共同的特点：他们在开始做事前，总是充分相信自己的能力，深信所从事之事业必能成功。因此，他们在做事时就能付出全部精力，排除一切艰难险阻，直到胜利！"



富兰克林·D·罗斯福是美国历史上唯一连任四次的总统，他14岁进入著名的格罗顿公学念书，四年后来到哈佛大学，并于1901年加入共和党人俱乐部，开始了自己的政治生涯。智慧、干练、胸怀宽广、深孚众望，似乎什么都不能阻挡这个39岁的男人迈上政治巅峰的脚步。但是，无情的灾难就在这时降临。1921年夏天，罗斯福带全家在坎波贝洛岛休假，在扑灭了一场林火后，他跳进了冰冷的海水，因此患上了脊髓灰质炎症。高烧、疼痛、麻木以及终生残疾的前景，并没有使罗斯福放弃理想和信念，他一直坚持不懈地锻炼，企图恢复行走和站立能力，他曾经疗病的佐治亚温泉被众人称之为"笑声


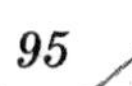

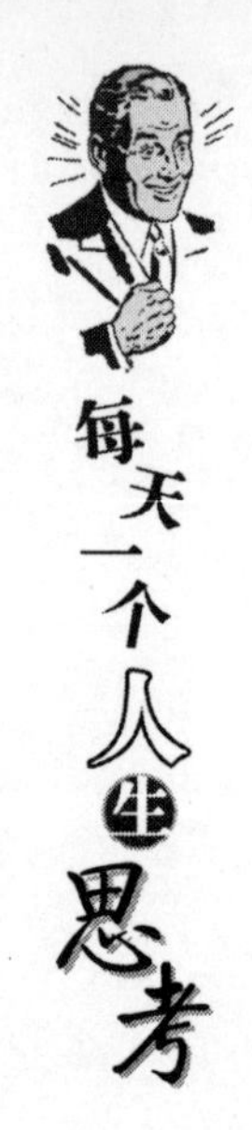


震天的地方”。

1924年，他拄着双拐重返政坛，并在1928年成为纽约州州长。政敌们常用他的残疾来攻击他，这是罗斯福终生都不得不与之搏斗的事情，但是他自信满满，总能以出色的政绩、卓越的口才与充沛的精力将其变成优势。首次参加竞选他就通过发言人告诉人们：“一个州长不一定是一个杂技演员。我们选他并不是因为他能做前空翻或后空翻。他干的是脑力劳动，是想方设法为人民造福。”依靠这样的坚忍和自信，罗斯福终于在1933年以绝对优势击败胡佛，成为美国第32届总统。从1933年3月直到1945年4月他去世时为止，罗斯福蝉联4届总统，任职长达12年。他执政期间也是美国民主党最兴旺的时期。他被认为是美国历史上最伟大的总统之一。

自信的力量让不可能变为可能，古往今来，因为拥有自信而走向成功、创造辉煌的又何止一个罗斯福？每一个伟大人物在其生活和事业的旅途中，无不是以坚定的自信为先导。拿破仑曾宣称：“在我的字典中，没有不可能的字眼。”这是何等豪迈！正是由于这种自信，激起其无穷的智慧和巨大的能力，才使他成为横扫欧洲的一代名将。

相信自己，坚定不移地沿着心中的方向走下去，一定会达成圆满的结局。在通向成功的路上，任何阻碍你前进的声音都是杂音，不要让它们扰乱你坚定的信心。坚信自己，你的抉择一定是正确的。

1842年3月，在百老汇的社会图书馆里，著名作家爱默生的演讲激励了年轻的惠特曼激动不已：“谁说我们美国没有自己的诗篇呢？我们的诗人文豪就在这儿呢！……”这位身材高大的当代大文豪的一席慷慨激昂、振奋人心的讲话使台下的惠特曼激动不已，热血在他的胸中沸腾，他浑身升腾起一股力量和无比坚定的信念，他要渗入各个领域、各个阶层、各种生活方式中，他要倾听大地的、人民的、民族的心声，去创作新的、不同凡响的诗篇。

1854年，惠特曼的《草叶集》问世了。这本诗集热情奔放，冲破了传统格律的束缚，用新的形式表达了民主思想和对种族、民族和社会压迫的强烈抗议。它对美国和欧洲诗歌的发展起了巨大的影响。

《草叶集》的出版使远在康科德的爱默生激动不已。诞生了！国人期待已久的美国诗人在眼前诞生了，他给予这些诗以极高的评价，称这些诗是“属于美国的诗”，“是奇妙的”、“有着无法形容的魔力”，“有可怕的眼睛和水牛的精神”。

《草叶集》受到爱默生这样很有声誉的作家的褒扬，使得一些本来把它评价得一无是处的报刊马上换了口气，温和了起来。但是惠特曼那创新的写法，不押韵的格式，新颖的思想内容，并非那么容易被大众所接受，他的《草叶集》并未因爱默生的赞扬而畅销。然而，惠特曼却从中增添了信心和勇气。1855年底，他印起了第二版，在这版中他又加进了二十首新诗。

1860年，当惠特曼决定印行第三版《草叶集》，并将补进些新作时，爱默生竭力劝阻惠特曼取消其中几首刻画“性”的诗歌，否则第三版将不会畅销。惠特曼却不以为然地对爱默生说：“那么删后还会是这么好的书么?”爱默生反驳说：“我没说‘还’是本好书，我说删了就是本好书!”执著的惠特曼仍是不肯让步，他对爱默生表示：“在我灵魂深处，我的意念是不服从任何的束缚，而是走自己的路。《草叶集》是不会被删改的，任由它自己繁荣和枯萎吧!”他又说：“世上最脏的书就是被删减过的书，删减意味着道歉、投降……”

第三版《草叶集》出版并获得了巨大的成功。不久，它便跨越了国界，传到英格兰，传到世界许多地方。

爱默生说过："偏见常常扼杀很有希望的幼苗。"为了避免自己被"扼杀"，只要看准了，就要充满自信，敢于坚持走自己的路。

永远不要怀疑自己，按照自己的想法去行动，即便失败，也无怨无悔。每个人都有无限的潜能，只要充满信心，就能将之发挥到极限并获得成功。

美国联合保险公司董事长克里曼·斯通，是欧美享有盛名的大商家。他在演讲中经常讲到一个农夫的故事：有一个农夫拥有一块土地，生活过得不错。但是，当他听说有块土地的底下埋着钻石，他便梦想自己拥有一块钻石并且富裕起来。于是，农夫把自己的土地卖了，离家出走，四处寻找可以发现钻石的地方。农夫走向遥远的异国他乡，然而却从未能发现钻石，最后，他囊空如洗。一天晚上，他在一个海滩上自杀身亡。真是无巧不成书，那个买下他土地的人在那片土地上散步时，无意中发现一块异样的石头，晶光闪闪，放射光芒，结果是一块钻石！不仅如此，一个最大的钻石矿被发现了。斯通悟出：财富不是凭奔走四方去发现的，它属于那些靠自己去挖掘的人，只属于依靠自己土地的人，只属于相信自己能力的人。

罗素·H·康韦尔也讲了一个同样的故事：

1847年在加利福尼亚州，有个人拥有自己的牧场。他听人说在南加州发现了金子，于是急不可待地把牧场卖给了萨特尔上校，然后就上路淘金去了，再也没有回来。萨特尔上校在流过牧场的河上架起了一座水车磨坊。有一天，他的女儿从水道里拿了一把湿沙子回了家，坐在火边透过指头筛沙子。恰巧一位客人看见了第一道真金的光芒——加州第一次发现金子，而那个曾经拥有牧场的人本来可以留在牧场轻轻松松地找到金子，可是他偏偏拥有了又失去。自打在那发现金子以后，在一公顷大小的地上，发掘的金子竟价值3800万美元。那里1/3的人每15分钟的入账是120美元，不管你是睡着还是醒着。这种收入持续了好几年。

这两个故事告诉人们：我们生活中的一个最大秘密——在你身上拥有钻石宝藏。如何去发现潜藏在身上的宝藏呢，那就需要相信自己，以强烈的自信心去发掘它们。这样，你就会将潜能发挥到极致，同时也会拥有无价之宝——自信！

相信自己，坚定不移。你就是独一无二的，以强烈的自信心向目标前进，没有什么可以阻挡你。巨大的成功潜藏在自信的背后，拥抱真我，拥抱成功。

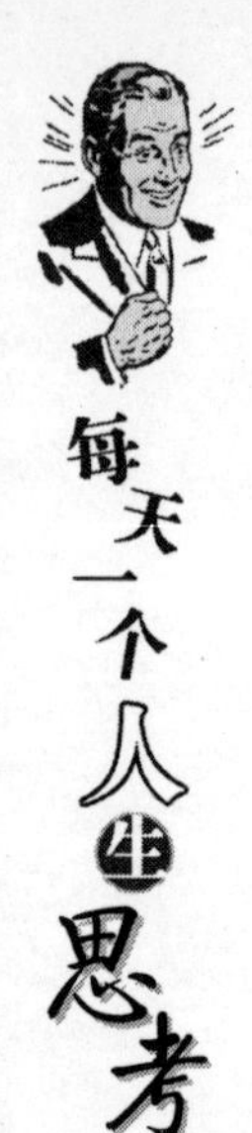

## 缺少自信如履薄冰

如今的社会没有自信，很难在社会上立足。你会发现每天的工作生活都十分困难，如履薄冰。一位著名的企业管理家说过：一个优秀的人才他的自信力是恒久不衰的。的确，如果对自己缺乏自信，不论多大的才能也不会淋漓尽致地发挥出来，即使自己是块宝贵的金子，缺乏自信也会黯然失色变成一块铁，甚至甘心堕落成为一粒沙子，长久地埋藏在沙土里不被发现。

每个人都是优秀的，只不过因为缺乏自信心一步一步地从优秀的高度落下来，一直落到平庸的位置上。自甘平庸是人生的一场灾难，也是人生的悲剧，更多的时候是我们自己导演了这场灾难的悲剧。

自信是开拓进取的动力，是获得成功的利器，励志大师韦尔奇称之为“战胜困难的唯一武器”。无数的案例证明自信能够创造奇迹。在 1960 年尼克松和肯尼迪的电视辩论中，阴郁的尼克松没有展示出美国人渴望的总统的自信，而毫无政绩的肯尼迪在最后与尼克松握手的一刻，自信地把尼克松的手压在自己的手掌下，他的这种超级自信满足了美国选民对于总统的神话般力量的渴望。

更重要的是，心理学家发现自信也是衡量一个人幸福值的标准之一，自信的人感到生活幸福。心理学家丹尼斯·威特利认为：“多数成功者相信自己的价值，健康的自信是通往巨大成就和幸福的大门，或许这比其他的品质显得更重要。”然而，大部分的人并不具备这种自信。在美国里维斯公司 1996 年对 522 人的随机抽样调查中，他们发现，人们对服装效果的第一要求是能让他们表现得更自信（60%），而对服装效果的最后要求才是“看起来漂亮”（6%）。可见自信的魅力是人人渴望的，但是也是大多数人所不具备的。

缺少自信，如履薄冰。有一个关于三只钟的寓言故事，说明缺乏自信心是很难成功的。

一只新组装好的小钟放在了两只旧钟当中。两只旧钟“滴答”、“滴答”一分一秒地走着。其中一只旧钟对小钟说：“来吧，你也该工作了。可是我有点担心，你走完三千二百万次以后，恐怕便吃不消了。”

“天哪！三千二百万次。”小钟吃惊不已。“要我做这么大的事，怎么可能办到啊，我可不行。”

另一只旧钟说：“别听他胡说八道。不用害怕，你只要每秒滴答摆一下就行了。”

“天下哪有这样简单的事情。”小钟将信将疑。“如果这样，我就试试吧。”

小钟很轻松地每秒钟“滴答”摆一下，不知不觉中，一年过去了，它摆了三千二百万次。

相信自己，就能成功。若想梦想成真，就要具备强烈的自信心，而不自信、怀疑自己的能力，则永远无法获得成功。

下面这则寓言故事向我们讲述了在英国某地流传的风俗：

你要是往马路上一站，你就表示愿意和某人换鞋子，你还得出钱补贴对方。一天，詹姆斯先生站在十字路口和别人换鞋子。换完之后，觉得穿在脚上很不舒服，于是继续换，钱一次一次溜进了别人的口袋里，直到傍晚时分，才好容易换上一双满意的鞋子。



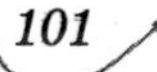

**詹姆斯先生回到家里，想仔细看看千辛万苦换来的鞋子，定睛一看，这双鞋原来就是自己早上穿出去的那双鞋。**

鞋子转了一圈，又回到了自己的脚上。看了这则寓言，你不觉得詹姆斯的所作所为有些愚蠢、荒唐吗？自己有一双合适、舒服的鞋子，却还要站在大街上，一次次地和别人换鞋子，而且十分愿意把口袋里的钱放入别人的口袋里。这是为什么呢？这一切都源于他的不自信。他认为先前的鞋子不舒服，于是想换一双更舒适的鞋子，结果换来换去总是不满意，直至换回到自己原先的那双鞋为止。

内心的不自信蒙蔽人们的双眼，扰乱人们的内心。

**有一天，绝顶聪明的纳斯鲁丁跑来找奥修，非常激动地说："快来帮帮我！"奥修问："发生了什么事，让你难过成这样？"纳斯鲁丁说："我感觉糟糕透了，最近我开始有强烈的不自信，这很糟糕，快告诉我，我要做些什么来消除它。"奥修说："你一直是很自信的人，发生了什么让你如此不自信了呢？"纳斯鲁丁非常沮丧的说："我发现每个人都像我一样好！"**

缺少自信，如履薄冰。即便是自信满满的人，也会出现不自信的情况。所以，培养坚定的自信心并非易事，只要你在某件事情上认为自己是对的，或者认为自己能做某件事就可以拥有自信。

由此，我们可以看到现代人大多存在不自信的原因：

第一，封闭的世界打破了，对外部世界的陌生，造成了不自信。

第二，即便进入到广阔大世界，大千世界的复杂多样，使人难以从容应付，也容易造成不自信。

第三，世界风云变幻，日新月异，跟不上变化的速度，也会造成不自信。

那么，人们应该如何才能建立持之以恒的自信心呢，下面几种方法可供参考：

（1）要注意平时的主动学习和知识的积累。自信与人的知识水平和能力成正比关系，知识水平高而丰富的人、工作能力强的人，无论做什么事情一般都能保持较强的自信心，这是能够顺利完成任务的重要条件。因此平时加强知识的汲取是十分重要的，同时加强能力训练对于培养自己的自信心也非常重要。

（2）要敢于克服困难，主动和困难作斗争。人的自信心水平一般在遇到困难时就可以分出高低，自信心强的人遇到困难时心不慌，能够沉着冷静地分析困难，寻找解决困难的办法。而缺乏自信心的人在遇到困难时往往是停步不前，萎缩退后，其结果必然是在困难面前遭到失败。

（3）经常总结经验教训，掌握事物发展的规律。人不可能不失败，但用什么心态对待失败却是一个与自信心有关的问题。所以我们应该经常总结生活、学习、工作中的成功与失败的经验教训，去分析客观事物发展的规律。

（4）坐在最前排。你是否注意到，无论在教室或是各种聚会中，后排的座位是怎么先被坐满的吗？大部分占据后排座的人，都希望自己不会“太显眼”，而他们怕受人注目的原因就是缺乏信心。

选择坐在最前面能够建立一个人的自信，成功者都是“敢为天下先”的人，因此，坐在最前排是建立信心的方法之一。

（5）说话时正视对方的双眼。一个人的眼神可以透露出许多有关他的信息。不敢正视对方通常意味着你的不自信。敢于正视对方，告诉别人你很自信。

（6）练习当众发言。拿破仑·希尔指出，有很多思路敏锐、天资高的人，却无法发挥他们的长处参与讨论。并不是他们不想参与，而只是因为他们缺少信心。在公共场合发言，是提高自信心的有效途径之一。

生活中，人们总是喜欢与自信的人相处，因为自信的人总是带给你信心和希望，带给你快乐。因此，克服自卑心理，做一个自信的人，生活会因此而改变，快乐将伴随你的每一天。

# 第五章

# 关于人生诚信的思考

诚信，诚实守信。诚，即真诚、诚实；信，即守承诺、讲信用。做人真诚，做事有信，唯有如此，才能得到人们的信任与帮助。

人生在世，唯真诚者幸福，他们内心平静，恪守信用，因此得到人们的赞誉，享受美好的生活。

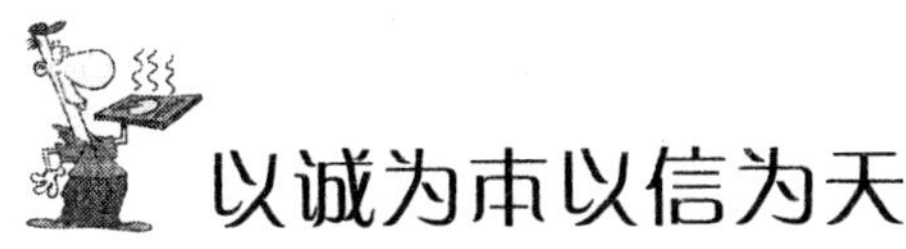

# 以诚为本以信为天

以诚为本，以信为天。诚实为平淡的生活增添一丝靓丽，信用助事业早日获得成功。诚信是一轮明月，惟有与高处的皎洁对视才能沉淀出生命的真诚态度；诚信是一枚凝重的砝码，拥有它，生命的天平就会稳稳地倾向成功的一端；诚信是高山之巅的圣水，能够洗尽浮华，洗尽躁动，过滤出启悟心灵的妙语。

选择诚信，因为它比金钱来得更实在。没有金钱的人生也许是没有足够亮点的人生，但没有诚信的人生则是没有光明的人生。也许你没有值得骄傲的财富，也许你的生活平平淡淡，但是拥有诚信，你便得到了人们的尊重与信任，得到了人生最宝贵的财富——快乐。

人生最难得的不是功成名就后的荣华，而是内心的幸福。一颗诚实的心灵带给你的幸福感远大于财富、地位、权力……因此，守住诚实的心灵，闪耀人性的光辉。

诚实是互联的，凡诚实的人一定是个对人对己负责的人，也一定是个讲信用的人。或许你在诚实中拥有的只是平凡，但你的心灵却如金子般地闪闪发光，你用诚实美化了你的心灵，你的灵魂随着你的诚实得以完美!

以诚为本，以信为天，拥有诚信的人将会得到更多。早年，尼泊尔的喜马拉雅山南麓很少有外国人涉足。后来，许多日本人到这里观光旅游，据说这是源于一位少年的诚信。

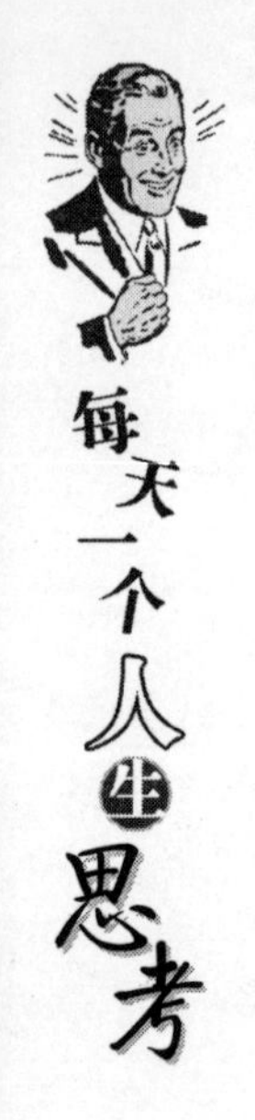


一天，几位日本摄影师请当地一位少年代买啤酒，这位少年为之跑了3个多小时。

第二天，那个少年又自告奋勇地再替他们买啤酒。这次摄影师们给了他很多钱，但直到第三天下午那个少年还没回来。于是，摄影师们议论纷纷，都认为那个少年把钱骗走了。第三天夜里，那个少年却敲开了摄影师的门。原来，他在一个地方只购得4瓶啤酒，于是，他又翻了一座山，趟过一条河才购得另外6瓶，返回时摔坏了3瓶。他哭着拿着碎玻璃片，向摄影师交回零钱，在场的人无不动容。这个故事使许多外国人深受感动。后来，到这儿的游客就越来越多。

罗曼·罗兰说过："人生的大海上，风高浪急，你须自持扁舟，方能达到彼岸。"诚实在道德的理念里还蕴涵着改善自身修养从而到达对人生最高价值的一种执着，无论怎样让我们诚实对人对己。

在纽约的河边公园里矗立着"南北战争阵亡战士纪念碑"，每年有许多游人来祭奠亡灵。美国第十八届总统、南北战争时期担任北方军统帅的格兰特将军的陵墓，坐落在公园的北部。陵墓高大雄伟、庄严简朴。陵墓后方，是一大片碧绿的草坪，一直绵延到公园的边界、陡峭的悬崖边上。

格兰特将军的陵墓后边，靠近悬崖边的地方，还有一座小孩子的陵墓。那是一座极小、极普通的墓，在任何其他地方，你都可能会忽略它的存在。它和绝大多数美国人的陵墓一样，只有一块小小的墓碑。在墓碑和旁边的一块木牌上，却记载着一个感人至深的关于诚信的故事：

故事发生在两百多年以前的1797年。这一年，这片土地的小主人才五岁时，不慎从这里的悬崖上坠落身亡。其父伤心欲绝，将他埋葬于此，并修建了这样一个小小的陵墓，以作纪念。

数年后，家道衰落，老主人不得不将这片土地转让。出于对儿子的爱心，他对今后的土地主人提出一个奇特的要求，他要求新主人把孩子的陵墓作为土地的一部分，永远不要毁坏它。新主人答应了，并把这个条件写进了契约。这样，孩子的陵墓就被保留了下来。

沧海桑田，一百年过去了。这片土地不知道辗转卖过了多少次，也不知道换过了多少个主人，孩子的名字早已被世人忘却，但孩子的陵墓仍然还在那里，它依据一个又一个的买卖契约，被完好无损地保存下来。到了 1897 年，这片风水宝地被选中作为格兰特将军陵园。政府成了这块土地的主人，无名孩子的墓在政府手中同样完好无损地保留下来，成了格兰特将军陵墓的邻居。一个伟大的历史缔造者之墓，和一个无名孩童之墓毗邻而居，这可能是世界上独一无二的奇观。

又一个一百年过去了，1997 年，为了缅怀格兰特将军，当时的纽约市长朱利安尼来到这里。那时，刚好是格兰特将军陵墓建立一百周年，也是小孩去世两百周年的时间，朱利安尼市长亲自撰写了这个动人的故事，并把它刻在木牌上，立在无名小孩陵墓的旁边，让这个关于诚信的故事世世代代流传下去……

诚实守信，这个亘古不变的话题，一直延续至今。诚信是做人之本。“君子养心莫于诚”，“巧伪不如拙诚”，“以诚威人者，人亦以诚而应”，说的都是这个道理。历史上诚信的佳话不胜枚举。当然，传统意义上的“诚”有许多是同封建道德观相联系的，但从做人的品格讲，诚信于己是一种心灵的开放，是对自身人格和未来面目的一种尊重；于人则是一种交往的道德，是把握了良心和正义的一种大度和自信。所谓情操、襟怀、气节、信仰等为人的美好品格，其实都是以诚信为基础的。生活中离开了“诚信”二字，交友自然不会是个好朋友，经商也不会是个好商人，为官更不会是个好干部。凡是变心的朋友，变味的商人，变质的干部，十有十个是从不诚信这个缺口渐变的。

人无信不立，重诺言，守信用不仅体现着相互信任，而且也体现着道德的教养。富兰克林在《对一个年轻商人的忠告》信中说过两句至理名言：“时间就是金钱”，“信誉也是金钱”。如今熟知前一句的人不少，对后一句有人则不以为然。其实，在人与人之间的交往和共处过程中，规定和秩序往往是靠守信来坚守的。守信更是市场经济的必要条件和内在要求，它从某种意义上说也是契约经济。在市场经济的运转链条中，无论是生产、交换，还是分配、消费，哪一个环节都离不开信用。与此同时，失信、失约也就意味着不仁不义，背信弃义。

以诚为本，以信为天。守住诚信的心灵，让它伴随你度过生命中的每一刻。诚信的品质彰显人性的光辉，体现于日常生活中的每个细微之处。做一个诚信的人，秉持一颗诚信的心，你将会体验到生命的本真，感受人生的幸福。

以诚为本，以信为天，诚信是一种人生境界，诚信让你拥有值得骄傲的资本。诚信对人，诚信对己，用真诚的心去感动每一个人，让诚信的光芒照耀在每一个角落，让我们与诚信同行！

## 附录：诚信心理测试

1. 两千多年前，孔子就有言曰：“人而无信，不知其可也。”时至今日，诚信是做人之本、兴业之基、立国之策，这已是社会各界的共识。然而，我们正在经历一场严重的“诚信危机”，最严重的表现为：

A. 政治领域里欺上瞒下、粉饰政绩、买官卖官、贿选捞官、贪污腐败、权钱交易等现象在某些地方和某些官员身上不同程度地存在。

B. 经济领域里制假贩假、偷税漏税、骗汇骗保、恶意透支、虚开票据、伪造票证、财务造假、商业欺诈、虚假广告、缺斤短两等现象相当严重。

C. 教育文化领域里假成果、假学历、假文凭、假证件、假新闻屡见不鲜。

2.《韩非子》中的寓言：宋国有个富人，一天大雨把他家的墙淋坏了。他儿子说："不修好，一定会有人来偷窃。"邻居家的一位老人也这样说。晚上富人家里果然丢失了很多东西。假设你就是那个富人，你会怎么想：

A. 自认倒霉，就当是扶危济困，为下辈子积善了吧。

B. 运用法律武器，立即报告官府，擒拿偷盗的人，维护自我合法权益。

C. 儿子很聪明，怀疑是邻居家老人偷的，找他理论去。

3. 在无人监控的大学生英语四级考试中，你遇到了许多不会做的题目，这时你会：

A. 看实际情况吧，小心驶得万年船，我可不要做扑火的飞蛾。

B. 不会做就不会做，绝不看别人的，说不定有监控器在偷窥呢。

C. 东张西望，力争准确答案，不然就不及格，也就拿不到毕业证书，多可怕呀。

4. 在饭堂打饭时，周围人太多，服务员没留意到你是否有打卡，而实际你却没打卡，这时你会：

A. 和她开个玩笑，装着没看见，一走了之。

B. 人家食堂也不容易，自觉地打卡，享受刷卡消费带来的快乐。

C. 义正词严地说：我打过两次卡了，你还缺我一份饭呢。

5. 在教室的桌洞里你（或者和同学）发现了上节课同学落下的手机、MP3. 戒指等贵重物品，这时你会：

A. 携物私奔，换个座位，淡然处之，全当物品不在自己身上。

B. 感谢上帝给我一次做好事的机会，等待失主的到来。

C. 假慈悲地为失主愤不平，为同学隐瞒罪行。

6. 诚信、成人、成才是辩证统一的关系，诚信是基础，然后才谈得上探索如何成人与成才，你认为哪句话最能概括三者关系：

A. 车无辕不行，人无信不立。

B. 有德有才者，谓之君子；有德无才者，谓之贤人；有才无德者，

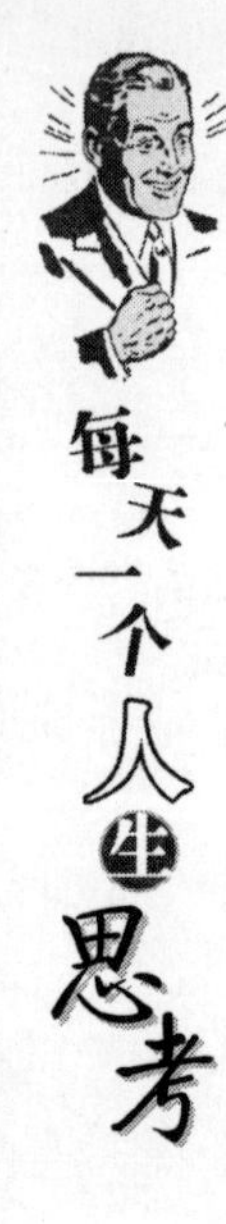


谓之小人。

C. 成在学、思、行，行在诚、实、信。

7. 助学贷款是国家为支持和鼓励家境贫寒的学生完成大学学业而设立的无担保、无抵押、无质押的纯粹意义上的信用贷款，其偿还完全取决于学生个人信用。有些高校助学贷款的还贷违约率超过20%，令学校和银行方面有苦难言。您觉得影响贷款同学还贷的最主要的因素是什么呢?

A. 是否偿还都无所谓的心理，反正国家也无法制裁自己，坚持能拖就拖，能赖就赖的原则。

B. 个人或者家里出现问题，以至不能按期还款，情非得以。

C. 毕业后一定时期内的收入不足以偿还贷款，“口袋里没钱，银行倒是很多”。

8. 青春爱情是校园里永恒的话题，它常谈常新不褪色。如果你在大学期间谈恋爱，你认为:

A. 玩玩而已，不会投入很深的感情，以后定会遇到更合适的。

B. 对感情负责，认真投入，真心实意地恋爱，不求回报。

C. 过程比结果更重要，只在乎曾经拥有，不在乎天长地久。

9. 在对所在的学校或公司填写个人材料如档案、履历表时，你会怎么做:

A. 无所谓。

B. 自己会如实填写，绝对诚信。

C. 在必要时可适当虚构，不必绝对诚信。

10. 怎样才能提高学生诚信意识，实现校园诚信呢?

A. 主要靠国家、靠社会，大社会诚信了，校园这个小社会自然也就诚信了。

B. 学校要严把思想教育关，把“诚信”纳入课堂话题。

C. 学生自身要不断提高对诚信必要性和意义的认识，维护校园这最后一片净土。

记分方法：

选 B 得 2 分，选 A 得 1 分，选 C 得 0 分。

分数解释：

0～7 分：很遗憾呀！按照你的分数来推断，你是一个完全舍弃了诚实的人了。诚信是立身处世的准则，是人格的体现，是衡量个人品行优劣的道德标准之一。

8～15 分：真的好可惜哦，你怎么会对诚信抱有怀疑的态度呢？你知道吗，也许你还没有意识到这一点，你和朋友的友谊，一般不会维持太久，你在许多没有价值的微小问题上浪费了许多时间。

16～20 分：你是一个重承诺、守信义的人。倘若这种宝贵的品质继续发扬下去，你将来定会成就一番事业，不仅如此，你还将备受别人的尊重。

# 诚实守信财富人生

诚实守信是人生最大的财富，没有诚信，快乐不会长久，竞争无法胜出，人生也会暗淡无光。

中国是礼仪之邦，五千年的文明史里，诚信的光芒从来都是清纯和高洁的。孔子曰：“民无信不立”。墨子曰：“诚者，天之道也；思诚者，人之道也。”可见，诚信是天地人立世之根本。诚信是心灵的鲜花，是智慧的沉积；诚信是人生最大的财富，是人们奔向富裕的希望。

查理·哈斯克尔去世时，留下了妻子和九个孩子。他们靠一小块土地为生，住在一所有四间屋的房子里。约翰是家里的长子。所以他的母亲告诉他，他必须亲自承担起照顾全家的责任。那一年约翰 16 岁。

约翰到镇里最有钱的人——法官多恩那儿去要 1 美元，那是法官买约翰父母的玉米时欠的钱。法官多恩把钱给了他。然后，法官说，约翰的父母也欠他一些钱。他说那个农夫曾向他借了 40 美元。“你打算什么时候还给我你父亲欠我的钱?”法官问约翰。“我希望你不要像你的父亲那样。”他说，“他是个懒汉，从不卖力气干活。”

在法官的帮助下，约翰凭诚实的劳动和艰苦的努力，不仅还清了其父欠的旧债和自己欠的新债，还积攒了一笔钱并且买了一个大农场。

约翰30岁的时候，成了本镇的头面人物之一。那一年法官去世了，他把他的那所大房子和大部分财产留给了约翰，他还给约翰留下了一封信。约翰把信看完后又看了看写信的日期。这封信是法官在约翰第一次外出打猎向他借钱那天写下的。

"亲爱的约翰，"法官写道，"我从未借给你父亲一分钱，因为我从来未相信过他，但是我第一次见到你时，我就喜欢上了你，我想确定你和你的父亲不一样，所以我考验了你。这就是我说你父亲欠我40美元的原因。祝你好运，约翰！"

约翰以其诚实守信和不懈努力经受住了法官的考验，不仅自身收获甚大，而且还幸运地得到遗赠。

诚实守信是一个人最基本，也是最重要的品格，我们要把它作为人格教育的起点，诚实守信是一种言出必行，互不欺骗的优良品格。一个人要诚实，不说谎，信守诺言，才能够建立起自己良好的信誉；如果经常说谎，会令人觉得你的话不可靠，到你说真话的时候，别人也可能仍然不相信，到那时就后悔莫及了。

美国前总统华盛顿曾经用小斧头砍倒了他父亲的一棵樱桃树。父亲见心爱的树被砍，非常气愤，扬言要给那个砍树的一顿教训。而华盛顿在盛怒的父亲面前毫不避讳地承认了自己的错误。父亲被感动了，称华盛顿的诚实比所有樱桃树都宝贵得多。同样是美国总统的尼克松因在"水门事件"中撒谎败露而被迫引咎辞职；克林顿也因在不光彩的绯闻案中撒谎而险遭弹劾。一个因诚实而受到爱戴和尊敬，两位因撒谎而在政史上留下污点。可见诚实对于一个人成功与否的重要性。

与诸多外在的财富相比，诚实这一高贵的品质带给人们的益处虽然



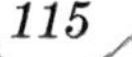

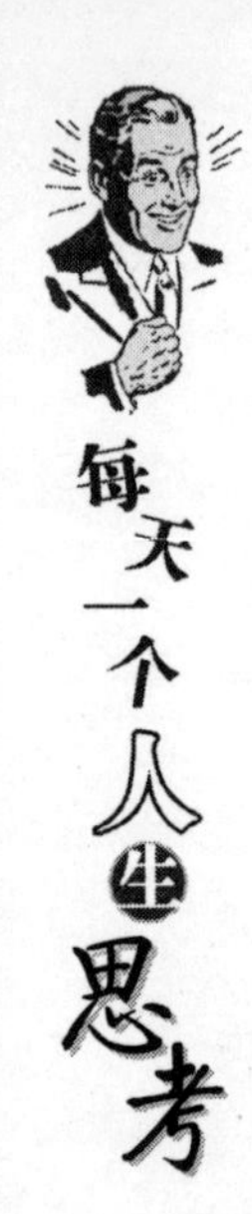


无形，但却是巨大的。诚实是人一生当中最值得珍惜的财富，我们在提倡诚信的时候，实际上就是在积累财富。享受诚信所带来的财富，就是享受舒适的日光浴，就是享受渔舟唱晚、二泉映月的闲情逸致，就是在享受生活的美好。

没有诚信人是孤独的，没有诚信的家庭没有快乐，没有诚信的社会将变成贪婪、欺诈横行的世界。因此，诚信虽不是财富，但它可却可带来更多的财富。“诚信为本”是我们的发展理念。有了它，我们的朋友遍布五湖四海；有了它，盘点人生时将会是丰收在望；有了它，人生前进的步伐才会铿锵有力；有了它，人生中有取之不竭的财富。诚信是锻造人生春色的一面旗帜。诚信使我们的生活天天幸福，我们的心歌永远嘹亮！拥有诚信，便拥有了财富。从这种意义上说，诚信就是财富。

诚实守信，财富人生，对待这与生俱来的财富，我们需要做的仅仅是坚守这一品质。但是能够做到这一点的人却少之又少。“坚守”二字，读起来顺畅，做起来却甚是艰难，如果没有足够的决心和毅力很难实现。不过，对于大多数人而言，尽可能地做到不为一己之利而采取欺骗的手段伤害他人，这便是对诚实品质的坚守。当人们做到这一点的时候，不论其获得的物质财富如何，至少其拥有的精神财富是一般人所不可比拟的。

发掘内心诚实的品质，对今后的影响是巨大的。诚实是一笔巨大的精神财富，将会使人受益终生。

诚信是人们一生的财富，是成就任何事业的根基。郭沫若小时候很孝顺。有一次，妈妈得了一种“晕病”，郭沫若不知从哪儿听说芭蕉花可以治这种病，就想弄一株来。可市面上这种花卖得很贵，并且难得一开，于是他就和哥哥一起跑到一座花园里去找。恰好那座花园里的芭蕉刚刚开了一朵大黄花，郭沫若和哥哥就把花偷偷地摘下来送给了妈妈。事后，妈妈虽然知道郭沫若这样做是孝顺她，可是儿子的行为让她很伤心，便教育了他一番，叫他以后要诚信做人。对这段往事，郭沫若一直牢记在心，直到后来成为中国的大学问家，也未曾忘记。

诚信是一生的财富，我们要像珍惜自己的身体一样去保护它，用心呵护，保管终生。西方有一位哲人说过：“人的生命之船是由生活态度的高大风帆支配的，以诚恳的态度驾驭它才会在生命岁月的大海中乘风破浪，开辟出一条辉煌的航道，收获一路用之不尽的人生财富。”这深刻的道理其实人们都知道，诚信在生活中是必不可少的。态度决定生活，有诚恳态度的人生不会空虚而是丰足的。诚信会令我们受益匪浅，为我们带来一笔宝贵的人生财富。

20世纪美国经济萧条时期，一个男孩在一家小店里打工，收入微薄。一次工作时，他发现桌下有50美分，这50美分在当时不是一笔小数目。钱虽然不少但他并没有据为己有，而是诚实地交给了老板。老板在高兴之余一口气答应让他长期工作下去，其实这是老板对这名男孩的考验。男孩因此在经济困难时生活有了保障，并在之后一直以诚信处事，终获成功。他便是新泽西曼哈顿航运线总裁阿瑟。因为诚实，他赢得了信任，获得了机遇，以至创造了一生的财富。

由此可见诚信的巨大力量。它引导人步入一条正确的航道，促进发展，带来物质财富。

古今中外，不仅阿瑟如此，凡是在学术上有所建树者无一不是实事求是的，爱因斯坦小时候成绩不好，但他却勇于提出任何一个他看来愚昧的问题，这让他的研究获得很多启发；东晋文学家左思虽然文采非凡，但却对自己的文章提出诚实的评价，虚心修改，最终使他的文学作品深受好评；宋朝著名宰相晏殊在为官前受皇上御试，主动提出将已做过的题要求重做，他的诚实睿智让皇上赏识并器重，也让他充分施展了自己

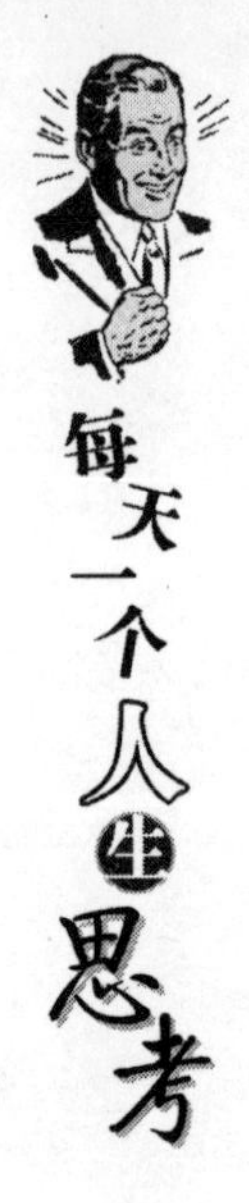


的才华。因此，诚实求知必定有收获，它促使我们深入钻研，推动人类文化的发展，是知识财富。

诚信是一生的财富，它是做人的根本，是成就事业的保障。

1809年2月12日，亚伯拉罕·林肯出生在一个农民的家庭。小时候，家里很穷，他没机会上学，每天跟着父亲在西部荒原上开垦、劳动。他自己说："我一生中在学校的时间，加在一起总共不到一年。"但林肯勤奋好学，一有机会就向别人请教。他放牛、砍柴、挖地时怀里总揣着一本书，休息的时候，一边啃着粗硬冰凉的面包，一边津津有味地看书。晚上，他在小油灯下常读书读到深夜。

长大后，林肯离开家乡独自一人外出谋生。他什么活儿都干，打过短工，当过水手、店员、乡村邮递员、土地测量员，还干过伐木、劈木头的重力气活儿。不管干什么，他都非常认真负责，诚实守信。

他十几岁时当过村里杂货店的店员。有一次，一个顾客多付了几分钱，他为了退这几分钱跑了十几里路。还有一次，他发现少给了顾客二两茶叶，就跑了几里路把茶叶送到那人家中。他诚实、好学、谦虚，每到一处，都受到周围人的喜爱。

1834年，25岁的林肯当选为伊利诺斯州议员，开始了他的政治生涯。1836年，他又通过考试当上了律师。成为律师以后，由于他精通法律，口才很好，在当地很有声望。很多人都来找他帮着打官司。但是他为当事人辩护有一个条件，就是当事人必须是正义的一方。许多穷人没有钱付给他劳务费，但是只要告诉林肯："我是正义的，请你帮我讨回公道。"林肯就会免费为他辩护。

一次，一个很有钱的人请林肯为他辩护。林肯听了那个客户的陈述，发现那个人是在诬陷好人，于是就说："很抱歉，我不能替您辩护，因为您的行为是非正义的。”

那个人说：“林肯先生，我就是想请您帮我打这场不正义的官司，只要我胜诉，您要多少酬劳都可以。”林肯严肃地说：“只要使用一点点法庭辩护的技巧，您的案子很容易胜诉，但是案子本身是不公平的。假如我接了您的案子，当我站在法官面前讲话的时候，我会对自己说：‘林肯，你在撒谎。’谎话只有在丢掉良心的时候，才能大声地说出口。我不能丢掉良心，也不可能讲出谎话。所以，请您另请高明，我没有能力为您效劳。”

那人听了，什么也没说，默默地离开了林肯的办公室。

林肯诚实守信的品格为他赢得了人们的支持与尊重，也为他日后成为美国总统打下了坚实的基础。诚实守信的品格成就了林肯的一生，当你在羡慕别人的成功时，不妨检视自身，是否拥有最基本的品德——诚信。

诚实守信，财富人生。也许你并不会因此诚信而获得物质财富，但你却可以赢得巨大的、无法用金钱衡量的精神财富，赢得人们的尊重与赞誉。

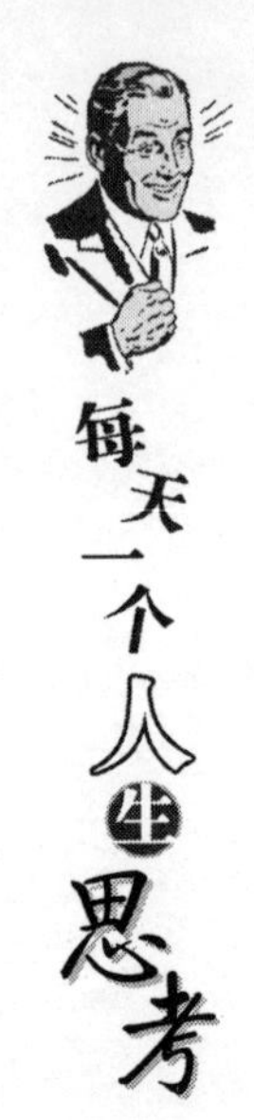

## 诚实之力撼动世界

诚实是一种潜藏在人们心底的力量，发掘并利用诚实的力量，将改变人生，撼动整个世界。当一个人走向人生顶峰时自然呈现的坦城，是一种坚韧的力量，它能化解矛盾、赢得信任、成就事业。

美国新墨西哥高原地区的一处苹果园，遭到了一场特大冰雹的袭击，挂满枝头的苹果全被打得遍体鳞伤。苹果园主心急如焚。后来，他决定在每筐苹果里放一封信，信中说："亲爱的顾客：您好！这批苹果个个伤痕累累，但请您看清楚，这些都是冰雹的'杰作'，是冰雹留下的疤痕，这正是高原地区出产的特有标记和'品牌'。这种苹果紧实，具有妙不可言的'冰'糖味道。"结果可想而知，苹果园主用自己的诚实和智慧，感染了客户并赢得了信任。在很短的时间里，所有被冰雹砸伤的苹果竟然销售一空，比往年的好苹果销售得还快，苹果园依然充满生机和活力。

诚实的力量也不容忽视，它可以给你带来成功。

日本"绳索大王"岛村，也是以诚实感动顾客而闻名。他在麻的产地按 5 角钱一条买进麻绳，再照原价 5 角钱卖给纸袋工厂。因此，每天的订货单似雪片般飞来。有一次，他拿着购物收据对订货客户说：“到现在为止，我是1分钱也没赚你们的，但如若长此下去，我只有破产一条路了。”他的诚实打动了客户，于是客户心甘情愿地把货价提高到了5角5分钱。同时，他又对供货商说：“您卖给我麻绳，我是照原价卖出的。”产地供货商看到他给客户开的收据后，亦感动不已，一口答应以后每条绳子以4角5分供应。几年后，岛村从一个诚实的穷光蛋，变成了日本的“绳索大王”。

诚实是力量的象征，它显示着一个人的高度自重和内心的安全感与尊严感。因此，发掘个人潜藏在心底诚实的力量，将会为将来的成功铺筑坚实的路基，让你更接近成功。

诚实的力量是巨大的，它能击碎一切虚假的谎言。诚实的人终将战胜虚假，赢得属于自己的未来。巨大的成功离不开诚实的品格，无论是谁，若想在今后的路途中有所作为，就要培养诚实的品行，相信诚实的力量是无穷的，它能改变你的人生，撼动整个世界。所以，每个人都应将诚实作为人生准则，向着人生的顶峰攀登。

诚实是一种力量，它能感动整个世界。

公元前四世纪，在意大利，有一个名叫皮斯阿司的年轻人触犯了暴君犹奥尼索司，被判绞刑，将在某个法定的日子被处死。皮斯阿司是个孝子，在临死之前，他希望与远在百里之外的母亲见最后一面，以表达他对母亲的歉意，因为他不能为母亲养老送终了。他的这一要求被告知了国王。国王感其诚孝，决定让皮斯阿司回家与母亲相见，条件是皮斯阿司必须找到一个人来替他坐牢，否则他的这一愿望则不能实现。这是一个看似简单其实近乎不可能实现的条件。有谁肯冒着被杀头的危险替别人坐牢，这岂不是自寻死路。但是，果真有一个人愿意替

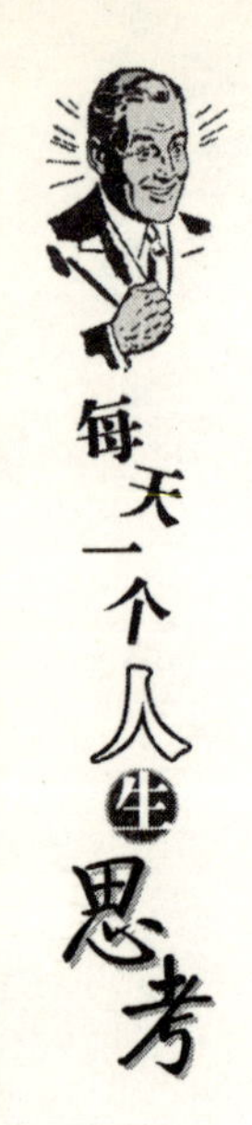


别人坐牢，他就是皮斯阿司的朋友达蒙。

达蒙住进牢房以后，皮斯阿司回家与母亲诀别。人们都静静地看着事态的发展。时光如水，皮斯阿司一去不回头。眼看刑期在即，他也没有回来的迹象。人们一时间议论纷纷，都说达蒙上了皮斯阿司的当。行刑日是个雨天，当达蒙被押赴刑场时，围观的人都在笑他愚蠢，幸灾乐祸的大有人在。但刑车上的达蒙，不但面无惧色，反而有一种慷慨赴死的豪情。追魂炮被点燃了，绞索也已经挂在达蒙的脖子上。有胆小的人吓得紧闭了双眼，他们在内心深处为达蒙深深地惋惜，并痛恨那个出卖朋友的小人皮斯阿司。就在千钧一发之际，皮斯阿司在风雨中飞奔而来，他高喊着：我回来了！我回来了！

这是人世间最感人的一幕。大多数人都以为自己在做梦，但事实不容怀疑。这个消息很快传到了国王的耳中。国王不相信这是真的，于是亲临刑场，他要亲眼看一看自己优秀的子民。最终，国王万分喜悦地亲自为皮斯阿司松了绑，并赦免了他。

这个故事不但感人，而且震撼人们的灵魂。诚信是一种力量，它让卑鄙伪劣者退缩，让正直善良者强大。诚信无形，却在潜移默化塑造无数有形之身，永不褪色。诚信以卓然挺立的风姿和独树一帜的道德，高度赢得众人的信任和爱戴。

诚实之力撼动世界。诚实是一种巨大而神奇的力量，它能改变一个人，也能改变整个世界。拥抱诚实的品性，它是你赢得世界的力量！

# 以信示人深得人心

在古老的希腊，有一位哲学家住在一个木桶里。有一天他爬出了木桶，提着灯笼，开始去寻找一个诚实的人。沿途许多人嘲笑他是个疯子、白痴。但许多有智慧的人们加入了他的寻找行列，他们不停地寻找，跋涉……

他们寻找了好多年，始终没有找到这个诚实的人，他们又似乎找到了什么……

我们从很小的时候，就开始了寻找真诚，追求生命的价值。寻找中我们虽然受过欺骗，但却获得了真诚；追求中我们品尝了失败和挫折，但却获得了生命的丰满和充实的追求过程。

以信示人，才能深得人心。做人要诚，这是一个人立身处世的根本，对于每个人来说都是如此，在追寻真诚的同时，你将会获得宝贵的财富。

一天夜晚，暴风雨骤起，大张从床上爬起来，冲到露天仓垛里加固被掀动的篷布，正巧看到贮存的物资没有盖好，顺手将物资盖了起来，以免被雨淋湿。等老板开车过来，他已成了水人儿。老板见所储物资丝毫不损，非常激动，当场要给他加薪。大张却坦诚地说，他只是看看自家的篷布牢不牢。

大张的诚实让老板深受感动，于是任命他当公司经理。

对任何人来说，做人都是最重要的。无论走到哪里，不要忘记诚实做人，这是你的行为准则。

俄国作家屠格涅夫小时候特别喜欢读克雷洛夫和得米特里耶夫的寓言故事。一天，得米特里耶夫来屠格涅夫家做客。屠格涅夫的妈妈为了在客人面前显示一下自己儿子的才能，就对屠格涅夫说："快朗诵一则先生的寓言给先生听。"屠格涅夫朗读的寓言故事很优美、很动听，客人和母亲都很高兴。

这时，得米特里耶夫亲切地问："我的寓言故事你喜欢吗?"屠格涅夫认真地回答说："喜欢。但是我更喜欢克雷洛夫的寓言。他的寓言比你写得更好!"得米特里耶夫听了一点儿也没有生气，心里倒是很佩服这个诚实大胆的孩子。可是，他的母亲却给气坏了，她狠狠地瞪了儿子一眼。

客人刚走，屠格涅夫的妈妈就气呼呼地说："你这个十足的小笨蛋，刚才怎么在那位大作家面前不说他好，而说别人好呢?"

屠格涅夫一点也不害怕，他大声说："克雷洛夫的寓言就是好！我怎么想就怎么说，你难道叫我做一个说谎话的孩子吗?我才不呢，我要做一个诚实的人！妈妈，难道这不对吗?"

屠格涅夫的母亲顿时醒悟过来，高兴地说："你做得对！孩子，我们都应该做诚实的人!"

以信示人，深得人心。真诚是最好的相处之道，无论别人怎样，我们都要做到以诚待人，以真心换真心。做任何工作，都要讲究诚信。就像商家一样，只有讲究诚信，才能立于不败之地。我们无法改变人生，但我们可以改变人生观，虽然我们无法改变环境，但我们可以改变心境。做事难，做人更难。这是我们最常听到的话。我们无法去改变别人，但是，我们可以改变自己，只有以诚待人，踏踏实实工作，一定会得到别人的尊重与信任，铸造成功的人生。

在美国，每年的5月2日，孩子们都要举行各种活动，来庆祝一个具有特殊意义的节日——诚实节。许多年以前，在美国的威斯康星州蒙特罗市，有一个名叫埃默纽·旦南的孩子，他生下来后，家里连遭不幸，父母先后去世，而这时，他才5岁。就在走投无路之际，一个年老无子，名叫诺顿的酒店老板收养了他。

旦南绝处逢生，就认诺顿夫妇为养父母。旦南年龄虽小，但过早到来的各种忧患和磨难，使他变得很懂事。诺顿的酒店不大，有什么活他都抢着干，对养父母也很尊敬、孝顺。一家三口，日子过得还算和顺。

转眼间，三年过去了，旦南长到了8岁，变得更懂事了。他渐渐发现，养父母不是正派人。小酒店卖兑了水的酒，还要记花账，多收钱。诺顿夫妇总是挖空心思地算计怎样坑骗顾客。旦南看在眼里，很不满意，经常苦劝养父母不要挣昧心钱。诺顿非但不听，有时候还顺手给他两巴掌，骂他吃里扒外。久而久之，他对这孩子越看越不顺眼，加在他身上的拳脚也越来越多。

一天傍晚，来了一个小贩。他一进门，就和诺顿夫妇吵了起来。旦南侧耳细听，好像是为了什么账目问题，当天晚上，小贩便留宿在酒店里。诺顿的心情似乎很不好，吃饭的时候喝了好多酒。而且很早就把旦南轰到了楼上，还挥舞着拳头警告他，今天夜里他要敢跑下楼来，就打断他的“狗腿”。

旦南躺在床上，又惊又怕。近一年来，养父虽然经常打他，但这样凶巴巴的，在他记忆中还是第一次。而且，从养父那闪动不定的目光中，总感觉今夜会有不寻常的事发生。后半夜，好不容易才睡着了的旦南，被一阵激烈的争吵声吵醒了。他从





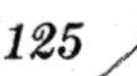

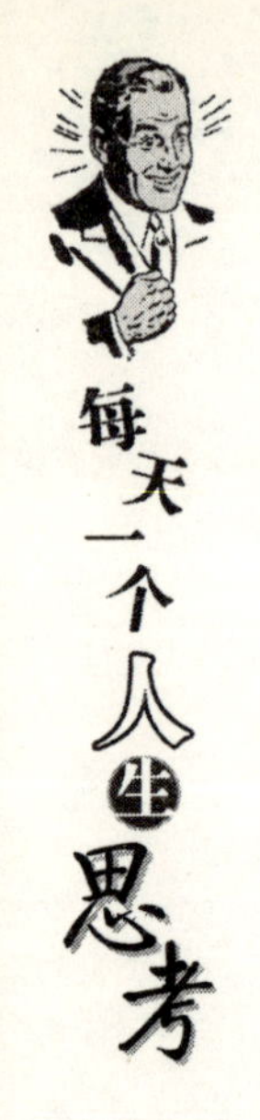


床上下来，把耳朵贴在楼板上，听见养父和小贩正在用最肮脏、最下流的语言对骂。

又过了一会儿，只听“啊”的一声惨叫，随后就是一片寂静，一点声音也没有了。旦南尽管吓得浑身发抖，还是披起衣服，蹑手蹑脚地走下楼来，把脸贴在养父母房间的大门上，顺着门缝向里看去。这一看，把他吓得手脚冰凉。只见那小贩倒在地上，胸口上插着的一把刀子还在轻轻地颤动。养母站在旁边，搓着两手，不停地嘟囔着：“你杀了他，这怎么好？他死了，死了……”旦南顿时觉得头晕目眩，眼前金花乱冒，身子猛然往前一栽，只听“嘭”的一声，一头磕在了门框上。

诺顿一愣，立即大步跨过来，推开门，抓住旦南的头发，把他拖了进来。诺顿眼珠转了转，脸色和缓了下来，他让茫然不知所措的旦南坐下，和颜悦色他说：“孩子，你都看见了，是这小贩进来行凶，爸爸在自卫中才失手杀了他，对吧？这把刀也是他带来的，对吧？明天警察来了，你就这样说。”旦南像木头人一样坐在那里，眼睛一直没离开小贩的尸体。

过了好半天，他突然“扑通”一声跪在地上，把头埋在养父的膝盖上，声泪俱下他说：“爸爸，你说得不对。我知道，是你杀了人。爸爸，我求你，你快去警察局自首吧！那样，我们一家人才能都活下去……”诺顿气得脸都变成了猪肝色，抬起腿当胸一脚，把旦南踢倒在地上，声嘶力竭地喊道：“你这个小杂种，想把爸爸送上法庭吗？快说，是那小贩要行凶……”“不！”旦南捂着胸口，抬起头，说：“我不能说谎，是你杀了人，你应该去自首……”

“啪！”的一声，旦南又挨了一记耳光。养母也扑上来，一边拳打脚踢，一边拿出一根绳子，把旦南结结实实地捆起来。然后，夫妇俩一起动手，把他吊到了楼板上。诺顿取来一根鞭子，“啪”的一声抽在旦南身上，说：“好啊，你不说谎！那你就去死吧！死吧！”

“死，我也不说谎！”旦南的头上，豆粒大的汗珠不断渗出来，但仍然很倔强他说。鞭子雨点般落在旦南身上，养母又取来一根棍子，没头没脑地乱打一顿，边打边喝问：“快说，这小贩是怎么死的？说对了就放你下来。”“是……你……”旦南睁开黯然无光的眼睛，有气无力地说。

鞭子、棍子再一次雨点般打下来，旦南浑身抽搐着，突然喊了一声：“不，我不说谎！”头就猛然垂到了胸前，一动不动了。诺顿夫妇面面相觑，这才知道又闯下了大祸，也颓然倒在地上。

天网恢恢，疏而不漏，诺顿夫妇虽然在法庭上百般狡辩，还是以谋杀罪被逮捕，受到了应得的惩罚。事后，蒙特罗市政府为纪念这个宁死也不肯说谎的孩子，为旦南建造了一块纪念碑和一个塑像，并决定5月2日他死的那天为诚实节。那块纪念碑上镌刻着：——怀念为真理而死的人，他在天堂永生。现在，每到这一天，纪念碑前就堆满了表示哀悼的白色小花。每一个走过这里的人，都要摘下帽子，向这无畏的诚实者致敬。老师、家长，也都会给孩子们讲旦南的故事。

生命诚可贵，诚实价更高。以信示人方能深得人心，诚实是每个人都应具备的优秀品质，它能使你得到别人的尊重与信任，助你走向事业的顶峰，获得美满幸福的人生。

## 有诺必践绝不食言

一个人的力量是微薄的，很少有人能够单枪匹马取得成功，一个人若想成就事业，就需要得到众人的帮助，取信于人则是首要目标。一个人如果学会了如何获得他人的信任，那要比获得财富更重要。

得到他人的信任，首先要做到有诺必践，绝不食言。退避三舍的故事充分说明了有诺必践的重要性。

春秋时候，晋国国君晋献公宠爱妃子骊姬。骊姬借机让晋献公封自己为夫人，还要立自己的儿子做太子。但献公原来的夫人生有申生和重耳二子，申生早被封为太子了。骊姬便在晋献公面前进谗言害死了申生，又派人捉拿申生的弟弟重耳。

重耳逃出了晋国，经过千辛万苦来到楚国。楚成王认为重耳日后必有大作为，就以国君之礼相迎，待他如上宾。有一天，楚王忽然问重耳："你若有一天回晋国当上国君，该怎么报答我呢?"重耳略一思索说："美女侍从、珍宝丝绸，大王您有的是，珍禽羽毛，象牙兽皮，更是楚地的盛产，晋国哪有什么珍奇物品献给大王呢?"楚王说："公子过谦了，话虽然这么说，可你总该对我有所表示吧?"重耳笑笑回答道："要是托您的福，果真能回国当政的话，我愿与贵国友好。假如有一天，晋楚国之间发生战争，我一定命令军队先退避三舍（一舍等于三十里），如果还不能得到您的原谅，我再与您交战。”

事隔四年，重耳真的回到晋国当了国君，就是历史上有名的晋文公。晋国在他的治理下日益强大。公元前633年，楚国和晋国的军队在作战时相遇。晋文公为了实现他许下的诺言，下令军队后退九十里。

有诺必践，绝不食言，承诺的事情一定要做到，这样才会让别人更加信赖你。现实生活中，若想获得他人的信任，首先要以身作则，绝不可失信。失信的危害是巨大的，它会使你离成功越来越远。《郁离子》中记载了一个因失信而丧生的故事：

济阳有个商人过河时船沉了，他抓住一根大麻杆大声呼救。有个渔夫闻声而致。商人急忙喊：“我是济阳最大的富翁，你若能救我，给你一百两金子”。被救上岸后，商人却翻脸不认账了。他只给了渔夫十两金子。渔夫责怪他不守信，出尔反尔。富翁说：“你一个打渔的，一生都挣不了几个钱，突然得十两金子还不满足吗？”淦夫只得怏怏而去。不料想后来那富翁又一次在原地翻船了。有人欲救，那个曾被他骗过的渔夫说：“他就是那个说话不算数的人！”于是商人淹死了。商人两次翻船而遇同一渔夫是偶然的，但商人的不得好报却是意料之中的。因为一个人若不守信，便会失去别人对他的信任。

失信于人者，一旦遭难，只有坐以待毙。可见，失信于人的后果是十分严重的。查尔斯·克拉克先生曾说过：“很多人能获得成功靠的就是获得他人的信任。但到今天仍然有许多商人对于获得他人的信任一事漫

不经心、不以为然，不肯在这一方面花些心血和精力。这种人肯定不会长久地发达，可能用不了多久就要失败。我可以十分有把握地拿一句话去奉劝想在商业上有所作为的年轻人：你应该随时随地地去加强你的信用。一个人要想加强自己的信用，并非心里想着就能实现，他一定要有坚定的决心，并努力奋斗去实现。只有实际的行动才能实现他的志愿，也只有实际的行动才能使他有所成就。也就是说，要获得人们的信任，除了一个人人格方面的基础外，还需要实际的行动。任何一个年轻人在刚跨入社会时，绝对不会无缘无故立即得到别人的信任。他必须发挥出所有力量来，在财力上建立坚固的基础，在事业上获得发展，并有所成就。然后，他那优良的品行、美好的人格总会被别人所发现，总会使人对他产生完全的信任，他也必定能走上成功之路。社会交往中，人们最注意的不是那个成功者的生意是否兴隆，进财是否多；他们最注意的往往就是那个人是否还在不断进步，他的品行是否端正，他的习惯是否良好，以及他创业成功的历史、他的奋斗过程。”

查尔斯·克拉克先生的话很好地说明了信誉的重要性，也为年轻人提供了借鉴。失信是非常严重的，它很可能毁了你的事业，甚至人生。因此，在平时的工作生活中培养有诺必践、绝不食言的习惯非常重要，它是一个人成功的关键。

**大平的父亲是普通的农家汉子，讲不出什么大道理。然而他那些朴实的语言，教给大平的为人与处世的道理，却让大平终生难忘……**

**大平的家很穷，那一年大平正读小学二年级，家里离学校有四五里路。就在这年的冬季，下了一场很大的雪，大平的小手也冻裂了，望着同学们戴着一双双漂亮的手套，大平眼中充满了羡慕，也吵嚷着要父亲给他买一双。父亲掏遍了身上的每只口袋，只掏出一张一角的纸币，一枚 5 分、一枚 2 分的硬币，**

对大平说：“孩子，钱不够了，明天给你买，好吗？”不懂事的大平却伤心地哭了起来。父亲紧紧地抱住大平：“别哭，孩子！爸爸明天一定给你买……一定……”父亲不断重复着那几句话，然而大平却不相信，不停地哭，直到晚上，大平也没有理会父亲。

第二天，父亲一大早就出门了，到天黑才回来，一进家门就马上递给大平一双漂亮的手套。父亲回来后就病倒了，一连几天也没能起床，此时大平才知道，父亲是冒着大雪下到冰冷的河里摸鱼，然后拿到集市上卖了，才给大平买回了手套。望着病在床上的父亲，大平的泪水不禁夺眶而出。父亲用手摸着大平的头，安慰说：“孩子，人活在世上，要记住自己说过的每一句话，然后尽力去做好，这样，别人才会相信你……”

有诺必贱，绝不食言，这是获得他人信任的前提，也是每个人都应具备的品德。

宋庆龄从小就很守信用，她深知有诺必践的重要性。小时候，妈妈给她讲了一个“自食其言”的故事，让小庆龄感触颇深，从此发誓绝不食言。春秋战国时，鲁哀公的身边有一个重臣叫孟武伯，他有一个最大的毛病，就是说话不算数。因此，鲁哀公对他很不满。一天，哀公举行宴会招待群臣，孟武伯和哀公的宠臣郑重也参加了这次宴会。孟武伯向来不喜欢郑重，在宴会上借机出郑重的洋相，便问道：“郑先生怎么长得越来越胖了？”哀公听到后，便插嘴道：“一个人常常吃掉自己的诺言，当然会长肥呀！”在座的大臣一听就知道哀公并不是批评郑重，是在暗中指责孟武伯说话不算数。

妈妈的故事是教育她说话要算数，要谨守诺言。对此小庆




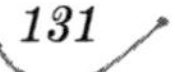

龄铭记心间。

一个星期天，爸爸准备带着全家去朋友家作客，孩子们大都穿好了礼服就要出发了，只有小庆龄仍在钢琴前弹奏着那动听的旋律。

母亲喊道："孩子们快走吧，伯伯正等着我们呢！"

听到妈妈的喊声，小庆龄立即合上琴盖，跑出房间，拉着妈妈的手就走，刚迈出大门，突然又停住了脚步。

"怎么呀？"一旁的爸爸看到小庆龄停住了脚步，不解地问道。

"今天我不能去伯伯家了！"小庆龄有些着急地说。

"为什么不能去，孩子？"妈妈望着女儿说。

"妈妈，爸爸，我昨天答应小珍让今天她来我家，我教她叠花。"小庆龄说。

"我原以为有什么非常重要的事情呢，这好办，以后再教她吧！"父亲说完，便拉着小庆龄的手就走。

"不行！不行！小珍来了会扑空的，那多不好呀！"小庆龄边说边把手从父亲的大手里抽回来。

"那也不要紧呀！回来后你就到小珍家去解释一下，并表示歉意。明天再教她叠花不也可以吗？"妈妈说。

"不！妈妈，您不是常说要信守诺言，我答应了别人的事，怎么可以随意改变呢？"小庆龄不停地摇著头说。

"我明白了，我们的罗莎蒙黛是一个守信用的孩子，不能自食其言是吗？"妈妈望着庆龄笑了笑，接着说："好吧，那就让我们的罗莎蒙黛留下吧！"

爸爸妈妈放心不下家中的小庆龄，在客人家吃过中午饭，就提前匆匆地回到家中。一进门，爸爸高声喊道："亲爱的罗莎蒙黛，你的朋友小珍呢？"

宋庆龄回答说："小珍没有来，可能是她临时有什么急事吧！"

"没有来，那我的小罗莎蒙黛一个人在家该多寂寞呀！"妈妈心疼地对女儿说。

"不，小珍没有来，家中虽然只有我一个人，但是我仍然很快活，因为我信守了诺言。"小庆龄说道。

听了小庆龄的话，爸爸妈妈满意地点了点头。

有诺必践，绝不食言。一切伟人都具有诚实的品性，他们从不轻易许诺，但一经承诺，就会竭尽全力去做，绝不食言。

# 第六章

# 关于人生友谊的思考

所谓友谊实即人与人之间的一种良好的关系，其中包括了解、欣赏、信任、容忍、牺牲……诸多美德。如果以友谊做基础，则其他的各种关系如父子、夫妇、兄弟之类均可圆满地建立起来……“君子之交淡若水”，因为淡所以不腻，才能持久。“与朋友交，久而敬之。”敬就是保持距离，也就是防止过分地亲昵。不过“狎而敬之”是很难的。需要注意的是，友谊不可透支，总要保留几分。

——梁实秋

# 真挚友情地久天长

友情是人们与接触较亲密的朋友之间所存在的感情，是人们愿意为朋友付出一些或全部自己所有的思想。友谊是不论时间长短，不论距离远近，心总是在一起的，一辈子不曾改变过！

友情是一种很美妙的东西，它可以让你在失落的时候变得高兴起来，可以让你走出苦海，去迎接新的人生。它就像一种你无法说出，又可以感到快乐无比的东西。只有拥有真正朋友的人，才能感受到友谊真正的美好之处。

友情的力量可以使你变得坚强，战胜脆弱。不论是坚强的人还是脆弱的人，一旦得到了朋友的力量，坚强的人会更加坚强，脆弱的人会由脆弱走向坚强，于是，便有了“人生得一知己足矣”的佳传。

和亲情、爱情一样，是一种抽象的、令人捉摸不透的东西，但却要比它们更值得我们去珍惜。朋友的相处伤害往往是无心的，帮助却是真心的，忘记那些无心的伤害，铭记那些对你的真心帮助，你会发现这世上你有很多真心的朋友……在日常生活中，就算最要好的朋友也会有摩擦，我们也许会因为这些摩擦而分开，但每当夜阑人静时，我们望向星空，总会看到过去的美好回忆。一些琐碎的回忆为我寂寞的心灵带来无限的震撼！就是这感觉，令我们更明白友情的重要！珍惜友谊吧，不要到失去的时候才痛感它的可贵。

当一个人在困境的时候，当一个人在迷茫的时候，当一个人在心情

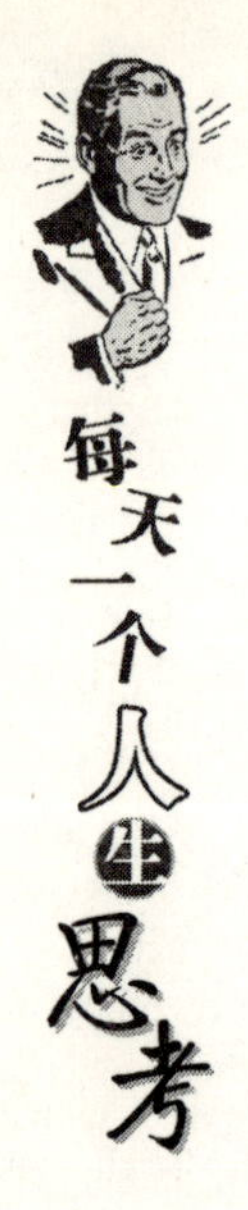


低落的时候，当一个人在孤寂的时候，当一个人在沮丧的时候，当一个人在人生低谷的时候，挚友就是你的精神支柱……

不管在你幸福的时刻出现，还是在你伤心的时间在你身边，这样的朋友，这样的知心朋友是你一生的财富！

一句夸奖的话语，一句安慰的语言，一个很随意的动作，一个大度的眼神，都可能成为你战胜艰难险阻的动力。友情让你在这个世界上，不会感到孤单和寂寞，因为有了友情，你才对人生充满无尽的幻想……

当岁月积下尘土，当所亲身经历的那些难忘的日子涌上心头，当你在编织美好未来时，当你受到感情冲击时，当你在前行时刻遭到打击时，当你在享受幸福时，挚友无时无刻不在关心和关注你。这种关注有时候是无形的，是世间最珍贵的无价之宝。

友情是人生恒久不变的主题，拥有朋友是一件无比快乐的事，和朋友在一起，分享你的喜、怒、哀、乐。生活就是如此，任光阴荏苒，不变的是朋友间的真情，不变的是朋友间的关爱……

也许有一天你老了，发现身边的朋友还在，积淀多年的友谊如浓浓的美酒一样，滋润着你的心灵，带给你快乐。珍惜吧，在这个物欲横流的社会，金钱换不来真正的友谊，将这份纯真的情谊保持下去，永远。

# 友情无价千金难得

友情无价，千金难得。真挚的友情是无法用价值去衡量的，是人们一生的财富。友情无价最有价。古人说人生得一知己足矣。人生的旅途是漫长的，友人间的救助搀扶就好比是接力赛中默契的配合，会让充满泥泞的人生之路变得平坦宽阔；会让受伤后的心少几分无助，多几分扶持。

友情无价，千金难得。真正的朋友是一种相知。朋友相处是一种相互认可，相互仰慕，相互欣赏、相互感知的过程。对方的优点、长处、亮点、美感，都会映在你脑海，尽收眼底，哪怕是朋友一点点的可贵，也会成为你向上的能量，成为你终身受益的动力和源泉。朋友的智慧、知识、能力、激情，是吸引你靠近的磁力。同时你的一切也是朋友认识和感知你的过程。

真正的朋友是一种相伴。朋友就是漫漫人生路上的彼此相扶、相承、相伴、相佐。朋友在你烦闷时送上温馨的话语，朋友在你高兴时陪你一起欢歌笑语，朋友在你得意时不忘送上一句善意的提醒，而在你痛苦时，他们则会静静地聆听。

真正的朋友是一种相助。风雨人生路，朋友可以为你挡风寒，为你分忧愁，为你解除困难。朋友是你登高时的一把扶梯，是你受伤时的一剂良药，是你饥渴时的一碗白水，是你过河时的一叶扁舟。朋友是买不来的，只有用真心才能够换来。

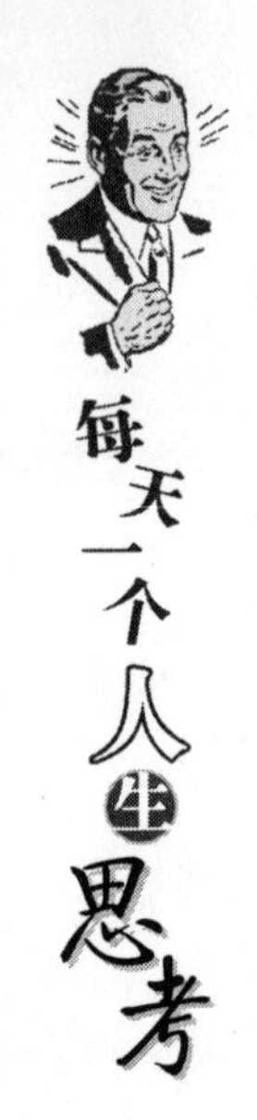


管仲和鲍叔牙是春秋时期的一对好朋友，史称“管鲍之交”，说他们有“通财之义”。所谓通财之义，是指他们在合作经营生意的时候，从不计较利润分配的多少，不分你我。然而“管鲍之交”的内涵如果仅仅是建立在金钱上，那就未免太轻浮了，他们的友情是无价的，千金难买。

管鲍是齐国人，当时齐国的王子们为了争夺王位，爆发了内乱。管仲被任命辅佐公子纠，而鲍叔牙却被任命辅佐公子小白。因为两位公子的哥哥襄公无道，两位公子被逼流亡出走，管仲和鲍叔牙自然要各随其主，管仲与公子纠逃到鲁国，鲍叔牙与公子小白逃到莒国。

内乱平息后，公子纠和公子小白彼此争先，你追我赶，要回到齐国夺权登位，管鲍二人自然又要各为其主。在中途的争夺战中，管仲曾射过小白一箭，这一箭本是致命的，怎奈小白福大命大，箭头被他腹上的衣带钩挡住了。结果最终是小白和鲍叔牙先回到齐国，从此小白就不叫小白了，改叫齐桓公了。而公子纠和管仲只好回到鲁国继续政治避难。

随后，鲍叔牙设计借鲁国之力杀了公子纠，又把管仲“引渡”回齐国。齐桓公为了泄射钩之恨，要杀管仲，被鲍叔牙制止了。鲍叔牙告诉齐桓公，管仲是个治国奇才，不仅不能杀，而且还要重用。起初齐桓公不答应，鲍叔牙又说：如果你不想成就霸业，那就算了。如果你想治国图强称霸，非用管仲不可，我鲍叔牙是不如他的。于是，管仲当了齐国的宰相。

管仲果然是个治国奇才，上任后就把国事料理得有声有色，齐桓公每天只顾吃喝玩乐就行了，凡事不用操心。几年下来，齐国在政治、军事、经济等各方面都日益强大，乃至雄踞天下，使春秋时期的其余四霸谁也不敢轻举妄动，各国之间常年的战争因此平息，安定天下达四十多年之久，这在春秋时代是一个奇迹。难怪孔子在一百多年后惊叹地说：微管仲，吾其披发左衽矣。

让人费解的是，在管仲任命重臣大员时，从来没有提携过鲍叔牙。鲍叔牙在齐国的政坛上似乎不太得意。更匪夷所思的是，管仲在临死前，再三嘱咐齐桓公不能让鲍叔牙继承相位。

然而管仲是对的，他这辈子能报答鲍叔牙的，就是不让鲍叔牙继承相位。因为他深知，只要他一死，齐桓公就会完蛋，而鲍叔牙也会随之死于非命。果然，管仲死后的第二年，齐桓公也死了。他的五个儿子开始争夺王位，相互攻杀。齐桓公的尸体在床上躺了67天，蛆虫遍体也无人过问。而鲍叔牙则幸免于难，全身而退逍遥事外。

友情无价，千金难得。我们的一生有多少朋友，又有几个可以成为知己？孩提时、上学后、工作中、成家后、垂暮之年，人生各个阶段，会有各不相同、形形色色的朋友。这些朋友，在不同阶段有不同称谓：伙伴、同学、同事、姐们（哥们）、搭档……同时，友谊的表现方式与深浅程度更是不同：有的是人生中某一阶段的朋友，有的则是一生一世的知己。

真正的友谊不是金钱能买到的，它在本性上拒绝功利，拒绝归属，拒绝契约，它是独立人格之间的互相呼应和确认，它使人们独而不孤，互相解读自己存在的意义。

有一个寓言故事：

从前，有一只住在森林里的大猩猩，一个朋友也没有，非常寂寞。

有一天，他突发奇想，在大树上贴了一片叶子，上面写着："我有友情要出租，一小时10元钱。"然后便坐在大树下等呀等呀……





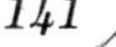

30分钟过去了，一只豪猪大姐走了过来，大猩猩见到了便上前说："豪猪大姐，我有友情要出租，你要租吗?"豪猪大姐瞄了一下大猩猩，便不理不睬地走了。大猩猩本来以为会成功的，没想到竟然失败了，它只好沮丧地又坐在大树下。

一个小时过去了，两个小时过去了……可还是没有人经过这里。

到了晚上，两只可爱活泼的小松鼠出来散步，大猩猩看到了那两只小松鼠，连忙跑过去。小松鼠看到了大猩猩向他们冲过来，连忙爬到树上，其中一只小松鼠以为大猩猩要捉弄他们，吓得浑身发抖。大猩猩怕吓到它们慢慢地爬到树上说："你们好，小松鼠，我要出租友情，1小时10元钱，你们肯租吗?"小松鼠胆颤地说道："友情是无价之宝，不是靠租来的，我们不租。"大猩猩失望地爬下了树，对这句话百思不得其解，于是便去找了猫头鹰博士问这句话的意思，猫头鹰博士说："友情不是靠金钱租来的，而是要用真心真意的交朋友得来的。"

友情是无价的，无论你有多少钱也不可能得到真挚的友谊。现实社会中，人们整日忙忙碌碌追逐自己向往的所谓的价值，淡忘了友情，淡忘了朋友。而当你得到了财富的时候，或许你才发现生活中似乎少了些什么。那就是一位可以让你促膝交谈的朋友。

有朋友才会有心灵的碰撞，一份快乐才会有两个人来分享，一份痛苦才能变成半个伤感。你是否有过功成名就时的喜悦，却又只感到默默失落的伤感？是否有过彷徨时的压抑，却只能独步街头的落魄。如果你有过，请开始在意你身边的人吧！她或者是他，你或许可以从中寻找到一个真正能够分享你的成功，分担你的忧愁的那个叫作"朋友"的人。或许你这时才发现心灵的抚慰是任何其他东西所替代不了的。

人生须臾，友情无穷；花开有期，友情无限；万物有价，友情无价。

# 友谊之花用心呵护

人生在世，难得知己。人的一生都在相遇中度过，可是，究竟能够遇到几个与你一拍即合之人呢？如果能够遇到，请学会珍惜，小心地呵护你们之间那来之不易的情谊吧。

没有朋友的人是不幸的，他的人生是痛苦的。人的一生若没有朋友的呵护与帮助，生活便增添了艰难。所以呵护友谊，珍惜朋友也是善待自己的一种方式，既幸福了自己也愉悦了朋友，何乐而不为呢？如果说血缘关系对于人的一生就像血管里流动的血液，那友情关系就好比是人一生中的氧气一样重要了，交际圈就是一个氧气瓶。

联系人与人之间的纽带不是金钱，而是真情。朋友是快乐的源泉，因此，用心呵护你的交际圈，维系朋友们的关系吧。下面介绍一些确保你的友谊长久的方法。

（1）适度沟通。沟通可以很简短，聊 5 分钟电话或一封简短的电子邮件。了解你朋友的作息时间，不要太早或太晚打电话给朋友——除非有危急的情况。

（2）知道别人如何看待你。问一个忠实的朋友，他是如何评价你与别人相处的，注意任何需要改进的地方并且立刻进行改变。

（3）不要攀比。不要让友情变成一个隐蔽之争，不要去比较谁更有钱，谁的房子更大，谁的车子更酷。

（4）建立一个健康的、现实的自我形象。虚荣和自卑，会妨碍你交

新朋友。

(5) 决心提高自己。培养诚实、慷慨、谦逊，使你成为一个富有同情心、受人尊敬和吸引人的朋友。

(6) 避免无休止地抱怨。不停抱怨只会令人厌倦和使友谊离你而去。与你的密友谈谈如何改变你生活中不愉快的部分。

(7) 采取积极的人生观。试图找到幽默的东西，笑富有感染力和号召力。

(8) 倾听。关心你的朋友，了解他们的生活状况。不要总是谈论自己的问题，若你只热衷于自己的想法，友情是不会长久的。

一个人在最失意的时候，最需要的就是朋友的关心。要想得到别人的关心，首先得付出自己的爱心。自己从来不懂得去关心他人，在你需要关心的时候就会感到世态炎凉，人情冷漠。友情存在于我们生活中的每时每刻，交际圈也需要你每时每刻用心呵护。

除了上述几种方法之外，良好的心态也有助于呵护友情之花。下面简单介绍几种呵护友情必备的好心态：

(1) 适当表现，言谈谨慎，不要伤害朋友的自尊心。也许你与朋友过往甚密，无话不谈，也许你的才学、相貌、家庭、前途等等令人羡慕，高出朋友一头，这些有利的条件可能会使你不分场合，尤其是与朋友在一起时，更是无所顾忌，锋芒毕露，毫无节制地表现自己；言谈中往往会流露出一种明显的优越感，这会令人感到你是在居高临下地对人讲话，有意炫耀抬高自己，使别人的自尊心受到伤害，不由得产生敬而远之的想法。所以，在与朋友交往时，要控制情绪，保持理智，态度谦逊，虚怀若谷，把自己放在与人平等的地位上，并注意时时想到对方的感受，照顾对方的心理承受力。

(2) 分清彼此，信守契约，别让朋友对你产生防范心理。朋友之间常常东西不分彼此，但是，如果对朋友的东西不经许可便擅自拿用，不加爱惜，有时迟迟不还或者干脆不还，时间长了，便会使朋友认为你过于放肆，由此产生防范心理，并有可能导致你们之间关系的疏远。实际上，朋友之间除了友情，还有一种微妙的契约关系。就物而言，你和朋友之物都可以随时借用，这是超出一般人关系之处。但你对朋友的东西应该有一个清醒的认识："朋友的东西更应该加倍爱护。"要把朋友的物品看作友情的一部分加以珍视，注重礼尚往来的规矩，这样才会使朋友永远信任你。

（3）避免散漫，讲究小节，别让朋友对你产生轻蔑、反感。朋友之间，谈吐行为应直率、大方、亲切，不矫揉造作，唯其如此，方显出自然本色。但如果过于散漫，不重自制，不拘小节，则使人感到你粗鲁庸俗。也许你和一般人相处会以理性自约，但与朋友相聚就忘乎所以，或指手画脚，或信口雌黄、海阔天空，或肆意打断朋友的话语，讥讽嘲弄，或听朋友说话时左顾右盼，心不在焉。也许这是你的自然流露，但时间长了，朋友会觉得你有失体面，没有修养，对你产生一种厌恶轻蔑之感，就会改变对你原来的印象。所以，在朋友面前应保持自然而不失自重，保持热情而不失礼仪，做到有分寸，有节制，才能赢得朋友永远的友谊。

（4）信守诺言、严守约定，不要给朋友造成不可信赖的感觉。你也许不那么看重朋友间的某些约定，对于朋友之求爽快应承后又中途变卦。也许你真有事情耽误了一次约好的聚会或没完成朋友相托之事，也许你事后会轻描淡写地解释一二，认为朋友间能够互相谅解，区区小事无足挂齿。殊不知朋友会因你失约而心急火燎，扫兴而去。虽然他们当面不会指责，但必定会认为你在玩弄朋友的友情，是在逢场作戏，是缺乏信赖感的人。所以，对朋友之约或之托，一定要慎重对待，遵时守约，要一诺千金，切不可言而无信。

（5）求友相助，不要强求，别让朋友认为你太无理、霸道。当你有事需要求人帮助时，首选对象当然是朋友，可你事先不作通知，临时登门索求，或不顾朋友是否情愿，强行拉他与你同去参加某项活动，这都会使朋友感到左右为难。他如果已有活动安排不便改变就更难堪。对你所求，若答应则打乱自己的计划，若拒绝又在情面上过不去。或许他表面上乐意而为，但心中却有几分不快，认为你太霸道，不讲理。所以，

对朋友有所求时，必须事先告知，采取商量的口吻说话，尽量在朋友无事或情愿的前提下提出要求。

(6) 分清场合，进退有度，别让朋友对你感到厌烦。当你到朋友家串门时，若遇上朋友正在读书学习，或正在接待其他客人，或正和恋人相会，或正准备外出等，如果你自恃彼此是朋友，不顾场合，不看朋友脸色，一坐半天，夸夸其谈，喧宾夺主，不管人家早已如坐针毡，极不耐烦，这样，朋友一定会认为你太没教养，不识时务，不近人情，以后就想方设法躲避你，害怕你再打扰他的私生活。所以，每逢类似这种情况，你一定要反应迅速，稍稍寒暄几句就知趣告辞，你要知道，珍惜朋友的时间和尊重朋友的私生活如同珍重友情一样可贵。

(7) 用语讲究，玩笑得法，避免出现尴尬的场面。有时你在大庭广众面前，或为炫耀自己能言善辩，或为哗众取宠逗人一乐，或为表示与朋友亲密，乱用尖刻语言，尽情挖苦讽刺别人，大出洋相以博人大笑，获取一时之快意……这些做法往往会使朋友感到人格受辱，十分尴尬。

(8) 尊重朋友，善纳人言，别让朋友感到你是无为多事之人。是朋友就要同舟共济，对好意相劝应认真考虑，适当采纳。如果你无视这一点，一意孤行，坚持己见，无视朋友之言，我行我素，结果自己吃亏，朋友受累。这必定使朋友感到失望，认为你太独断专行，不把朋友放在眼里，是个无为而多事之人，以后日渐疏远。所以你在遇事决策时，应认真听取朋友的意见，理解朋友的好心，即使是难以采纳的意见，也要解释清楚，使朋友觉得你尊重他。

## 附录：你与朋友相处得如何？

1. 清晨睁开眼睛，你的感觉通常是：

充满向往。→5 分

想到接下来的一整天就心烦意乱。→1 分

挺心满意足的。→3 分

2. 听说某些人（未必你认识）活得艰难坎坷，你感觉：

活该。→1 分

这人没好运。→3 分

值得同情。→5 分

3. 有人讲“完美的生活就是幸福的生活”。你意下如何？

完全赞成。→5 分

部分同意。→3 分

不同意。→1 分

4. 你对自己的未来是何态度？

十分憧憬。→5 分

相当忧虑。→1 分

没考虑过这个问题。→3 分

5. 对你目前的生活，你觉得：

非常丰富充实。→5 分

充满坎坷。→3 分

安稳但缺乏刺激。→4 分

有点儿乏味。→2 分

沉闷之极，令人沮丧。→1 分

6. 朋友们打算出去吃晚饭，最后一刻才打电话给你，且因为有个人不能来了，你会：

丢开一切，马上前往。→5 分

要求考虑考虑。→3 分

断然推掉：先前怎么没想到我。→1 分

7. 和朋友们在一起，你爱扯别人的闲事吗？

是的，这使我兴趣盎然。→2 分

如果内容无害，讲讲又何妨。→3 分

我从不喜欢对别人说三道四。→5 分

8. 你觉得自己在异性的眼中是怎样一种形象？





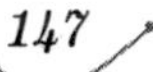

你在他们眼里很有魅力。→5 分

你使人觉得有趣，但不迷人。→4 分

他们讨厌你。→2 分

他们觉得你对异性不感兴趣。→1 分

9. 你觉得自己的少年时代：

暗淡无光。→1 分

忙碌、充满生机和乐趣。→5 分

平淡如水。→3 分

10. 朋友向你寻求帮助，你总是：

真心帮助他们。→5 分

并不全力以赴，只是给一些指导和劝告。→3 分

同情地倾听，但不伸出援助之手。→2 分

希望他们另找他人。→1 分

11. 在你衣冠不整的时候，朋友忽然不速而至，你：

依然热情接待。→5 分

希望他们对此不要介意，态度友好。→4 分

尽快送客出门。→2 分

对门铃置之不理。→1 分

12. 你的朋友经常来探望你吗?

是的，常常不请自来。→5 分

如被邀请，有时会来。→3 分

即使邀请也很少会来。→1 分

13. 回首童年时光，那时你有：

一个特别的朋友。→3 分

一大帮朋友。→5 分

一个幻想中的朋友。→1 分

14. 假日里你喜欢和谁出去?

和最知心的人。→3 分

一人出去结识新朋友。→5 分

只我一人独行。→4 分

15. 你认为自己是：

十分健谈的人。→5 分

很好的倾听者。→3 分

一个不善言谈又不爱听人讲的人。→1 分

16. 当朋友陷入困境，他们会来找你吗？

经常如此。→3 分

从来也不。→5 分

有时会。→1 分

17. 你和朋友一起外出的机会多吗？

一周内就有几个晚上。→5 分

一个月中有两三回。→3 分

极少。→1 分

18. 你喜欢下列哪些活动？

跳舞。→3 分

谈话。→4 分

散步。→2 分

聚会。→5 分

读书。→1 分

分数解释：

73 分以上：与朋友处得极佳。你乐观开朗，热心助人，宽容随和，并且懂得尊重别人，而且你的交友原则是互利互助、彼此独立，这使得朋友们感到与你在一起既愉快又轻松，你会受到大家衷心的欢迎。

55～72 分：与朋友处得较好。也许你不是那么外向，所以朋友与你相识初期，难以很快达到融洽的地步。不过，随着时间的推移，你的品质和为人会赢得大家的信任。你不妨做一些人为的推进工作，更多地敞开自己。





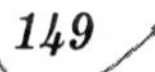

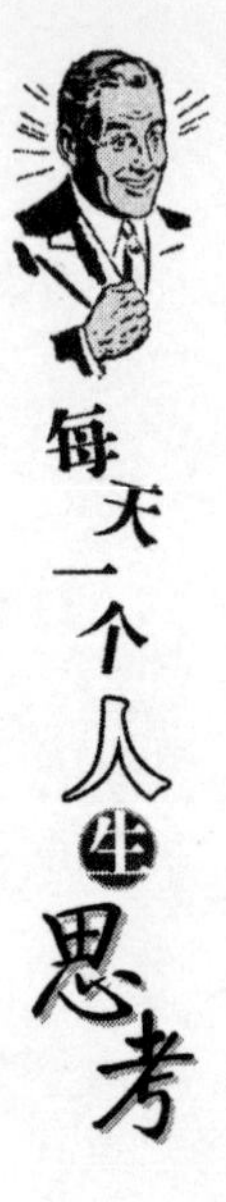


37～54 分：交友容易不当。你也许是个温和、善良的人，可是你缺乏足够的独立自持，遇事难得有主见，也不能给处在困难中的朋友以有效的建议和帮助，因此难以使人产生可以信赖的感觉。请试着多肯定自己的想法，同时多些表达自己的意见，以免过度地依赖朋友或在朋友身上投注过多的感情需求，让朋友对你的看法趋于负面。

36 分以下：有一定交友障碍。你主观上拒绝与他人沟通交流，认为自己一个人就能构成一个完整的世界，很多时候，与人交往不仅无法使你愉快，反而会成为一种令你厌烦的负担。这样的心理状态，当然很难有什么朋友。你并非真的不需要朋友，只是你的一度误交损友或过分清高，让你存在“哪里需要交朋友”的错觉而已。人生有几个知己，与你共享生活中的乐事，比任何事情都好。

# 同事之谊巧妙经营

如果说你一天工作8小时，睡觉8小时，休息8小时，那么每天你和同事相处的时间等同于和家人相处的时间。在团队工作中，和同事建立良好的关系，不但能提高自己的工作效率，还能使整个团队具有凝聚力。

同事之间的友谊非常复杂，需要每一位身在职场的人巧妙经营。人们常说友谊是人与人之间沟通的桥梁，不过友谊在职场中到底能发挥出多大的能量来呢？不少人认为友谊可以使同事之间相处更融洽，可以使同事之间的生活变得充实、丰富。其实，职场友谊远没有这么简单，它需要巧妙经营，小心呵护。

下面是几种经营职场友谊的方法：

（1）对每位同事都报以真诚的微笑。微笑的作用无可估量。首先，它是拨开“陌生面纱”的法宝，即使是一位你叫不上名字的同事，微笑也能立即拉近你们的距离；其次，它是欢迎新同事的最好的“见面礼”；另外，微笑是“通行证”，可以让你在寻求帮助时顺利畅通；第三，微笑是职场“标签”，人们一想到你，都会同时联想到你常挂在脸上的微笑，心灵的闸门已经向你敞开。

（2）关注别人的工作。关注的同义词是重视，当你用心倾听别人工作状况及甘苦的同时，你的眼睛和神情也传递了这样的信息：他的一切并非无人问津，至少还有你在默默地关心他、同情他。

（3）适时适当地伸出援助之手。在客观、公正的基础上，你的援助

之手会拨开云层，让你和他从两个相敬如宾的普通同事一跃成为亲密的战友。

(4) 帮助别人，不求立即回报。在能力范围内，主动帮助同事，是累积人际资产的双赢方法。

(5) 谨慎地与上级建立友谊。一般来说相同地位的友谊是很容易建立并长久保持的，不过一旦与自己的老板或者上级成为朋友的话，问题就会冒出来了。也许同事会说你与上司交朋友，无非是想套近乎、占便宜，如果你的上级主动与你交朋友，同事可能会质疑他有某种偏爱。因此，小心谨慎地与上级交朋友，并且保持适度的友谊非常重要。

(6) 在伸出橄榄枝之前，先问自己，在别人眼里自己的强项是什么？弱项是什么？脾气秉性特征是什么？别人看重你的是什么？简言之，缺乏自我意识及认知他人的人际交往行为，都可能在好心好意的本意下无形产生使他人不舒服的感觉。

(7) 要想别人对你好，你首先要对别人好。真诚相待但不要刻意相求。不能说职场上交私人朋友都带有目的，要因人而异。但他人对你的反应最终是由你的行为所导致，换言之，要想他人怎样待你，首先是你怎样对待他人。

(8) 对职场友谊要有敏锐的感受力。在什么场合下，用什么方式谈什么样的话题都是很有讲究的，不能仅凭自己想当然而行事。

(9) 不要目的性太强。无论是和上司交好，和同事的友谊，还是与客户的私交，一项基本原则就是不要想着利用这种关系而达到个人在职场的目的，也不要被这种关系所利用。

(10) 在职场里因为人际关系而被“剥削”是常见的事。当你觉得你是在帮朋友的忙的时候，你可能是在分担自己不必要承担的责任。如果这种事情做多了，要静下心来想想，自己从中到底得到了什么。这不是自私，因为感情上的平衡是维持一种健康良好的关系的关键。

(11) 不要把负面情绪传递给他人。自己处于情绪低潮时在与他人交往当中不断释放出来，使他人感到压抑而不是感到享受。这首先要觉察和处理好自己的“情感/情绪”，进一步要争取做到的是关注觉察他人的情绪，并积极调动他人的积极情绪。

(12) 即使是职场的朋友之间，也要把竞争看作是一个正常的、积极的、任何人无法回避的客观事物。竞争的结果总是导向工作有效性的提高。参与竞争促进了能力的提高，谦让但不是退让，积极应对竞争或机会，该出手时就出手，当仁不让。

(13) 职场上交到的一些朋友是阶段性的，顺其自然是最高境界。如果你的人品和能力都被他人称道，即使在很久没有联系之后，大家重聚时依然可以马上找回友谊的融洽感觉。

(14) 学会拒绝。职场上交友的目的是分享信息，相互学习，取长补短。友谊在一定程度上可表现为你对他人的影响力，这样在获取或利用他人资源或做成生意方面会有些便利条件。但即使是朋友，也不能做违背公司价值观及商业伦理的事。

(15) 不同的朋友圈子不必“打成一片”。职场人需要不同的社交圈，工作中认识的朋友是一个圈子，私生活的朋友是另一个。即使同是工作中的朋友圈，也会因为行业或其他原因各成一体。当你想让他们互相认识的时候，先问自己会不会给自己带来一些负面影响。

总之，职场友谊并不像生活中的友谊那样单纯，对待职场友谊大家应该小心为慎，仔细筛选自己可以宣扬的信息类型。要是自己认为自己的友谊把自己或者朋友置于惹人猜忌、甚至损坏名誉的情况时，要对朋友明言；要是有必要的话，自己应从可能引发利益之争的位置上全身而退，以此让职场友谊进行到底。

除此之外，身在职场的你还需要注意下面几个问题：

团结更多人，而非建立个人小圈子。

保守秘密，不管是自己的还是别人的。

职场上没有绝对的坏人，即使是坏人，他也愿意和好人交友。

职场交友都有一点功利心，互相理解就是了。

对职场上的朋友不能用私人朋友的期望值去要求对方。

## 同学情谊难忘岁月

在我们的生活中，有这样一种情感，虽无丝毫血缘关系，但却能经受时间的煅烤，它不受尘缘的烦扰，似荷花一样出污泥而不染，这就是同学情谊。同学间的友谊是最纯洁的，也是最美好的。这份友情将会成为生命中难以忘记的情谊，地久天长。

同学之间相处，没有人会考虑对方的家境，即使你的家庭一贫如洗，也没有人会看不起你；即使你的家庭十分富裕，也不会有人整日围着你溜须拍马。同学之间没有虚情假意，有的只是以一腔心血、诚挚、真情、博大的胸怀相处相爱，互相关心。

学习上，同学为你解答疑难问题；生活上，同学对你嘘寒问暖。最重要的，同学之间可以以诚相待、敞开心扉。在家里不想和父母说的话，在同学面前可以尽情倾诉，甚至于自己的秘密也毫无保留地悉数倒出。

同学间的情谊是美好的，也是短暂的。几年的同窗生涯很快就会过去，毕业了，天各一方，缘于种种原因，好多同学彼此失去了联系，有的人已经很富有，有的人走上了仕途，有的人尚没有什么起色。但一旦不期而遇，竟毫无陌生的感觉，也不取决于你在干什么。可以互相调侃，口无遮拦，畅所欲言："哥们，还没变呀"，"老兄，头发都白了啊"。一句"老同学"，彼此的关系拉近了，彼此间的戒心荡然无存。

这就是同学间的情谊，那段难忘的岁月将留在每个人心中，成为生命中最美好的部分。同学间的情谊是纯洁无瑕的，是用金钱买不到的。

同学之情铭记终生，将成为生命中最难忘的岁月。

**未铭出生贫寒，在农村念的初中，又考上了当地的高中，之后凭借自己的努力考上了大学。未铭大学毕业后，在城里找到了工作，并定居下来。**

**转眼间，二十多年过去了，未铭总想回县城看看，看看家乡的变迁，更想看看多年不见的老同学，这都是源于心中那份难忘的同学情谊。**

**一次，未铭去县城出差，终于能与阔别了二十多年的同学们相聚了。那一刻，同学们心情激动，看着彼此熟悉又略带陌生的一张张笑脸，每个人心底都有一句肺腑之言，那就是——真的好想你们……**

光阴如箭，岁月如梭，二十几年的时间改变了很多很多，唯一不变的是同学间的那份真情。二十年人生之路，是顺畅是坎坷或是辉煌？你当了老师、她当了警察、他当了老总……谁能说得清，这二十年对同学的怀念没有偷偷地抹过眼泪……

同学真情，难忘今生。当我们蓦然回首，拿起已经发黄了的照片，看着还是孩子的同学们：几排平房教室一致排开，红的砖瓦黄的墙，操场一角的旗杆永远飘扬着鲜艳的五星红旗。怀旧的情感油然而升，记忆的阀门会情不自禁地打开，搜寻记忆中的每个角落，找寻孩提时的身影。当年的幼稚少年，如今已成为男子汉；当年的纯真女孩，如今已嫁做他人妇。在我们辛劳之余，在我们疲惫之后，我们还会常常想起儿时的那些岁月，怀念那份真挚的情谊。

时间可以消磨很多东西，独有同学的情谊，经得起长久的沉淀，就像陈年的老酒，越久越香醇。它应是世上最真、最纯的一片情！

虽然无情的岁月改变了我们许多，但唯一不能改变的是同学之情；岁月可以改变青春的容颜，却带不走我们真挚的友谊。岁月的长河可以




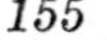

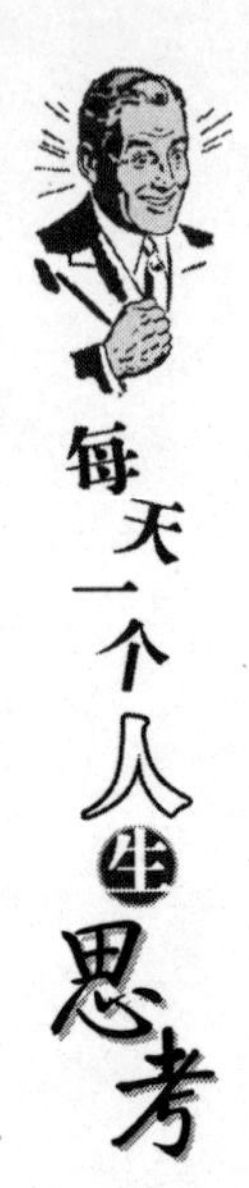


洗去我们满身的稚气，却抹不去那份深深的同学情意；时间的流逝可以改变一切人和事，却抹煞不了同学间永久的记忆。总之，无论岁月如何改变，不变的是我们永远纯真的同学情！

同学情谊，难忘岁月。当翻起发黄的老照片，总是感慨万千……想着曾经纯真、一去不复返的青春岁月，就好似《那些花儿》中唱的那样："那片笑声让我想起我的那些花儿，在我生命每个角落静静为我开着，我曾以为我会永远守在他身旁，今天我们已经离去在人海茫茫，他们都老了吧？他们在哪里呀？我们就这样各自奔天涯……"

亲爱的同学们，你们都老了吧？你们在哪里呀？青春曾经那么地张狂，只因我们一起成长，每每想起是那么真切，回忆真好，让我们时常记起那些深深记忆的和那些不该遗忘的。

岁岁年年花相似，年年岁岁人不同……人生其实什么都不重要！只要自己快乐，能给别人快乐，这样就可以了！将尘封的记忆打开，人生都有美好的回忆，就像一杯杯甜蜜的美酒，散发着浓香醇味，慢慢品尝着，但也遗憾和伤感……

时间过得飞快，也不会为谁停留。但愿同学间的真挚友情能够天长地久，绵延久远，让那段永生难忘的岁月一直留在我们的记忆深处。

# 第七章

# 关于人生交往的思考

交往是人类的基本需要，从古至今，人们都极为重视交友之道。与人交往，以礼相待，以诚相见，这是交往的前提。通过交往，建立信任，结交朋友，继而分享喜悦，分担忧愁。

一死一生，就知道了交情的深浅；一贫一富，就知道了交友的态度；一贵一贱，交友的真情自然可见。

——《汉书》

# 主动出击建立人脉

美国石油大王洛克菲勒在谈到人际关系问题时说："应付人的能力也是一种可以购买的商品，正如糖或咖啡一样。我愿意支付酬金购买这种能力，它比世界上任何别的东西都有用得多。"为什么人际关系问题受到人们如此重视？这是因为没有任何一个人可以脱离社会而独自生存，也没有任何一种事业可以只靠孤军奋战而实现成功，所以能否更好地处理与他人之间的关系常常成为人们能否成功的决定性因素。

在好莱坞流行一句话："一个人能否成功，不在于你知道什么，而是在于你认识谁。"卡耐基训练区负责人黑幼龙指出，这句话并不是叫人不要培养专业知识，而是强调："人脉是一个人通往财富、成功的门票。"人脉即财脉，它是一个人取得成功的关键，也是今后事业发展的基础。

那么，在现实生活中，如何建立良好的人脉呢？

第一，朋友介绍：扩展人脉链条。根据美国人力资源管理协会与《华尔街日报》共同针对人力资源主管与求职者所进行的一项调查显示，95%的人力资源主管或求职者分别透过人脉关系找到了适合的人才或工作，而且61%的人力资源主管及78%的求职者认为，这是最有效的方式。前程无忧网也曾经做过"最有效的求职途径"调查，其中"熟人介绍"被列为第二大有效方法。

所以，根据自己的人脉发展规划，可以列出需要开发的人脉对象所在的领域，然后要求你现在的人脉支持者帮助寻找或介绍你所希望认识

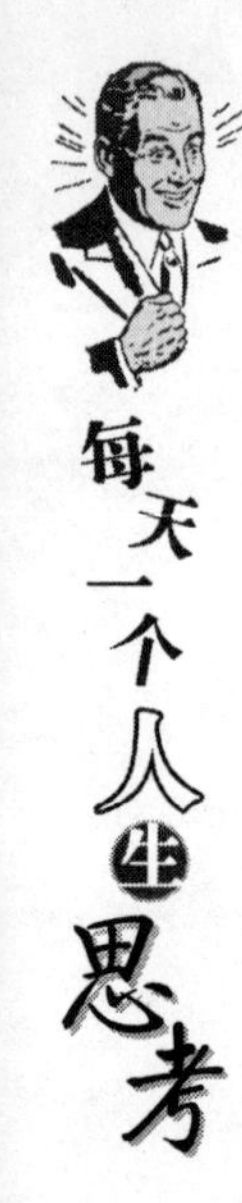


的人脉目标，创造机会采取行动。

第二，参与社团：走出自我封闭的小圈子。想要扩展公司、单位以外的人脉，扩大交友范围，借助“虚拟团队”的力量很重要，即通过社团活动的开拓来经营人际关系。在平常，太过主动接近陌生人时，容易引起对方的反感，会遭到拒绝，但是通过参与社团活动，人与人的交往将更加顺利，能在自然状态下与他人建立互动关系，扩展自己的人脉网络。而且人与人的交往，在自然的情况下发生往往有助于建立情感和信任。

如果参加某个社团组织，最好能谋到一个组织者的角色，理事长、会长、秘书长更好，这样就得到了一个服务他人的机会，在为他人服务的过程中，自然就增加了与他人联系、交流、了解的时间，人脉之路也就在自然而然中不断延伸。

第三，利用网络：廉价的人脉通道。互联网的普及，让我们有机会认识更多的朋友。如果你的交际圈并不宽广，那么网络就是你结识志同道合朋友的天地，是一条廉价的人脉通道。

第四，处处留心皆人脉：学会沟通和赞美。想成为一名优秀人才，要善于学会把握机会，抓住一切机会去培育人脉资源与关系。参加活动，要多与他人交换名片，利用休会的间隙多聊聊；在外出旅行过程中，善于主动与他人沟通等。

### 附录：人脉小测试

下面是一个有趣的小测验，看看你的人脉指数如何。请完成下列问题：

1. 你对身边同事的基本情况：

A. 非常熟悉　B. 比较熟悉

C. 有些人不太熟悉　D. 大都不太熟悉

2. 每一次重要的聚会，你会：

A. 十分关心主题及内容　B. 对一切都无所用心

C. 顺其自然　D. 非常专注于到场的某些人

3. 朋友介绍别人与你认识时，你通常表现得：

A. 非常高兴并认真地听介绍　B. 不住地打量并不是询问有关情况

C. 很自然也很平淡　D. 随后马上主动联系

4. 同事有急事向你求援，而你手头正有差事，你会：

A. 不耐烦，断然回绝　B. 不假思索，爽快答应

C. 面露难色，婉言解释　D. 不坦诚实情，提出建议

5. 对朋友，你会：

A. 有事相求时才会联络　B. 偶尔联络

C. 从不联络　D. 经常联络

6. 职场以外遇见同事时，你会：

A. 微笑示意　B. 主动问好

C. 没有反应　D. 不理不睬

7. 同事做了错事遭到上司批评后，你会：

A. 不太关心　B. 数落不是

C. 上前安慰　D. 向他人转述

8. 与同事有误会时，你会：

A. 第一时间找同事解释　B. 找机会向同事解释

C. 不想解释，认为时间会解释一切　D. 认为同事小心眼，爱咋咋的

9. 与人发生矛盾后，你会：

A. 主动诚恳道歉　B. 都是别人的错

C. 认为是小事一桩，不必在意　D. 从此有意生疏

10. 与人交流，你习惯于：

A. 是非感极强　B. 坚持自己的观点

C. 不刻意地自然交流　D. 特别重视别人的看法

记分方法：选 A 得 9 分；选 B 得 7 分；选 C 得 5 分；选 D 得 2 分。

分数解释：





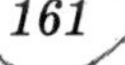

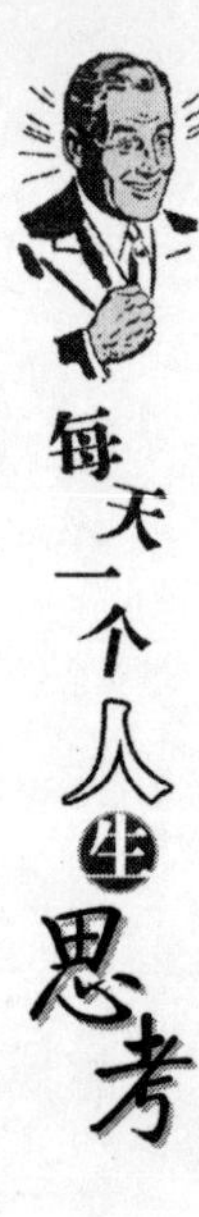

50 分为人脉均衡中值。

40～60 分之间：人脉状况较为理想，对人对己比较客观、平和。你所需要做的是如何保持和维系。

低于 40 分：表明你与人交往时，重结果甚于重过程，容易使人产生戒备，需要减持功利心。

高于 60 分：说明你有较强的自我倾向，容易影响与他人的深度融入，需要你保持一份低调，多给人一些自由。

如果你是一个善于主动出击，编织人脉网的人，请继续发挥你的优势；如果你并不善于人际关系，请立刻寻求改变，因为人脉是最大的财富，只有主动出击，才能寻找到生命中的贵人。

# 寻找生命中的贵人

李嘉诚说过：良好的品德是成大事的根基，成大事的机遇是靠遇到贵人。的确，机遇和贵人一样难求，如有幸遇到，则是人生之大幸。

春秋战国时期，齐国的管仲辅佐齐国国君齐桓公成为春秋时代的第一位霸主。管仲之所以能够成功，他的忠诚兄弟鲍叔牙发挥了重要作用，成了他前途上的贵人。

管仲曾经为了帮助公子纠与齐桓公争夺齐君之位而暗杀过齐恒公。鲍叔牙劝齐桓公，如果想当天下的霸主，就要放弃私仇，拜曾经伤害过自己的仇人管仲为相。结果，齐桓公相信了鲍叔牙，管仲才得以出人头地。

人生不可无贵人，在每个人的人生旅程中，除了具备良好的做人品德，还需要有成就大业的基础和能力，它包括知识、人脉、经验、眼界、驾驭事业的能力，当然，还需要很多贵人的协助。贵人不一定是比你权力大、地位高、财富多的达官显贵。在你的上司、同事、朋友、下属、竞争对手中也常常有你的贵人，或许他们就是帮助你扭转乾坤、改变命运的人。

人生中不可无贵人，贵人之所以“贵”，是他们能在某些方面给你帮助和指点。

人生中不可无贵人，只要你用心去留意、去观察、去把握，只要你学会对每个人热情相待，学会把每件事做到完美，对每一个机会都充满感激，并随时与你周边的人保持亲密的关系，贵人就会在无意之中、在你需要的时候、在你陷入困境时来到你的身边。

人生不可无贵人，成功的道路坎坷难走，在成功的道路上拥有广泛的人际关系，积累你的“人际储蓄”，你就有更大的机会获得贵人的相助。只有让贵人赏识你、信任你、认识你，你才能赢得贵人的帮助，从而在自己选择的道路上架起一座通往成功的桥梁。

当你受到挫折时，那是贵人在考验你的能力；当你实现目标时，那是贵人扶助你的结果。

现实生活中，当事业尚未得到较大发展之时，或是决定胜负的关键时刻，甚至是在落魄的时候，有人给予一臂之力，这样的人才是我们人生最重要的贵人。

因此，请善待你身边的每一个人，在你的生命中，帮助你、使你走向成功的贵人，往往就在这些人中间。为了你的生活和事业，你一定要找到你生命中的支持者，并小心翼翼地对待他。毕竟，有支持你生命的贵人相助，你才能少走弯路，最终获得成功！

**1892 年当查尔斯·杜里发明美国第一辆汽车后，福特深受启发，也进一步激发了他研究“自动马车”的决心。1896 年春天，他终于在工作之余制造出了他自己的第一辆汽车。这辆汽车性能较先进，1899 年他又制造出 3 辆这种汽车。同年年底，底特律汽车公司成立。福特担任制造方面的负责人。然而由于缺乏经验，工人专业素质又很低，该公司不堪重负，于 1900 年倒闭。**

**不甘心失败的福特四处寻找投资人，准备东山再起。1901 年，在一批经销商的支持下，福特创办福特汽车公司。由于他将主要精力耗费在赛车研制上，经销商对这种没有商业价值的**

车型不感兴趣，加上雇来的工人技术水平太低，加工的零件无法达到设计要求，所以产品销售不出去。1902 年福特汽车公司宣布倒闭。

虽然两次创办汽车公司都失败了，但福特并没有失去信心，他始终相信自己有一天能成功。于是，他继续努力寻找新的合作伙伴，准备重新开始。然而，由于前两次失败的负面影响，大家已不再信任他，不愿再给他投资。

不过，福特并没有灰心，他跳过汽车和相关的行业，转向其他行业寻找投资者。功夫不负有心人，在他努力下，煤炭商马尔科逊同意与他合作，创办汽车公司。1903 年初，福特在马尔科逊的支持下，福特—马尔科逊汽车公司成立，当时股本总额为 10 万美元，现金资本只有 2.8 万美元，福特与马尔科逊各持 25%的股份，其余为一些小股东。

不久公司更名为福特汽车公司，吸取前两次教训，将经营方向集中在市场所需求的大众化汽车上并且聘用经验较为丰富的技工。这一次他没有重蹈覆辙，企业逐步走向正规划发展轨道。1923 年，福特公司达到鼎盛时期，当年产量占美国汽车总量 57%，全世界一半以上汽车来自于福特汽车公司。

没有贵人的相助福特无法取得如此成就，福特凭借自己的努力，寻找到能够助他一臂之力的贵人相助，成就了他日后的辉煌。

有人说贵人可遇不可求，其实贵人就在我们身边，每个人都可能成为你生命中的贵人。因此，善于寻找生命中的贵人，就能早日敲开成功之门。



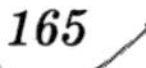

# 自我推销实现价值

无论是谁，要想实现自己的价值，实现人生理想，就要学会自我推销，让更多的人认识你、了解你，进而结识形形色色的人，编织你的人际关系网。

古人范睢就是很好的例子。范睢本是一介落魄文人，因一次成功的自我推销，他和秦昭王进行了一次秘密会谈，从而飞黄腾达，并为秦国的统一大业奠定了深厚的基础。

范睢的自我推销术可以说达到出神入化的境界，现在看来仍然让人佩服不已，对于现代人有很好的借鉴作用。范睢的推销方法主要分为四个步骤：

第一，先声夺人。当秦昭王准备召见他时，他就大声宣布："只知有太后和穰侯，不知有大王。"正是他这一尖锐而大胆的观点，不但说中了秦王的心病，激发了争权夺势的政治野心和称霸天下的雄心，而且让秦王对这个口出狂言的书生刮目相看并引起了高度的重视，才有了后来的促膝长谈。

第二，欲擒故纵。在初见秦王的时候，范睢深谙世人的好奇心理，连续用"唯唯诺诺"的方法保持了一种神秘感，而这样的神秘感有两个好处：一是自己的观点属于离间骨肉，必须保密才能保命；二是只有保持神秘感，才能提起秦王的兴趣，进而更好地表达自己的意见。果然，秦王上钩，从此中国历史改写。

第三，察言观色。范雎的目的是自我推销，所以他时刻观察着秦王的表情变化，当秦王开始有点不耐烦地说“先生不幸教寡人乎?”的时候，范雎立刻放下架子开始认真讲话。他深知如果自己的架子摆过头，同样前途暗淡，永无出头之日。现实生活中，很多人在向领导汇报时，口若悬河滔滔不绝，急于邀功，而看不见领导已经显出不耐烦的情绪，导致事倍功半的效果。

第四，推心置腹。纵观范雎和秦王的对话，不管是对古人的评价还是对时局的分析，范雎讲的都是实话、真话、知心话，没有一句虚伪的话。因此，推心置腹的谈话才是自我推销的根本。

在现实生活中，我们常常会看到这样的现象，有些人才华横溢，但是找不到理想的工作；有些人工作勤勤恳恳，颇有成效，但得不到上司的赏识。于是他们开始叹世道的不公，叹英雄无用武之地，其实并不是他们没有能力，而是他们不会推销自己，从而埋没了自己的才能。

在现代社会中，推销自己真的很重要，人人都需要成为推销员。不论你从事何种职业，你都是一位推销自己的推销员，你随时都在向别人推销你的观点和意见，其主要目的就是使别人认同你、接受你、欣赏你。推销自己，说得再简单一些就是展示自己，这和吹嘘自己是完全不同的。你的言谈举止、社交礼节、学识修养的展示，不仅使别人对你的言行产生一定的印象，也使你能更有效地改进自己，顺应社会。

成功的自我推销，关键是要在他人面前塑造一个良好的自我形象。而要塑造出一个良好的自我形象，不仅仅是让别人知道自己具有一定的才干和学识、较强的工作能力与某方面的特长，同样重要和特别重要的，是必须让别人对自己的为人、作风以及对工作的态度感到满意。所以，推销自己，又不能过分地夸耀自己，那样，只能给人一种华而不实、浮浅的现象。一个狂妄自大的人，对工作挑三拣四，动不动就提要求的人，是很难让人相信他能把工作做好的。事实也证明，那些在用人单位面前摆出一副居高临下的姿态，以为自己很有能耐，是“天之骄子”、“皇帝的女儿不愁嫁”的人，那些公民意识薄弱、缺乏服务精神、一切都以自

我为中心，侈谈“自我实现”的人，都是令人失望的。这样的自我推销是注定要失败的。

推销自己与我们的生活紧密相连，你会发现，生活中的每一个环节，都需要发挥推销的功能。例如，向恋人推销自己的感情，向老板推销提案，向出版社推销自己的作品等。在生活中，我们每天都面临着推销自己。当你学会了推销自己，你也就几乎可以推销其他任何值得拥有的东西。在工作中，我们需要向领导推销自己的能力，展示自己的才华，只有成功地把自己展示给领导，让领导发现你的能力，才有机会被提拔、重用。

现实生活中，几乎在所有的领域，成功都与自我推销能力以及博取别人承认自己的工作能力密切相关。不管是要求提高工资，还是争取预算，自我推销对成功都起着至关重要的作用。

因此，如果你有实力让人了解你，信任你，这没有什么不好。努力推销自己吧，一个倡导推销自己的时代已经来临。

那么，如何成功地自我推销，进而实现自身价值呢?

方法一：自我推销就要学会说话。

一个人想成功地将自己推销出去，就应该实事求是，要善于把握对方的心理，更要打好口才这张王牌，要知道自己该怎么说话，不能夸大其辞，否则，话一出口就没办法收回了。

方法二：学会用寒暄打开第一道难关。

自我推销的第一道难关就是与对方的初次见面。通常，第一印象的好坏直接影响到你推销的成功与否。寒暄则是自我推销时与对方开始沟通和交流的最常用的方法。必要的寒暄是推销自己的第一个关键，大家要善于把握寒暄的时机。例如男女间的第一次约会，男方应主动跟女方打招呼、寒暄，大胆地用一些甜言蜜语打开对方的心扉。

方法三：为你的推销找一个好话题。

当你与对方初次见面时，除了对方对你的第一印象，还需要你善于寻找一个可以吸引对方的好话题，那么，话题与口才完美结合在一起，才能达到自我推销的预期目的。

方法四：激发兴趣。

激起他人的兴趣是一个较复杂的技巧。如果学习方法正确的话，你很快就能做到。对于一对一的个人推销，激起他人兴趣的最好方法就是让他对你感兴趣。你可以通过倾听，提问这些动作来表示你对他提到的话题很感兴趣，让人感觉到你很重视他。想想当你在做事情的时候，有人在全神贯注地注意你，你是否会觉得他很特别？毕竟，他很认真地在倾听你说的每一个字。

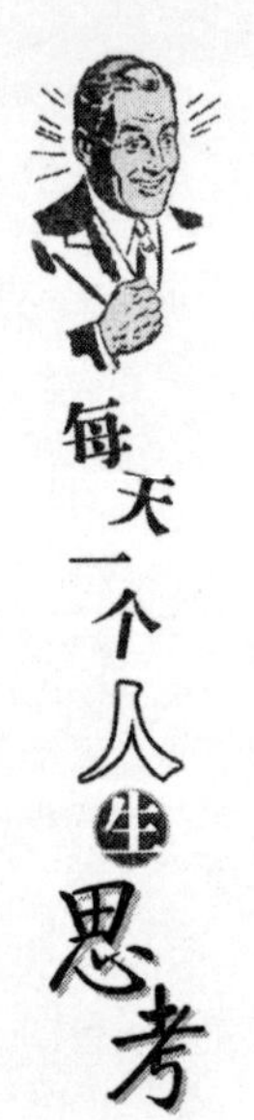

## 良好人缘赢得成功

现实生活中，良好的人缘会让你赢得一切：成功的事业、美满的生活，它是一切幸福的基础。那么，好人缘为何如此重要呢？其实不难理解：一个人缘不好的人，大小事情只能靠自己去做，即使能力再强，又能做多少事？

再者，人处于社会之中，生活工作离不开与人交往，没有良好的人际关系，便无法获得别人的帮助与支持，甚至会处处遇到阻挠；反之，一个善于交往并且人缘很好的人，就算他能力平平，但别人都愿意帮助他，从而事事顺利，也就很容易达到目的。

做事先做人，凡事既要遵守游戏规则，也要讲究世故人情。好人缘让你在复杂的人际关系中如鱼得水，助你成就事业，获得健康快乐的生活。

以前住的地方，住着一位慈眉善目的高龄老人。他的老伴儿早年去世，儿女们各自成家立业后搬了出去，一个月难得回家几次，剩下老人一人独居。然而老人却不像一般独居者那样忧郁孤独，病病怏怏，身体硬朗的他每天总是乐呵呵地忙碌着。每天下班回来，不是遇见老人在打扫楼梯，就是在楼下与人下棋、聊天。老人生活极有规律，每天早起到附近学校与老友一起打乒乓球，锻炼身体，然后回来吃早点，打扫房间，之后骑车到市老年大学学习书画。儿女们看他年岁大了，要给他请个保姆，他硬是不让，说自己一个人习惯了，有个外人住进来与他一起生活反而不自在。

住在这个小区的人没有人不认识老人的，不管老人还是孩子，男人还是女人，遇见老人都热情地跟他打招呼，而老人总是笑嘻嘻地应答着，一脸的满足。楼下的张大妈看着老人的背影感慨地说："老头这么健康长寿，跟他的好人缘是分不开的。"

通过观察不难发现，人缘好的人都有无私奉献的精神和坦荡的胸襟。与邻里亲朋及同事相处总是以礼相交，以诚待人。总是抱着"宁让人负我，我不负人"的信念真诚地与人相处，别人有难事，总是尽力相帮，从不瞻前顾后，总是待人热情周到。否则，鸡肠小肚，爱与人计较，当面说好话，背地拆人台，必然使自己陷入不义的尴尬境地，对人对己都没有好处。另外，好人缘者宽阔的胸襟，正是健康长寿的第一要素，因为遇事想得开，才少了许多烦恼。

好人缘者，也会有极强的免疫力。由于与周围的人相处得和谐、友好，心地坦荡，光明正大，心情整天处在愉快之中，没有不良情绪的困扰，其内循环系统会处于最佳状态：血流畅通无阻，呼吸畅达顺气，神经兴奋恰到好处，新陈代谢旺盛，抗病免疫能力更强更持久，这样，无疑更利于自身的养生保健。可见，好人缘之利于健康长寿，比任何"良药"都更有效。

除此之外，好人缘更是获得成功的基石。

1860年，在和富有的道格拉斯同时竞选总统时，不具备显赫身世和雄厚资本的林肯对选民们说："我有一位妻子，三个儿子，都是无价之宝。此外我还租有一间办公室，室内有一张桌子，三把椅子，墙角有一个大书柜，柜子里的书，都值得大家一读。我实在没有什么可依靠的，唯一可以依靠的，就是你

们。”林肯发自内心的演讲，赢得了千百万美国人的心。他最终也登上了总统宝座。看看，这就是好人缘的巨大魔力。

良好的人缘决定一个人的成败，也决定了他的生活快乐与否。你处理身边人际关系的能力，决定着你的事业与生活。

有一个古老的故事，讲的是一个年轻人到外地谋生，想在一个村里定居，于是打算了解一下这个村子的情况。他找到一位老人，请他介绍一下村庄的情况。老人先问他：“年轻人，你自己的家乡好吗？人们和睦吗？”年轻人说：“我的家乡很差，山穷水恶，人们自私自利，我就是忍受不了那里的生活，于是选择离家出走！”老人回答说：“年轻人，我这个村子跟你的家乡一样，不会给你带来好处的，你还是走吧！”于是年轻人走了。

过了些日子，又来了一位谋生的年轻人，也找到这位老人了解村子的情况，老人问了同样的问题，这位年轻人答道：“我的家乡山清水秀，人们互相帮助，互相尊敬，安居乐业。”老人回答：“年轻人，我这个村子跟你的家乡一样，你会在这里过得很快乐的，请你留下来吧！”

原来，这个老人是一位智者，他很清楚村庄本来没有好坏，一切好坏都决定于人自己处理人际关系的能力，一个没有好人缘的人无论他走到哪里都一样。

现代社会发展迅速，对于合作的要求越来越高，一个没有好人缘的人是无法与人合作的，必定被社会所淘汰。那么，如何培养良好的人际关系呢，如何成就好人缘呢？下面的方法或许对你有所帮助：

(1) 相互尊重。俗话说：“种瓜得瓜，种豆得豆。”把这条朴素哲理运用到社会交往中，可以说，你处处尊重别人，得到的回报就是别人处处尊重你，尊重别人其实就是尊重你自己。

（2）尽心竭力地帮助别人。人是需要关怀和帮助的，所以，当别人身处困境时，伸出你的援手，会让别人倍感温暖，他们也会视你为真正的朋友、最好的朋友。

（3）心存感激。生活中，人与人的关系最为微妙，对于别人的好意或帮助，如果你感受不到，或者冷漠处之，很可能生出种种怨恨。因此，多想想别人给予的帮助，心存一份感恩之情，你也将因此获得更好的人际关系。

（4）同频共振。俗语说："两人一般心，有钱堪买金；一人一般心，无钱堪买针。"声学中也有此规律，叫"同频共振"，就是指一处声波在遇到另一处频率相同的声波时，会发出更强的声波振荡，而遇到频率不同的声波则不然。人与人之间，如果能主动寻找共鸣点，使自己的"固有频率"与别人的"固有频率"相一致，就能够增进友谊，结成朋友，发生"同频共振"。

好人缘为你赢得成功：事业、生活、幸福、健康……一切的一切，皆因你的良好人缘而顺畅。如果你还不能处理好人际关系，如果你的人缘还不够理想，那么赶快行动吧，用你的真心去打动别人，用你的行动去实现良好的人际关系吧。

不过，获得好人缘并不是让你对于他人的要求不论对错一概接受，对于力所不及的事也要学会拒绝，只要注意拒绝的方式即可。在下一节中，我们就将讨论拒绝的艺术。



### 附录：你有好人缘吗？

1. 你和朋友们在一起时过得很愉快，是不是因为：

A. 你发现他们很有趣，既爱玩又会玩

B. 朋友们都很喜欢你

C. 你认为你不得不这样做

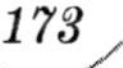

2. 当你休假的时候，你会：

A. 很容易交上朋友

B. 比较喜欢自己一个人消磨时间

C. 想交朋友，但发现这不是一件很容易的事

3. 当你安排好见一个朋友，但你又感到很疲倦，却不能让朋友知道你的这种状况时，你会：

A. 希望他会谅解你，尽管你没有到朋友那儿去

B. 还是尽力去赴约，并试图让自己过得愉快

C. 到朋友那儿去了，并且问他如果你想早回家，他是否会介意

4. 你和朋友的关系一般能维持多长时间?

A. 一般情况下有不少年

B. 有共同感兴趣的东西时，也可能一起呆几年

C. 一般时间都不长，有时是因为迁居别处

5. 一位朋友向你吐露了一个非常有趣的个人问题，你会：

A. 尽自己最大努力不让别人知道它

B. 根本没有想过把它传给别人听

C. 当朋友刚离开，你就马上找别人来议论这个问题

6. 当你有问题的时候，你会：

A. 通常感到自己完全能够应付这个问题

B. 向你所能依靠的朋友请求帮助

C. 只有问题十分严重时，才找朋友

7. 当你的朋友有困难时，你会发现：

A. 他们马上来找你帮助

B. 只有那些和你关系密切的朋友才来找你

C. 通常朋友们都不会麻烦你

8. 你要交朋友时，你会：

A. 通过你已经熟识的人

B. 在各种场合都可以

C. 仅仅是在一段较长时间的观察、考虑，甚至可能经历了某种困难之后才交朋友的

9. 在下面三种品质中，哪一种你认为是你的朋友应该具备的：

A. 使你感到快乐和幸福的能力

B. 为人可靠、值得信赖

C. 对你感兴趣

10. 下面哪一种情况对你最为合适，或者接近你的实际情况：

A. 我通常让朋友们高兴地大笑

B. 我经常让朋友们认真地思考

C. 只要有我在场，朋友们会感到很舒服、愉快

11. 假如让你应邀参加一次活动，或者在聚会上唱歌，你会：

A. 找借口不去

B. 饶有兴趣地参加

C. 当场就直率地谢绝邀请

12. 对你来说，下面哪个是真实的？

A. 我喜欢称赞和夸奖我的朋友

B. 我认为诚实是最重要的，所以我常常不得不持有与众不同的看法，我讨厌鹦鹉学舌

C. 我不奉承但也不批评我的朋友

13. 你是否发现：

A. 你只是同那些能够与你分担忧愁和欢乐的朋友们相处得很好

B. 一般来说，你几乎和所有人都能相处得比较融洽

C. 有时候你甚至和对你漠不关心、不负责任的人都能相处下去

14. 假如朋友对你恶作剧，你会：

A. 跟他们一起大笑

B. 感到气恼，但不溢于言表

C. 可能大笑，也可能发火，这取决于你的情绪

15. 假如朋友想依赖你，你有什么想法？

A. 在某种程度上不在乎，但还是希望能和朋友保持距离，有一定的独立性

B. 很不错，我喜欢让别人依赖，因为我是一个可靠的人

C. 我对此持谨慎的态度，比较倾向于避开可能要我承担的某些责任

记分方法：

1. A记3分；B记2分；C记1分

2. A记3分；B记2分；C记1分

3. A记1分；B记3分；C记2分

4. A记3分；B记2分；C记1分

5. A记2分；B记3分；C记1分

6. A记1分；B记2分；C记3分

7. A记3分；B记2分；C记1分

8. A记2分；B记3分；C记1分

9. A记3分；B记2分；C记1分

10. A记2分；B记1分；C记3分

11. A记2分；B记3分；C记1分

12. A记3分；B记1分；C记2分

13. A记1分；B记3分；C记2分

14. A记3分；B记1分；C记2分

15. A记2分；B记3分；C记1分

分数解释：

36～45分：你对周围的朋友都很好，你们相处得不错。而且，你能够从平凡的生活中得到很多乐趣。你的生活是比较丰富多彩而且充实的，你很可能在朋友中有一定的威信，他们很信任你。总之，你会交朋友，你的人缘很好。

26～35分：你的人缘不怎么好，你和朋友们的关系不牢固，时好时坏，经常处于一种起伏波动的状态中，这就表明，一方面你确实想让别人喜欢你，想多交一些朋友，尽管你作出很大努力，但是别人并不一定喜欢你，朋友跟你在一起可能不会感到轻松愉快。你只有认真坚持自己的言行，虚心听取那些逆耳忠言，真诚对待朋友，学会正确地待人接物，你的处境才会改变。

15～25分：那就太糟糕了！你很可能是一个孤僻的人，思想不活跃、不开朗、喜欢独来独往。但是，这一切并不意味着你不会交朋友，更不能武断地说你人缘差。其主要原因在于，你对于社交活动，对人和人之间的关系不感兴趣。但是，请你记住，一个人生活在社会中，就不可能不和人交往，认识到这一点，你就会积极地改善自己的交友方式了。



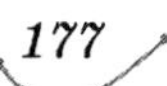

# 交往艺术学会拒绝

现实生活中，如果不会拒绝别人，你的生活会变得十分疲惫。一个不懂得拒绝别人的人，也就是答应了别人的全部要求，如果你不能履行承诺，则会被别人所埋怨。即使你兑现了承诺，你的生活也会因此变得疲惫不堪。

现实生活中，万能的人是不存在的。尽管你心肠很好，当他人有求于你时，也只能而且必须遵循量力而行的原则；办不到、办不好的事不想法拒绝而硬着头皮接受下来，你的初衷和结果将会发生很大反差。人们求助于你而被你接受时，他就将成功的希望寄托在你身上。要是办到了，一好百好；要是你不量力而行勉为其难地接受，不啻是“顶着石臼做戏”，就会给自己带来种种麻烦和苦恼，甚至会因此耽误了他的事，而使他恼怒。给人留下“吹牛”、“自夸”的不良印象。因此，当他人有求于你时，你必须有自知之明，力所不能及的事一定要果断、诚实地加以拒绝。这不仅可以不致给自己造成麻烦，而且是对他人负责的态度，可以让他另找途径去解决。不耽误人家的事，也是一种美德。

拒绝是一门学问，有些时候，我们本想拒绝，心里很不乐意，但却点了头，碍于一时的情面，却给自己留下长久的不快。所以，我们学好它至关重要，有利于提高我们的工作效率和生活质量。

学会拒绝是一种美德。学会拒绝是为了不让太多的人受伤害，学会拒绝是对自己和他人负责，对生命本身负责。不会拒绝的人只是一种任性，是对自己感情的放纵，对自己和别人的放纵，放纵总会产生误解，误解滋生伤害，伤害酿造悲剧，悲剧会毁灭人生。

学会拒绝是一种能力。拥有了这种能力会让我们懂得如何选择、如何拥有自己想要得到的幸福。人之初性本善。学会拒绝这种能力需要我们在成长的历程中慢慢地培养，让我们对人对事左右逢源，天天都有幸福的笑脸。

学会拒绝是一种精神。灵魂产生精神，精神丰富着灵魂。我们每个人都在精神的指导下过着自己的生活，走着自己的人生路。没有精神的民族是危险的，没有精神的人是空虚的。把学会拒绝也当作是自己为人处世的一种精神，用这样的精神武装自己的灵魂，你会得到更多的心里平静。

学会拒绝是一项资本。人活着就是在不断地创造和积累着资本。没有资本不可能有实现自我价值的可能性。物质资本不可少，精神资本更为重要。学会拒绝让我们果断地处事，果断地走着自己的路。学会了拒绝让我们更加幸福。

学会拒绝还是一门艺术。生活是一门艺术，我们每个人都是生活的艺术家，要懂得设计自己的生活。把学会拒绝当作是自己生活的一门艺术，既不伤害别人也不伤害自己，让自己和他人都快乐幸福。爱要爱得幸福，恨要恨得潇洒。赢要赢得快乐，输也要输得洒脱。

拒绝要讲究艺术。人家满怀希望、带着信任而来，你却只给人家一个“不”字，岂不像给人家泼了一盆凉水？值得注意的是，“林子大了，什么样的鸟都有”。当有人向你提出于情理、特别是于法规不合的要求时，你即使有“能力”也必须拒绝，个中道理不必赘述。随着社会发展，各种关系日趋复杂，这也就越来越迫切地要求我们学会“拒绝”这一种人与人的交往方式。

日常生活中，在拒绝别人时，一定要讲究方法，不可随性蛮干。

这里有一个关于我国著名画家启功先生间接拒绝的故事。



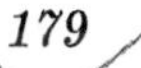

启功先生是我国著名的书法家，在20世纪70年代末向他求学、求教的人就已经很多了，以致先生住的小巷终日脚步声和敲门声不断，惹得先生自嘲曰："我真成了动物园里供人参观的大熊猫了！"有一次先生患了重感冒起不了床，又怕有人敲门，就在一张白纸上写了一句话："熊猫病了，谢绝参观；如敲门窗，罚款一元。"先生虽然病了，但仍不失幽默。此事被著名漫画家华君武先生知道后，华老专门画了一幅漫画，并题云："启功先生，书法大家。人称国宝，都来找他。请出索画，累得躺下。大门外面，免战高挂。上写四字，熊猫病了。"这件事后来又被启功先生的挚友黄苗子知道了，为了保护自己的老朋友，遂以"黄公忘"的笔名写了《保护稀有活人歌》，刊登在《人民日报》上，歌的末段是："大熊猫，白鳍豚，稀有动物严护珍。但愿稀有活人亦如此，不动之物不活之人从何保护起，作此长歌献君子。"呼吁人们应该真正关爱老年知识分子的健康。

大家看了这则故事一定会发出会心的微笑，但是在微笑之后大家是否还会感到一点苦涩呢？诚然，作为启功先生是不得已而为之，因为他的身体实在支撑不起。那么，直截了当地拒绝人们的所求这又不符合先生做人处世的原则，所以最后才采用了幽默式的拒绝方式，亦可以称之为无奈地拒绝。现实生活中，不同的拒绝方式给人的感受是不同的，有的拒绝能让人接受和理解，而有的拒绝则使人仇视和反感。可见，同是拒绝，还是应该多注意些方式，多讲究些艺术。

因此，如果你想学会拒绝这门艺术，以下几点你不可不知：

(1) 不要立刻就拒绝：立刻拒绝，会让人觉得你是一个冷漠无情的人，甚至觉得你对他有成见。

(2) 不要轻易地拒绝：有时候轻易地拒绝别人，会失去许多帮助别人，获得友谊的机会。

(3) 不要盛怒下拒绝：盛怒之下拒绝别人，容易在语言上伤害别人，让人觉得你一点同情心都没有。

(4) 不要随便地拒绝：太随便地拒绝，别人会觉得你并不重视他，容易造成反感。

(5) 不要无情地拒绝：无情地拒绝就是表情冷漠，语气严峻，毫无通融的余地，会令人很难堪，甚至反目成仇。

(6) 不要傲慢地拒绝：一个盛气凌人、态度傲慢不恭的人，任谁也不会喜欢亲近。何况当他有求于你，而你以傲慢的态度拒绝，别人更是不能接受。

(7) 要能婉转地拒绝：真正有不得已的苦衷时，如能委婉地说明，以婉转的态度拒绝，别人还是会感动于你的诚恳。

(8) 要有笑容地拒绝：拒绝的时候，要面带微笑，态度要庄重，让别人感受到你对他的尊重、礼貌，就算被你拒绝了，也能欣然接受。

(9) 要有代替地拒绝："你跟我要求的这一点我帮不上忙，我用另外一个方法来帮助你"，这样一来，他还是会很感谢你的。

(10) 要有出路地拒绝：拒绝的同时，如果能提供其他的方法，帮他想出另外一条出路，实际上还是帮了他的忙。

(11) 要有帮助地拒绝：也就是说你虽然拒绝了，但却在其他方面给他一些帮助，这是一种慈悲而有智慧的拒绝。

# 第八章

# 关于人生心态的思考

马斯洛说过：心态若改变，态度跟着改变；态度改变，习惯跟着改变；习惯改变，性格跟着改变；性格改变，人生就跟着改变。从马斯洛的话中可以看出，改变心态是第一位的。拥有良好的心态，健康的身体、成功的事业、幸福的生活也将随之而来……

## 健康心态阳光人生

心态对于一个人身体健康来说是非常重要的，生活中人们往往注意营养保健，锻炼身体，但是却往往忽视心态对自身健康的影响。其实，心态对于身体健康非常重要，有良好的心态，百病不容易沾身；心态不好的时候，无病也会生病；有良好的心态，即使得病了也会得到有效的控制和缓解；心态不好的人，知道生了重病，病情必定恶化得非常迅速。

现代社会的节奏越发紧凑，社会中每个人都担负着不同的生理和心理压力。如果长期遇到麻烦事需要独自承担，这种心理紧张性刺激就会在体内存在并缓慢发展，这不仅会削弱人体的各项功能，还可能导致某些类型的神经元的损伤。这从一个方面告诉人们，一定要设法保持良好的心态，才对得起自己的身体。

拥有良好的心态，才能拥有阳光人生。一个人的心情、心态和精神状况，可以左右自己的健康！这是生物化学反应在人们身体上的作用。下面简单举例：

春秋时期，有个“伍子胥一夜急白头”的故事，他的白头发就是急出来的。这是他当时焦急心情和紧张的精神作用的结果。三国时期还有个“诸葛亮三气周瑜”的故事，周瑜因为心胸狭窄、嫉贤妒能而致剑伤复发，吐血身亡。

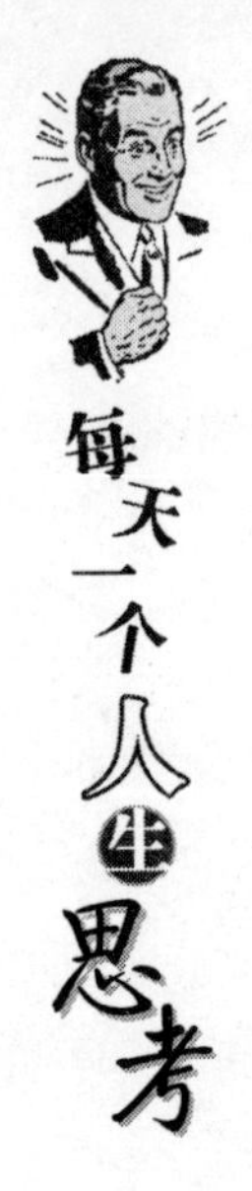


俗话说："笑一笑，十年少"，看似普通的一句话却蕴含着亘古不变的真理，充分说明好的心态对于人的健康是多么重要。改变心态便能改变生活，自己丰富才能感知世界的丰富；自己好学才能感知世界的新奇；自己善良才能感知世界的美好，自己坦荡才能逍遥地生活在天地之间。长寿的人大多都是心态好的人，比如无论什么时候都是笑呵呵的弥勒佛。

保持平和的心态非常重要，孔子说：仁者寿。就是气以宽厚者寿，言以简默者寿，质以慈良者寿。一个人淡泊明志，就能宁静致远，不以物喜，不以己悲。在达观宁静的心境下，人体自身的免疫力、代偿力、康复力得到最佳组合，各项机能阴阳平衡，和谐运行，精、气、神、形达到最佳境界，心境如"千江有水千江月，万里无云万里天"一样地明澈。心灵平静了，心理就平衡了，生理就稳定，病理就不发生，即使发生了，也能很快恢复平衡，这样也就保障了身体的健康。

心灵的承载负重能力是有限度的，健康的心态是事业成功的前因。充沛的精力和良好的心态是取得成功的保障，而随时际遇的琐事都会影响人的思维和心态，及时调整好心态是极为重要的，理不顺关系，就会涉及到心理健康的发育，影响到心理素质的培养，影响到工作学习，影响到以后的人生路。

心理素质不稳定的人，遇事后急躁且脾气也焦躁，在患得患失的情感支撑下萎靡不振，在猜忌、猜疑、猜想的阴霾中钻进牛角尖里，在痛苦中煎熬自己的灵魂，寻觅不到释放情感的乐园。而心态好的人心理素质健康稳定，笑逐颜开地生活，笑容可掬地处事，是一笑泯恩仇、化干戈为玉帛的快乐鸟，喜爱与人交流情感是他们的专利特长，他们懂得适时释放且善于及时调整心态。

世界卫生组织预测，21 世纪全球每五人中有一人将会出现不同程度的心理障碍。联合国专家甚至认为，到 21 世纪中叶，没有任何一种灾难能像心理危机那样，带给人们持久而深重的痛楚。人是一个极其复杂的机体，中医学认为：人有喜、怒、忧、思、悲、恐、惊的情绪变化，亦称"七情"。医学家在一项调查中发现，81.2%的癌症病人在患病前曾遭受过负面生活事件的打击，“百病皆生于气”，“万病皆源于心”，《红楼梦》中多愁善感、忧郁伤身的林黛玉，就是一个很好的证明。

可见，良好的心态对人的健康是非常重要的。

我国著名的老艺术家葛存壮先生经常说：“好心态比什么都重要。”78岁的他笑呵呵地说：“如果讲很具体的怎么锻炼、怎么食疗，我说不出什么；如果说有什么养生哲学，我就崇尚四个字——‘顺其自然’！我有一个比较好的心态。”

葛老先生在60年的演员生涯里，演的大部分是反面的角色。在东北电影制片厂（长春电影制片厂前身），他虽是专业演员，却长期“跑龙套”，别说特写和近镜头，有的连个正脸儿也不露……后来，导演凌子风让他在电影《红旗谱》中饰演“反一号”，就让他受宠若惊了。可“反一号”还是配角，远没有正面人物“风光”。对此，老爷子看得很开，他说，我的“自然条件”不行，没长一张“英雄”面孔，就得顺其自然。我在事业上有追求，但没有野心，我从来也不奢望能成为大明星，更不会在那方面“动心思”。在事业上不跟别人较劲，也不跟自己较劲，就是“甘当绿叶配红花”。

他的生活充满了乐趣，他的夫人施文心爱养花，阳台上、客厅里、窗台上都摆着鲜花。他爱养鱼，硕大的鱼缸里品种还真不少。他们还有两个心爱的小宝贝儿。一个是巧嘴儿鹩哥，一大早就问“你好!”然后就问你“吃了吗?”你给它添水加食，它说“辛苦了”“谢谢!”另一个是小狗卡拉，小家伙特通人性，聪明乖巧，像个听话的小宝宝。葛老先生的第一爱好是摄影，如今，他抱着高级的数码相机，有机会就跑出去拍外景。不过，他拍得最多的还是家里的花、鹩哥、小狗卡拉，还有曾经养过的蝈蝈……

葛老先生对生活很知足，他曾说过：我们是从“供给制”

过来的人，在生活上没什么要求，有饭吃、有衣穿、有戏演，就心满意足了。住房最困难的时候，70平方米住两家人，也没觉得苦；现在我们住120平方米的房子，我们觉得够好了！我们不想跟别人攀比，不较劲，也没有奢望。自己感到舒服最好，生活和健康是自己的，不要和别人计较。

葛老先生说，好心态比什么都重要，有一群朋友，没有烦恼，天天心情舒畅，对健康长寿肯定有益！

由此可见，健康的身体很大程度上是来源于健康的心态，心态健康是身体健康的最强的保护伞。

那么，在现实生活中，如何保持良好的心态呢?

(1) 心中常常保持必胜、积极的想法。卡耐基说过：一个对自己的内心有完全支配能力的人，对他自己有权获得的任何其他东西也会有支配能力。当我们开始用积极的心态把自己看成成功者时，我们就开始成功了。

(2) 用美好的感觉、信心与目标去影响别人。随着你的行动与心态日渐积极，你就会慢慢获得一种美满人生的感觉，信心日增，人生中的目标感也越来越强烈。紧接着别人会被你吸引，因为人们总是喜欢跟积极乐观者在一起。运用别人的这种积极响应来发展积极的关系，同时帮助别人获得这种积极态度。

(3) 使遇到的每一个人都感到自己重要、被需要。每个人都有一种欲望，即感觉到自己的重要性，以及别人对他的需要与感激。这是我们普通人的自我意识的核心。如果你能满足别人心中的这一欲望，他们就会对自己，也对你抱积极的态度。一种你好我好大家好的局面就此形成。正如美国19世纪哲学家兼诗人拉尔夫·沃尔多·爱默生说的：“人生最美丽的补偿之一，就是人们真诚地帮助别人之后，同时也帮助了自己。”

除此之外，心存感激、学会微笑、不去计较生活中的小事等等，都是保持健康心态的方法。

## 乐观开朗积极进取

拥有乐观开朗的心态，才能赢得积极进取的人生。乐观是一种优良的心态，心理学家马丁·赛格曼创造了“乐观成功论”，即具有乐观精神的人，更容易获得成功。他曾对某公司新招收的5000名推销员进行乐观心态的测试，有几位员工在公司的常规知识测试中不及格，而在乐观素质测试中得了最高分。他称这几位是“超级乐观者”。经跟踪调查，他们在第一年的推销量比那些“悲观者”多20%，第二年竟高出57%。从此以后，该公司将“赛氏测试”作为招聘新员工的主要测试手段。



乐观开朗地去面对生活中的一切，你就会有不一样的感觉，就会发现生活的美好，人也会变得积极快乐起来。有这样一个故事：

**英国著名作家拉奇是一个很快乐的人，有一次朋友安特去拜访他，拉奇笑呵呵地听她提问。**

**安特问：“假如你连一个朋友也没有，你还会高兴吗?”**

**“当然，我会很高兴地想，幸亏我还有自己。”**

**“如果你被人莫名其妙地打一顿，你还会开心吗?”**

**“是啊，我会想还好没被他们杀害。”**

**“假如医生拔错了牙齿，你还会高兴吗?”安特问道。**

**“当然，我会很高兴地想，幸好拔错的只是一颗牙，而不是我的心脏。”**

“假如你的妻子背叛了你呢？你还能高兴起来吗？”

“我会想，幸好她背叛的只是我，而不是国家。”

“假如你失去了生命，你还能高兴吗？”

“当然，我会想，我开心地度过了我的一生，就让我跟着死神，高兴地参加另外一个宴会去吧！”

安特彻底服了拉奇：“这么说，生活中没有什么是会让你痛苦的，生活永远是一串快乐的音符吗？”

“是啊，只要你愿意，你就会在生活中发现和找到快乐痛苦不请自来，而快乐却需要我们去发现。真正明白这个道理的人也许不少，但真正做到的却不多。”拉奇快乐地说道。

在很多时候，我们处在什么样的环境中并不是很重要，重要的是要保持良好的心态。

每天上午 11 时许，一辆耀眼的汽车穿过纽约市的中心公园，车里除了司机，还有一位主人——无人不晓的百万富翁。

百万富翁注意到：每天上午都有位衣着破烂的人坐在公园的凳子上死死地盯着他住的旅馆。一天，百万富翁对此发生了极大的兴趣，他要求司机停下车并径直走到那人的面前说：“请原谅，我真不明白你为什么每天上午都盯着我住的旅馆看。”

“先生，”这人答道，“我没钱，没家，没住宅，我只得睡在这长凳上。不过，每天晚上我都梦到住进了那所旅馆。”

百万富翁灵机一动，洋洋自得地说：“今晚你一定如梦以偿。我将为你在旅馆租一间最好的房间并付一个月房费。”

几天后，百万富翁路过这人的房间，想打听一下他是否对此感到满意。

然而，他出人意料地发现这人已搬出了旅馆，重新回到了公园的凳子上。

当百万富翁问这人为什么要这样做时，他答道：“一旦我睡在凳子上，我就梦见我睡在那所豪华的旅馆，真是妙不可言；一旦我睡在旅馆里，我就梦见我又回到了冷冰冰的凳子上，这梦真是可怕极了，以致完全影响了我的睡眠！”

宁愿做一个乐观的失败者，也不要做个虽获得成功但忧心忡忡的人。生活也是一样，以积极乐观的心态去看待生活，生活就是美好的；以消极沮丧的心态去面对生活，生活就会带给你痛苦。

人只有保持积极乐观时，才会有完整的自我、积极的创造，才会有青春的永葆、魅力的永恒；而当一个人消极度日时，快乐也将离他远去。

一位木匠年岁已大，打算退休，他告诉老板自己的想法。老板看到这么好的员工离去觉得有些可惜，就问他是否可以再建一栋房子，就算帮他一个忙。木匠同意了，但是后来很明显可以看出他的心思已经不在工作上了，他采用低劣的制作手法和材料来结束他的职业生涯，这真是不幸。

完工后，建筑人员来查看房子。这时，老板把房门的钥匙递给了木匠，说：“这是你的房子，是我送给你的礼物。”

木匠傻眼了，如果他知道是在建自己的房子，他会以完全不同的方式建造！现在他不得不住在自己建造的劣质房子里。

你以什么心态对待生活，生活就相应呈现什么面貌。消极度日还是积极进取，这一切都取决于你。

安娜是一位在大机构工作的平面设计师，在公司进行的一次员工表现调查表中，她被大家一致公认为工作态度消极，以至于其他人都拒绝和她共事。自己在大家心目当中的形象如此恶劣，而且这么多年来自己却一直没有觉察，安娜对此非常震

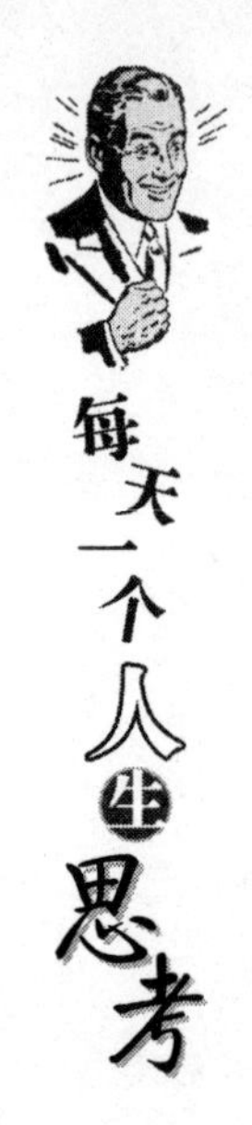


惊。同时，她也开始担心能否保住这份工作了。为了扭转这种局面，她向一位能客观评价他人且长期共事的同事请教，希望寻求一些改变自己的细节。这位同事反馈回来的意见看来是造成安娜困扰的主要原因了。“在会议期间，当大家自由讨论时，你总是坐在那撅着嘴，将双臂交叉在胸前，明摆着你反对人家的意见嘛。”

于是，从改善她的肢体语言开始，安娜制订了一个简单的行为调整计划。在随之而来的关于讨论新项目竞标方案的部门会议上，她不再双臂交叉了，而且努力让自己放松并且表情友善，对同事不再是批评有加，而代之以简洁、有效的提问与建议（也杜绝了以往故意唱反调的行为），这些都有效地帮助团队完善了想法。安娜自此把这些良好行为都养成了习惯，没多久，她的同事们开始愿意围到她身边，或向她请教，或听取各种反馈意见。她自己也从让大家避之唯恐不及的“扫把星”变成了公司月度最具影响力的人物。

保持微笑，积极乐观地去工作生活，身边的烦恼就会越来越少，欢乐就会越来越多。

请相信乐观心态的神奇力量吧，生活中的艰难困苦无法击倒你，只要保持积极乐观的心态，生活就将变得幸福美好。只要心中充满阳光，就没有什么困难可以阻挡你前进的脚步。相信风雨过后一定会看见美丽的彩虹，让我们以积极乐观的态度去面对美好的生活，为了心中的目标努力拼搏吧！

# 人生可贵平常心境

人生最可贵的就是平常心，以平常心对待生活，就会感到幸福；以平常心对待工作，就会减轻压力，得到平衡。一颗平常心是工作与生活取得平衡的支撑点。有了这颗平常心，工作与生活就能得到平衡；反之，两者就会不和谐，从而失去平衡。

所谓“平常心”就是指：一丝不苟地努力工作，不盲目攀比，不这山望着那山高，不盲目乞求高消费、高享受。换言之，就是认真工作，享受生活。

有了平常心，即使工作与生活不尽如人意，你也会取得良性平衡；而没有平常心，即使工作好、收入多、生活水平高，工作与生活也会不和谐，失去平衡。这样的例子比比皆是，真是不胜枚举。“不以物喜，不以已悲”。量入为出，不去攀比，不羡慕高消费、高享受，过“平平淡淡才是真”的生活。

平常心是一种境界，平常心是积极人生，平常心是道。平常心贵在平常，波澜不惊，于无声处听惊雷。利不能诱，邪不可干，心能昭日月。一身正气，两袖清风，堂堂正正做人。以平常心处世，健康于心，我不病，谁能病我？

可见，一颗平常心对于现代人是多么重要。现代社会竞争激烈，无处不在的竞争压得人们喘不过气来。每天不得不面对紧张忙碌的工作和激烈的竞争，稍一放松，似乎就有被淘汰的可能。所以，现在很多白领

年纪轻轻却显得精神憔悴、疲惫不堪，有些人甚至患上了严重的抑郁症。当今社会竞争固然十分激烈且残酷，既然无法改变，就要学着适应，学着用一颗平常心去看待。这样，你的心态就会平和一些，生活也会快乐一些。

有这样一个寓言故事：

猴子发现老虎向山上走去，心想，山上一定有鲜美的桃林，否则，老虎就不会离开家园，不辞辛苦辛苦地向山上爬，一定不能输给老虎。

猴子抄近路，飞一般抢在老虎前面。翻过一座山后，果然一片桃林出现在眼前。猴子怕老虎跟上来与它争吃桃子，赶快爬上树把桃子全部摇落下来，藏在草丛中……

随后，猴子躲在一旁的大树后面，偷偷观察着老虎的行动。而老虎从这里经过时仍是一步一个脚印走着。猴子心中又暗暗嘀咕起来：前面一定有更好的桃林，要不，老虎还会继续前行吗?

猴子又抄近路，飞一般抢在老虎前面。果然，又有一片更大更好的桃林出现在它的眼前。它赶快摇落了树上的桃子，藏在草丛中……

老虎仍然一步步向前走着自己的路。在一座四周极开阔的山头上，老虎停下来。它四下张望，山上山下所有动物的活动都尽收眼底。它选准自己要猎取的目标、角度、时机，飞速地扑了下去……

这时，躲在不远处偷看的猴子才明白：原来，老虎所要寻找的并不是桃子，因此，猴子赶快顺着原路往回跑，可是，藏在草丛中的一堆堆桃子已经被蚂蚁、虫子糟蹋得不成样子，有的已被别的动物搬走了，有的已被雨水腐烂了。

日常生活就是这样，大家实在不该把精力浪费在无谓的竭力竞争中，那样，反而会使自己失去一些原本可能得到的收获。人生不易，为了获得必要的生存资源，每个人都必须面对压力，要自我奋斗，要参与竞争。但是，生活不光只有竞争，学会以平常心看待竞争，你会过得轻松一些。

以平常心面对竞争，不仅会让生活轻松一些，也是成功的因素。因为一旦做人失去了平常心就会变得急功近利，为了争名夺利而不择手段，甚至走上邪路；做事失去了进取心就会变得随遇而安、不思进取，结果往往是一生碌碌无为。而拥有平常心的人能够正确看待竞争，从而走向成功。

人生的路，总是有许多风雨和坎坷。曾有人说：人生不如意之事，十之八九。的确，人生中有太多的事情不能依从我们的心愿，但是，只要以平常心看待，你都会感到生活的美好。

有这样一个故事：

一个富商和一个罪犯回忆他们的童年，提到了相似的一件事。

犯人说："小时候，妈妈买了两双鞋子，一双是布鞋，一双是皮鞋。妈妈问我和弟弟，你们想要哪一双？我一看那双皮鞋，好漂亮，我非常想要，可是弟弟抢先喊：'我要皮鞋！'妈妈看了他一眼，说：'好孩子要学会谦让，不能总把好的留给自己。'于是我心里一动，改口说：'妈，我要布鞋好了。'妈妈听了很高兴，就把那双皮鞋给了我。我得到了我想要的东西，也从此学会了撒谎。以后，为了得到每一件我想得到的东西，我都不择手段，直到我进了监狱。"

富商说："小时候，妈妈买了两个芒果，一个大些，一个小些，我一看那个大芒果，很好吃的样子，我非常想要。妈妈问我们，你和弟弟想要哪一个？我想说，我要大的，可是弟弟抢先说：'我要大的！'于是我就跟妈妈说：'妈妈，我和弟弟都是

你的孩子，我们应该通过比赛来决定谁可以得到那个大芒果，因为我也想要大的。’于是我和弟弟开始比赛。我们把家门外的木柴分成两堆，谁先劈好谁就有权得到大芒果，最后，我赢了。以后，为了得到每一件我想得到的东西，我都会努力争取第一，因为我知道，努力就能得到奖赏。”

由于竞争的残酷，很多人一提起“竞争”两字就头疼，这些都源于他们不懂得用平常心去看待竞争。平常心虽是简单的三个字，但在生活中，却是人人都难超越的一道坎，因为我们并不懂得何为真正的平常心，也不懂得怎样来保持自己的平常心，更不懂得怎样来利用平常心。

平常心首先要的是一种心境，不仅是对待周围的环境要做到“不以物喜，不以己悲”，更要对周围的人事做到“宠辱不惊，去留无意”，这样才能让我们的生活有一份平静和谐。

其次，平常心也是一种境界，慧能大师曾云：“本来无一物，何处染尘埃”，他的这种超脱物外、超越自我的境界正是平常心最好的解释。他们不是“看破红尘”，更不是消极遁世，相反他们所要表现的却是一种积极的心态，以平常心观不平常事，则事事平常。

有这样一则故事：

1832年的美国，有一个人和大家一块儿失业了。他于是参加州议员竞选，失败了。他再次参加竞选议员，这一次他当选了，但未婚妻不幸去世，他心灰意冷，卧床数月不起。第二年，他决定竞选美国国会议员，结果仍然名落孙山。1856年，他再度竞选国会议员，但还是落选了。过了两年，他再次竞选美国参议员，仍然遭到失败。在他一生经历的11次重大事件中，只成功了两次，可他始终没有停止追求。1860年，他终于当选为美国总统。他就是至今仍让美国人深深怀念的亚伯拉罕·林肯。

在竞争激烈的年代，失败是不可避免的。没有人能够永远立于不败之地，关键在于以何种心态对待竞争，看待失败。人生在世，不光只有竞争，还有很多美好的事物等待你去体验、去感受。学会以平常心去看待竞争吧，你的生活将会变得轻松惬意。

曾经有人问一个和尚说："和尚修行，还用功否？"和尚回答说："用功。"那个人又问道："如何用功？"和尚回答："饥则吃饭，困则即眠。"那人非常奇怪地说："为什么我和你一样就不算用功呢？"和尚笑着回答："你和我们当然不一样了，你该吃饭时不好好吃饭，该睡觉时不好好睡觉，整天千种计较，万般思量，心不宁静，怎么叫做用功？如何算得修行？"

至此我们明白，真正的平常心就是享受生活中的平凡和简单，只要能把心态放平稳，不要被外界的动乱干扰，就是拥有一颗真正的平常心。

人生可贵，平常心境，让我们以平常心去对待身边的一切吧，你的心将得到升华与慰藉。

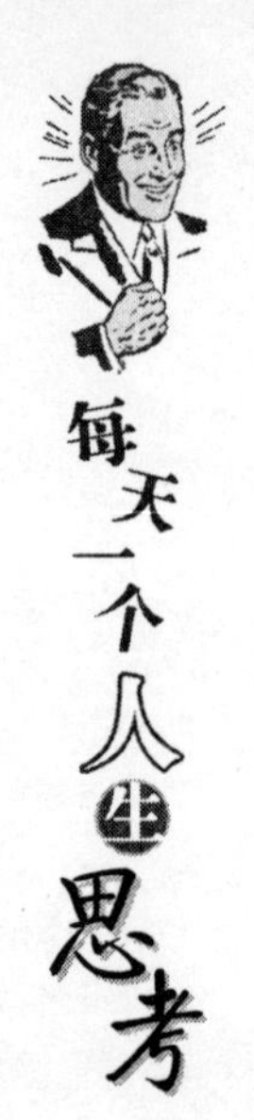

## 空杯心态赢得竞争

古时候一个佛学造诣很深的人，听说某个寺庙里有位德高望重的老禅师，便去拜访。老禅师的徒弟接待他时，他态度傲慢，心想：我是佛学造诣很深的人，你算老几？后来老禅师十分恭敬地接待了他，并为他沏茶。可在倒水时，明明杯子已经满了，老禅师还不停地倒。他不解地问："大师，为什么杯子已经满了，还要往里倒？"大师说："是啊，既然已满了，干嘛还倒呢？"禅师的意思是，既然你已经很有学问了，干嘛还要到我这里求教？

这就是"空杯心态"的起源。空杯心态，就是随时要对自己拥有的知识和能力进行重整，就是永远不自满，永远在学习，永远保持身心的活力。拥有空杯心态的人就像一个攀登者，攀越的过程，最让人沉醉，因为这个过程充满了新奇和挑战，下一座山峰，才是最有魅力的。

空杯心态一方面要保持谦恭的态度，一方面要不停学习，不停进步。只有这样，才能在激烈的竞争中立于不败之地，永远保持"空杯"的状态，是一流人才的成长和超越之道。只有不断"空杯"，才能不断提升事业与人生的境界。选择了"空杯"，就选择了一流发展；选择了"空杯"，就选择了永远超越！

一次，中国航天集团某研究院的企业文化部长讲了这样一件事。有段时间，集团内部有些员工心很不稳定，蠢蠢欲动想出去闯闯，总觉得凭自己的能力，出去有的是更好、更大的机会。在了解了这些员工的想法后，这位部长并没有批评他们，也没有用“有这么好的工作还不知道满足”、“你以为出去找工作那么容易”之类的话去教育他们，而是鼓励他们去其他单位应聘。但应聘的结果却很让人意外：没有一个人应聘成功。有的应聘一再遭到拒绝，有的尽管有单位要，但给的薪水却比现在少得多。

他们第一次感到了竞争的激烈，也开始明白自己其实并没有太大的优势可言。这次经历不仅给他们上了终身难忘的一课，也让他们彻底改变了工作态度，不仅开始安心工作，而且开始主动学习。

其实在工作中，这山望着那山高，总觉得自己被大材小用，以至于工作不用心、敷衍了事的现象很普遍。但实际上，自己所认为的“大材”并不一定就真的是“大材”，能够经得起市场的检验。不仅如此，有的人到了一定的位置，就会自我感觉太好。这种良好的自我感觉，有可能恰恰潜藏最大的危机。这时，就需要用空杯心态去看待，保持谦恭的态度，不断学习，不断进步。唯有如此，才能在竞争激烈的今天谋求一席之地。

我们身处知识科技高速发展的时代，如果停止学习，就会驻足不前，被时代所淘汰。所以，请暂时清空我们杯中的水，以积极、开放的心态面对新事物。“善人者，不善人之师；不善者，善人之资”，学习善者，可找出差距，弥补不足，学习不善者可以以此为鉴，减少不必要的失误，提升适应性。



日本著名的索尼公司，其业绩一直处在行业前列。可就在

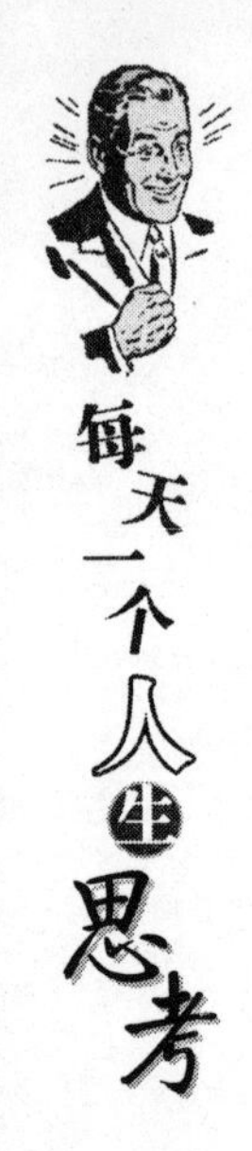


2007年，索尼的营业净利大幅度萎缩，被同行的三星公司、苹果公司大大赶超！这个消息让大家吃惊不已，到底是什么原因使得索尼突然间由高峰跌了下来呢？其中很重要的一点，在于索尼太习惯成功了，总认为自己的技术是最好的。正是这个“最”字，给索尼埋下了隐患。索尼前任CEO出井伸之曾经带领公司凭借一流的技术、出色的管理，在本行业内遥遥领先。

此后很多年，“索尼”、“出井伸之”似乎成了成功、一流、卓越的代名词。这样一来，公司的管理者们也觉得自己的公司有最好的技术、有最好的管理、有最好的经营模式，可以在市场中牢牢站稳脚跟。

这其间发生了这样一件事：一次市场调查结果显示，索尼的一款电视机和松下公司的一款电视机相比，消费者更青睐于后者。

这本来给索尼提了一个很好的醒，可惜这并没有引起索尼领导者的重视，他们仍然认为自己的电视机是最好的，是未来市场的引领者。这样的结果使得索尼丢失了很大的市场份额，造成了巨大的损失。

之后，索尼集团执行副总裁井原胜美对此进行了反省，她说：“也许我们是太过成功了，这让我们看不到危机。”井原胜美的话道出了索尼失去行业领头地位的关键。因为领导者不懂得居安思危，认为过去是最好的，就永远都是最好的，结果导致了今天的结果。成功的时候，我们往往自恃很高，看不到自己的缺点，也看不到别人的长处，只有等到危机来临时，才发现自己错失得太多。

而真正优秀的人，总能把每一次成功看成新的开始，即使很能干，有功在身，但他们却能倒空功名，将眼光和心思放在未来，放在有可能出现的危机上。

法国作家雨果说过："比大海宽阔的是天空，比天空宽阔的是人的胸怀"，如果更多的人能学习、拥有"空怀心态"，那么在生活的各方面，一定能有所改变、进步。

保持空杯心态，就是在工作上要不断"倒空"自己，在学习上也是如此。不能有点成绩就沾沾自喜，做个谦虚的空杯子，就是永远不自满，永远学习，永远进步，永远保持身心的活力，空杯心态将使你的人生不断再上新台阶。

对于竞争日趋激励的社会，每个人都应有长远发展，想成为卓越的人才，就必须向过去告别，不仅要倒掉一些不好的东西，也要倒掉一些当时看来"很好"而现在已经过时的东西，这样才会不断地超越自我。

即使你正处在事业的最佳状态，也不可盲目乐观，更不要自以为是，越是这个时候越要懂得主动"空杯"，让自己永远处于最佳的优势。"满招损，谦受益"说的就是这个道理。只有懂得谦虚，敢于"空杯"，尤其敢于空掉自己的身份、空掉自己的成绩、空掉曾经为别人所做的事情，才能更好地融入团队和环境，获得更大的发展。

无论何时，我们都要记住：成功只代表过去，不代表现在，更不代表将来。只有倒掉过去的成功，才能获得更大的新的成功。只有成功"空杯"，才能轻装前进，吸取更多能量，迎来更大的飞跃。

林语堂先生说过："人生在世——幼时认为什么都不懂，大学时以为什么都懂，毕业后才知道什么都不懂，中年又以为什么都懂，到晚年才觉悟一切都不懂。"

**有这样一则寓言故事：相传在很远的古代，知了是不会飞的。一天，它看见一只大雁在空中自由自在地飞翔，十分羡慕。它就请大雁教它学飞。大雁高兴地答应了。**

**学飞是一件很辛苦的事。知了怕吃苦，一会儿东张西望，一会儿跑东窜西，学得很不认真。大雁给它讲怎样飞，它听了几句，就不耐烦地说："知了！知了！"大雁让它多试着飞一飞，**

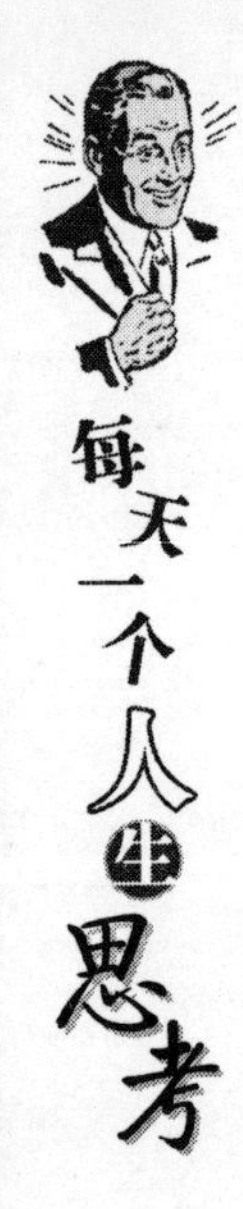


它只飞了几次，就自满地嚷道："知了！知了！"秋天到了，大雁要到南方去了。知了很想跟大雁一起展翅高飞，可是，它扑腾着翅膀，怎么也飞不高。

这时候，知了望着大雁在万里长空飞翔，十分懊悔自己当初太自满，没有努力练习。可是，已经晚了，它只好叹息道："迟了！迟了！"

在我们的身边，有多少这样的"知了"，就有多少这样的"迟了"。自满使我们目光短浅，安于现状；懈怠使我们固步自封，坐失良机。

著名作家冰心曾说过："冠冕，是暂时的光辉，是永久的束缚。一个人只有摆脱了历史的束缚，才能不断地迈步向前。"一代武学宗师，功夫巨星李小龙也非常推崇这句话，他说："清空你的杯子，方能再行注满，空无以求全。"

以空杯心态面对竞争，必将在压力巨大的今天保持清醒的头脑，通过不断学习，不断进步，不断超越，始终走在时代的前沿，成为卓越的代名词。

# 执着心态万事皆成

拥有执着的心态，一切不可能都将变为可能。无论是在工作中还是生活中，我们常常会遇到各种各样的困难，也常常会陷入困境。困境是阻碍人前进的障碍，但同时它也能成为人们实现超越自我的契机。困境是可以改变成机遇的，关键看你有没有脱困和突围的执着心态。

执着心态，万事皆成。人若想有所成，就要永远抱持一颗执着的心，到那时，任何艰难险阻再也无法对你构成威胁，你的心中只有一个目标——胜利！

霍金曾先后毕业于牛津大学和剑桥大学三一学院，并获剑桥大学哲学博士学位。出乎人们意料的是，他竟然是一个中枢神经残废者！由于肌肉严重衰退，他失去了行动能力，手不能写字，话也讲不清楚，终生靠轮椅生活着。可是他却能凭借一个小书架，一块小黑板，还有一个他以前的学生做助手，最终在天文学的尖端领域——"黑洞"爆炸理论的研究中，通过对"黑洞"临界线特异性的分析，获得了震动天文界的重大成就，并因此荣获1980年度的爱因斯坦奖金。1985年霍金又丧失了语言能力，他表达思想唯一的工具是一台电脑声音合成器。他用仅能活动的几个手指操纵一个特制的鼠标器在电脑屏幕上选择字母、单词来造句，然后通过电脑播放声音，为了合成一个小

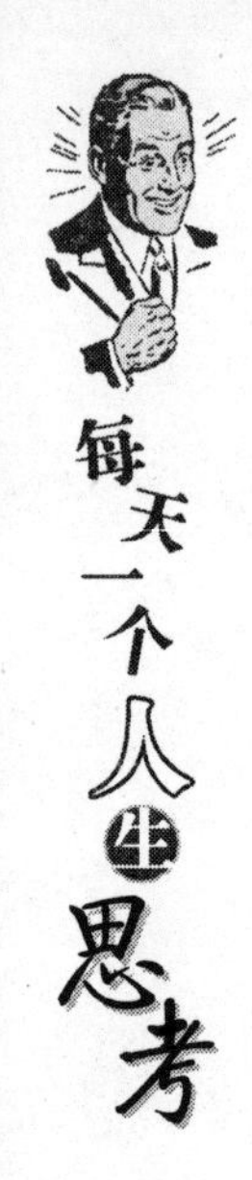


时的录音演讲要准备 10 天。

如今，他已被称为在世的最伟大的科学家，当代的爱因斯坦。他在统一 20 世纪物理学的两大基础理论——爱因斯坦的相对论和普朗克的量子论方面走出了重要一步。

霍金的魅力不仅在于他是一个充满传奇色彩的物理天才，更因为他是一个令人折服的生活强者。他不断求索的科学精神和勇敢顽强的人格力量深深地吸引了每一个知道他的人。我们无法想象一个身体条件差到无法自理的人要获得如此巨大的科学硕果，他的背后曾经付出过多少努力。是的，上帝也许真的给予了他一个超于常人的智慧，可是要是没有那种克服困难的执著，没有那种勇往直前的毅力，单单靠一个聪明的脑子也不一定能取得成功。

霍金留给我们的思考空间就是：对于一个真正勇敢的人来说，不论他的生存条件如何，都不会磨灭他的潜能，也不会降低他可能达到的人生高度。他会自我燃烧能量，他会锲而不舍地去克服一切困难，发掘自身才能的最佳生长点，扬长避短地、踏踏实实地朝着人生的最高目标迈进。只要拥有一颗执着的心，前进路上的任何困难都将化为激发潜能的因素，使你愈挫愈勇，终达目标。

没有一帆风顺的人生，通向成功之路必定充满艰辛，有失才有得，有大失才能有大得，没有承受失败考验的心理准备，闯不了多久就要走回头路了。在事业中，不畏困难、坚忍不拔、勇于向困难挑战的人，他们所取得的成功比以金钱为资本的人更大。许多人做事有始无终，就因为他们没有充分的勇气，使他们无法达到最终的目的。然而，一个伟大的人，一个有勇气的人却从不会半途而废。他们从不肯放弃，不肯停止，而在多次失败之后，仍会含笑而起，以更大的决心和勇气继续前进。

保罗·高尔文是个身强力壮的爱尔兰农家子弟，他充满了进取精神。13 岁时，他见别的孩子在火车站月台上卖爆米花，便不由得被这个行当吸引了，也一头闯了进去。但是他不知道，早已占据地盘的孩子们并不欢迎有新人来竞争。为了让这个新来的家伙“懂点道理”，他们抢走了他的爆米花，并把它们全部倒在街上。这是他第一次做生意经历的失败。

第一次世界大战后，高尔文从部队复员回家，在威斯康星办起了一家电池公司。可是无论他怎么卖力折腾，产品依然打不开销路。有一天，高尔文离开厂房去吃午餐，回来见大门上了锁，原来公司被查封了，高尔文甚至不能再进去取出他挂在衣架上的大衣。

1926 年他又跟人合伙做起收音机生意来。当时，全美国估计有 3000 台收音机，预计两年后将扩大 100 倍。但这些收音机都是用电池作能源的。于是他们想发明一种灯丝电源整流器来代替电池。这个想法本来不错，但产品还是打不开销路。眼看着生意一天天走下坡路，他们似乎又要停业关门了。此时高尔文通过邮购销售办法招揽了大批客户。他手里一有了钱，就办起了专门制造整流器和交流电真空管收音机的公司。可是不出 3 年，高尔文又破了产。到 1930 年底，他的制造厂账面上已净欠 374 万美元。在一个周末的晚上，他回到家中，妻子正等着他拿钱来买食物、交房租，可他摸遍全身只有 24 块钱。

这时他已陷入绝境，只剩下最后一个挣扎的机会了。当时他一心想把收音机装到汽车上，但有许多技术上的困难有待克服。他没有被自己多年的“厄运”吓倒，还是坚持自己的想法，又多做了一次努力。果然，功夫不负有心人，经过多年的不懈奋斗，如今的高尔文早已腰缠万贯，他盖起的豪华住宅就是用他的第一部汽车收音机的牌子命名的。

执着！战胜一切的力量！高尔文虽然屡遭挫折，却能够坚强地百折不挠地挺住，这就是成功的秘密。

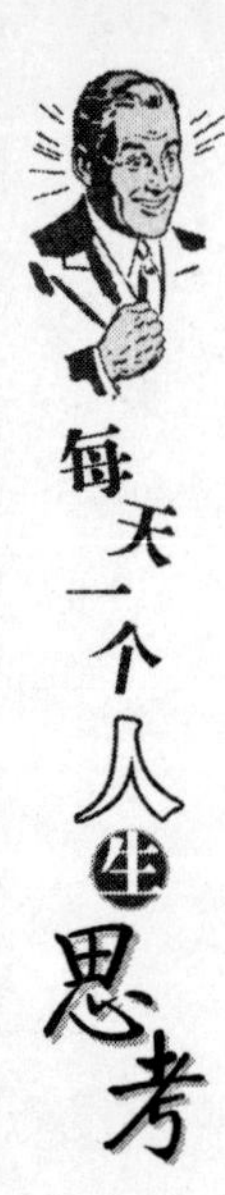


执着心态，万事皆成。失败不仅是一次挫折，也是一次机会，它使你找到自身的欠缺，不轻言放弃，补上这一课，距离成功也就不再遥远。有时候，你必须明白如果你没有成功，一定程度上因为你还没有经历足够多次的失败，你还没有遇到足够多的挫折。成功呈概率分布，关键是你能不能坚持到成功开始呈现的那一刻。

坚持，再坚持一下！或许成功就在下一次跌倒之后。执着，永远持有执着的心态，成功终将照耀你的人生！

# 第九章

# 关于人生处世的思考



古人云："世事如棋局，不着的才是高手；人生似瓦盆，打破了方见真空。"意思是说，世间之事，有如一盘棋局，只要有争斗，就会有输赢胜败，只有不着一子，与世无争，才是真正的世外高人；人生在世，就好像生活在一个封闭的瓦盆之中，追名逐利，忙碌终生，只有冲破这个蒙蔽人的本性的瓦盆，才能悟解人生的真谛，达到超凡入圣的境界。

# 尊重隐私保守秘密

身在职场，谁都避免不了令人心烦的勾心斗角，为了保护自己，一定要管好自己的嘴巴。尊重别人的隐私，保守别人的秘密，是每个人应尽的责任，也是基本的道德规范。不过，现在很多年轻的都市白领们却有了新的烦恼。他们每天面临着繁重的工作、激烈的竞争，压力与日俱增，很多白领都处于“亚健康”状态，还有一些人患上了抑郁症。最近，他们又被称为都市白领新型怪病的“保密焦虑症”所困扰。

白领们之所以焦虑，与“秘密”分不开。尽管人们每天高喊“尊重隐私”，但“我告诉你一个秘密，你千万别跟别人讲”仿佛像一道魔咒，总是牵引着人们的好奇心，总是放纵自己的耳朵去捕捉任何小秘密，接着又因为要守“秘密”而增添心理负担。毕竟有些办公室秘密知道比不知道还痛苦，因为它可能关系到个人的前途，关系到老板的私生活，关系到同事的隐私，关系到办公室的政治……总而言之，都是一些“不能说的秘密”。

调查显示，超六成受访者在办公室偶尔听过或讲过秘密，最让他们感到不安的秘密是公司政策调整以及人事变动。而“办公室秘密”之所以盛行，有斗争的地方就有秘密，好奇心的本能驱使，通过传播秘密可以维系同事感情，说、听秘密可以解闷降压，成为四大原因。

很多职场人都受到“保密焦虑症”的困扰，下面举几个例子：

笑笑最近非常苦恼，因为她获得一个小道消息：同事小兰即将调到差一些的分公司去。她和小兰是同年入职的，关系还不错。这么重要的消息要不要告诉她，好早点做准备，可万一消息传错了怎么办？再说，两人资历相当，为什么就偏偏是她去，小兰会不会误解自己呢？笑笑再见到小兰都觉得很别扭，好像做了亏心事，同时，也胡思乱想起来：万一调动的是我呢？在忐忑不安中度过了两周，主任终于宣读了人事处通知：小兰是被调到分公司去了，但职位上升了一级。小兰很高兴地接受了这个调动。笑笑松了口气，终于不用辛苦保守这个所谓的秘密了。

张小姐在家广告公司工作，某天她无意间得知公司要裁员，就把它偷偷告诉了一个同事。因为这件事情还没有公布，所以张小姐让她千万不要告诉第三个人。可话一说出口，张小姐就开始后悔，万一传到老板耳朵里，那麻烦可就大了。

“有时候，同事向我说了一件事情。”在一家公司担任要职的王先生说，“明知道这事是不能说的，可是憋在心里，真是不舒服。”

……

专家分析，“保密焦虑症”是指白领们为要保守办公室里无穷无尽的秘密和形形色色的个人隐私而焦虑不安。在如今的职场中，很多白领有了心事放在心里很难受，但又不愿对别人讲，害怕说出去了会暴露自己的秘密。这其实是一种过度的防范心理在作祟。因为处于一种竞争状态，职场中人与人的隔阂越来越大，信任感越来越薄弱，人们由此产生防范心理，久而久之，不愿拿心事与别人分享的现象便普遍起来。

现在，职场中大多数白领身边的知心朋友越来越少了，缺少能够互相沟通、互吐心事的伙伴；回到家中和爱人或亲友之间也缺乏情感交流。偶尔一次交流如果得不到共鸣，时间一长也就不愿再交流。有些白领不愿压抑情绪，会将心里话告诉同事，而这种行为或许也会改变两人的关系，让他们由同事转变为朋友。这样看起来拉近了双方的心理距离，但实际上焦虑依然存在，而且可能影响两人以后的交往和处理事情的方式甚至会生出猜忌。

身在职场，尊重隐私，保守秘密是极为重要的，但为什么很多人却做不到守口如瓶呢？我们先来看一个故事：

“你去吧，真的，那个公司挺好的，小红现在月入 8000 呢！”晓月迫不及待地对子文说。

这句话刚出口，晓月就后悔了。小红跟晓月说过，不要跟别人提她的工资。子文是晓月的师妹，正在找工作。而小红是晓月的同学兼舍友，她们俩几乎无话不说。由于同班同学苗苗跟她在同一个公司，而且工资比她低，所以小红对自己的薪酬守口如瓶。

“如果知道我的工资比她高那么多，她心里肯定会不舒服。”小红这样对晓月说。可是，晓月就这样轻易地把她出卖了。

很快，晓月就意识到这个问题的严重性：子文和苗苗是老乡，如果子文真的要去那个公司的话，她肯定还会向苗苗咨询情况，苗苗也很可能通过她知道小红的工资。

这种方式，比小红直接告诉苗苗要糟糕得多。

晓月要不要告诉子文帮小红保守秘密呢？晓月该怎么跟她解释？而晓月更担心的是，即便跟她说了，她真的会保守这个秘密吗？她会不会跟自己一样，在无意中就把小红给出卖了呢？

晓月懊恼极了，同时陷入深深的自责之中。

保守秘密的确令人烦恼。有人为自己的秘密被人传而伤心、愤怒，

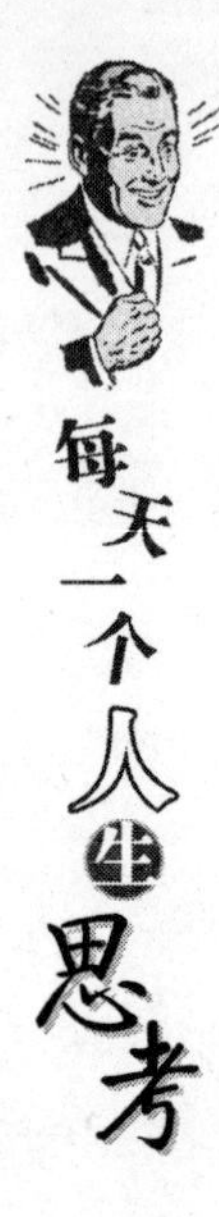


有人为自己老是“不小心”泄露他人秘密、为他人带来麻烦而懊悔，还有人为自己盛着不少秘密而不堪重负。总之，这些都属于秘密守持问题。可见，保守秘密，尊重隐私是多么重要啊。那么，如何做到尊重他人隐私，保守他人秘密，从而真正避免产生“保密焦虑症”呢，专家建议：

第一，对自己有一个明确的定位和认识。与其把过多注意力放在小道消息上，不如踏踏实实，把精力花在提高自我能力行动上。

第二，拒绝接收秘密。知道的秘密越多，意味着承担责任越大，自然压力也越大。往往就会忍不住把秘密说出口以舒缓压力。所以，拒绝接收秘密是最简单、最有效的方法。

第三，管住自己的嘴巴。如果知道秘密后忍不住想说出来，那么每当秘密来到嘴边时，请就此打住，先问问自己到底是为了什么。提醒自己保守秘密是责任，分析秘密说出口后会引来的后果。

第四，养成沟通的好习惯。平时在人际交往方面除了职场关系，还要多建立不同的朋友圈，便于发泄情绪，避免情绪受到压抑而产生心理问题。在沟通方面要多与朋友或家人建立正确的沟通方式，建立能够沟通的空间，养成经常沟通的好习惯。

第五，要多运动，多培养兴趣爱好。运动是消除焦虑的最佳办法之一，当你为保守秘密而焦虑时，不妨进行户外运动，既能放松心情，又能锻炼身体。此外，多培养兴趣爱好，你就无暇去顾及保密那些事了。

# 阿谀谄媚惹人生厌

现实社会，很多人为了得到好处而阿谀谄媚，溜须拍马，殊不知，这样做不但得不到别人的好感，反而会惹人生厌。

据《笑海》载：唐朝皇帝姓李，道教的创始人老子也姓李，皇帝想把道教放在佛教之上。一信佛教的大臣对皇帝说："陛下这样做，恐怕百姓不服！"皇帝说："为什么？"大臣说："历代百姓都有信佛教的，陛下因姓的关系，抬高道教，压服佛教，百姓岂能服从？"皇帝大怒，马上将这位大臣逮捕入狱，判处死刑，并对大臣说："你信佛教，天天念经，以求长生不老。现在你到监狱去念七天经，看它能保佑你吗？"大臣入狱后，皇帝暗中派太监监视他。太监回来说："他聚精会神，闭目念经。"第七天就要处死了，皇帝问大臣："你念经能保佑你不死吗？"大臣说："陛下，这七天我没念经，而是祈祷陛下您万寿无疆啊！"皇帝一听，大吃一惊："这是为何？"大臣说："念经不能保佑我的命，只有念陛下才能保佑我！"所以，后人便有了"念经不如拍马屁"之说。

现实生活中，要想讨好每一个人是不可能的，也是没有必要的。刻意去讨好别人，只会使别人产生厌恶。亲近别人要自然，"投机"心态要

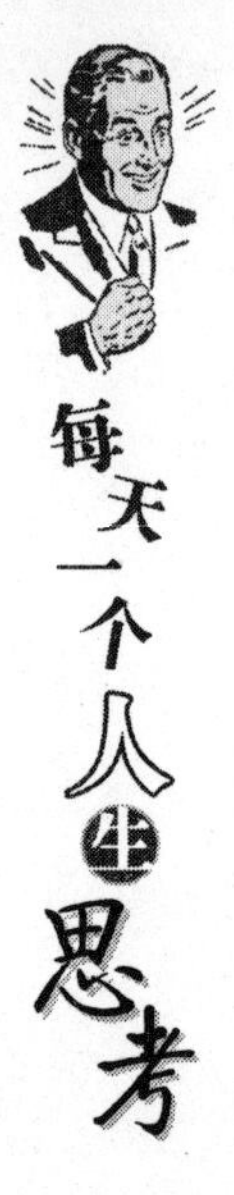


改变。为了讨好别人而去做一件不情愿的事情，其实是一种痛苦，即使它带着多么好听的理由，终将是一件虚伪的事情。

每个人都有一个讨好他人的上限，超出此限，他就会努力维护自己的利益，甚至会变得具有攻击性，过分地取悦他人要么是心怀不可告人的目的，要么是狭隘的江湖义气。取悦于人要掌握同时要取悦于己的原则。当别人习惯了你一直说“是”，一旦发现你说“不”，便会愀然作色。你完全可以漠视他们的反应，不管发生什么事情，你要让他们明白，我毕竟还有我自己。你的个性你自己不维护，谁来维护呢？把自己变得懦弱以换取同情，打着同情烙印的安全，那不是真正的安全感。

就不说这些，光是看看平时很多人的讨好手段，多数都是溜须拍马、戴高帽等等这样的非常手段，这些手段都是非诚心、虚假的，一不留神你就拍到马腿上去了，最终不仅不能取悦于人，还会成为大家的笑柄。刻意去讨好别人，只能让人厌恶。

很多身在职场的人都曾发出这样的感慨：“和人相处太难了！”有过类似抱怨的人，可能由于其交友方式有些不妥。也许他是想让所有人都成为他的知己，或是抱有某种获取利益的目的，所以才与他人交往，千方百计地讨好他们、迎合他们，希望能够使得人人都喜欢他、助他成功。可是，他却在不知不觉中迷失了自己，日子久了，身边的朋友反而会越来越少。

试想，谁会将利用自己的人当做知己呢？而且，你也不可能讨好每一个人，或让每一个人都对你满意。因此，与其辛苦地讨好别人，倒不如讨好自己。讨好自己，并不是每个人都能做得到，但也不是高不可攀的。不管怎么说，讨好自己是心理调节的一剂良药，它会使你在枯燥乏味的工作中变得更加快乐、充实与自信。

有些时候，人们费尽心机去讨好别人，却往往得不到好的结果。有一个有趣的小故事：

一个人饲养了一只狗和一头驴，这个人经常和狗在一起玩，每当外出时，都不忘带一些东西回来给小狗，当小狗摇着尾巴走上前去时，就丢给它吃。驴看到这种情形，心里很羡慕，也跑过去又蹦又跳，结果把主人踢倒了，主人很生气，叫人把驴牵走，还用棍子打了它一顿。

看来，与其一味地去讨好他人，不如踏踏实实做事，快快乐乐生活。

历史上有很多事实证明，喜欢被讨好的人，最后往往被小人所包围，因而拖累了自己。喜欢讨好别人的人，由于讨好所有的人结果等于没有讨好任何人，势必采取押宝的方式，押对了固然可以得势一时，但终究会败下阵来。万一押错了，徒然费尽心机而毫无所得，亦将会悔恨不堪。

《史记·佞幸列传》载：汉文帝时，有一个宫中掌管船艇的黄头郎叫邓通，此人虽无才无能，但很会奉迎，后来便当上了上大夫。他与文帝私交甚密，文帝常到他家去玩。后来，文帝把严道的铜山赐给他，特许他自铸铜钱，于是，大汉天下随处可见“邓氏钱”。

一次，文帝生疮，邓通为表达自己对文帝的感激和忠诚，用嘴去吸吮脓血。

文帝大为感动，召来太子，令其效仿。太子坚辞不肯，文帝大为不悦。太子对邓通的做法十分厌恶，对他给自己与父亲之间造成的隔阂怀恨在心。

文帝死后，太子继位，是为景帝。时间不长，景帝找了个理由罢了邓通的官，邓通便回老家了。事情到此仍不算完。事过不久，有人告发邓通偷偷在边境铸钱。经审问查办属实，邓通被没收全部家产。

邓通客居，生活凄惨。长公主不忍，赐其钱币，复被官府没收。长公主见他身无分文却不能给钱，只得借给他粮食衣物，



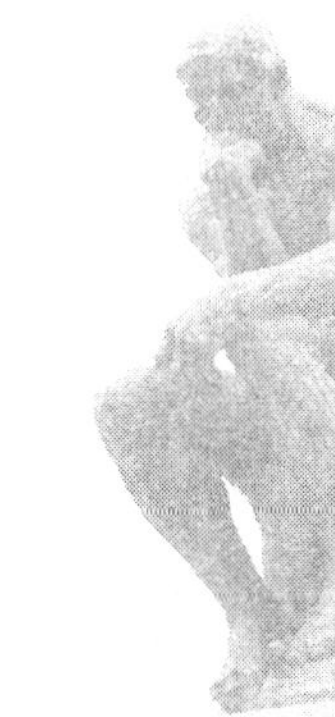

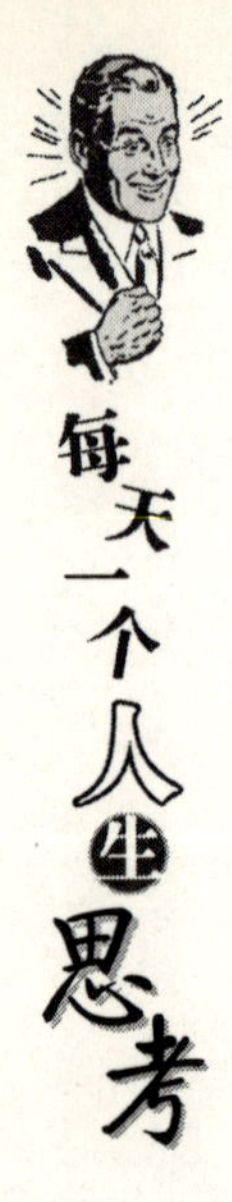


**使其勉强度日。后来，邓通终在抑郁中客死他乡。**

不以讨好的方式，不抱讨好的态度，却能够得到他人的欢迎，在他人心目中占据牢固的位置，这才是人际关系的精髓所在。因此，在生活中，不要刻意去讨好别人，否则很可能招致别人的厌恶。

# 低调为人深藏不露

低调为人，深藏不露，真正的高手永远隐匿于山林之间，于无形之处洞察世事变化，掌控棋局走势。

山不解释自己的高度，并不影响它的耸立云端；海不解释自己的深度，并不影响它容纳百川；地不解释自己的厚度，但没有谁能取代它作为万物的地位……

人生在世，无须解释，因为所有解释都是苍白无力的诉说。若想立足于社会，低调为人是一条永恒不变的真理。

当今社会竞争压力巨大，职场中的人际关系既微妙又复杂，只要稍有点处理不当，就会招致不少麻烦。轻则，工作不愉快；重则，影响职业生涯。因此，与人相处，一定要深藏自己的智慧，学会低调，这样才能更好地保护自己。当然，深藏不露的意思，并不是让你隐藏自己的才华，而是不要逞强，锋芒毕露。因为有些人会在暗处盯着你，他们会因为嫉妒心而背地里使坏。

低调为人，深藏不露是一种处世智谋：过分张扬自己，就会经受更多的风吹雨打，暴露在外的椽子自然要先腐烂。一个人在社会上，如果不合时宜地过分张扬、卖弄，那么不管多么优秀，都难免会遭到明枪暗箭的打击和攻击。有人稍有名气就到处洋洋得意地自夸，喜欢被别人奉承，这些人迟早会吃亏的。所以在处于得势或被动境地时一定要学会藏锋敛迹、装憨卖乖，千万不要把自己变成对方射击的靶子。

才大不气粗，居功不自傲：不可一世的年羹尧，因为在做人上的无知而落得个可悲的下场，所以，才大而不气粗，居功而不自傲，才是做人的根本。

做人不要太精明：做人不耍小聪明，让自己始终处于冷静的状态，在这种低调的心态支配下，兢兢业业，才能做成大事业。

乐不可极，乐极生悲：在生活悲欢离合、喜怒哀乐的起承转合过程中，人应随时随地、恰如其分地选择适合自己的位置，起点不要太高。正如孟子所说的："可以仕则仕，可以止则止，可以久则久，可以速则速。"

做人要懂得谦逊：谦逊能够克服骄矜之态，能够营造良好的人际关系，因为人们所尊敬的是那些谦逊的人，而决不会是那些爱慕虚荣和自夸的人。

功成身退，天之道：懂得功成身退的人，是识时务的，他知道何时保全自己，何时成就别人，以儒雅之风度来笑对人生。

大智若愚，实乃养晦之术："大智若愚"，重在一个"若"字，"若"掩饰了真实的才华、声望、感情。这种甘为愚钝、甘当弱者的低调做人术，实际上是精明的隐蔽，它鼓励人们不求争先、不露真相，让自己明明白白过一生。

平和待人留余地："道有道法，行有行规"，做人也不例外，用平和的心态去待人事事，也是符合客观要求的，因为低调做人才是跨进成功之门的钥匙。

一个人要想在社会上生存，就要学会很好地与人相处，这时就要求你以低调的态度为人处世。木秀于林，风必摧之；人浮于众，众必毁之。曲高者，和必寡。只有低调做人才能保持一颗平凡的心，才不至于被外界左右，才能够冷静，才能够务实，这是成就大事的前提。

**美国开国元勋之一的富兰克林年轻时，去一位老前辈的家中做客，昂首挺胸走进一座低矮的小茅屋，一进门，"嘭"的一**

声，他的额头撞在门框上，青肿了一大块。老前辈笑着出来迎接说："很痛吧？你知道吗？这是你今天来拜访我最大的收获。一个人要想洞明世事，练达人情，就必须时刻记住低头。"富兰克林记住了，也就成功了。

在多数人眼里，低调的生活态度是没有理想、精神颓废、缺乏自信、懦弱胆怯的表现。其实，低调不是没有理想，不是精神颓废，因为低调者的追求和理想是经历生命航程中苦难与不幸的风景；低调也不是缺乏自信，因为低调者对自己有着清醒的认识；低调更不是胆怯，因为低调者的柔弱是比刚强更有力的生存策略。低调，是聪明持久的象征。只有低调，才能成大事，铸就辉煌。

真正的强者总是莫测高深，不显山不露水，默默耕耘，苦心孤诣，直至成功。甚至成功以后，这样的人也不喜欢张名扬利，而是继续探索，继续追求，寻求新的突破，这才是低调而强硬的强者。其实做一个低调的强者并不难，甚至比做一个张扬的强者更为简单。

低调为人，深藏不露。在生活中，如果你已是成功人士，请你保持低调，它会让你的成功之路越发顺畅；如果你是正在拼搏的职场人，也请你保持低调，在通向成功的奋斗之路上避免不必要的风险，向着心中的目标前进。

## 玩笑有度讲究分寸

无论是在平常的生活中，或是每天的工作中，适当开玩笑有助于调节气氛，缓解压力，增进人们之间的感情。俗话说："人逢喜事精神爽。"开玩笑，最好选择在对方心情舒畅时，或者当对方因小事生气时，通过开玩笑把对方的情绪扭转过来。

但是，开玩笑也要讲究分寸。如果把握不好其中的"度"，那么你的幽默将被别人厌恶，造成适得其反的效果。所谓分寸，没有明确的标准，关键要看对方的反应程度。如果对方不喜欢你的玩笑，请立刻转换话题，不要造成双方的不愉快。尤其是与同事之间的玩笑一定要注意分寸。在办公室内或会议间歇时，同事之间相互开个善意的、恰当的玩笑，可以调节、活跃严肃环境的气氛，缓解紧张工作带来的压力，增进彼此间感情的和谐。一个团队集体中有一个喜欢开玩笑的人，就像引擎有了润滑剂一样，和谐、顺畅，工作于其中的成员每天都是开心、舒畅的，这样的人，带给团队的是另一种形式的凝聚力，他是团队的一个活宝。同样地，经常成为玩笑对象的人，也是团队的活宝，更是欢乐的源泉。

自然地，任何事情都有一个度，开玩笑亦是如此，开了过头的玩笑，会令玩笑的对象尴尬、沮丧甚至愤怒，影响了同事之间的感情，同时也给团队的气氛造成了紧张与压抑，甚至损害办公室成员之间的团结，这是我们不愿意看到的，也可能是开玩笑的人始料不及的。

人际交往中，开个得体的玩笑，可以活跃气氛，能把交际氛围变得融洽，但是，开玩笑过了头，就会适得其反，伤害彼此感情。因此开玩笑要注意掌握好分寸，下面就是一些要注意的地方：

开玩笑要分对象。

俗话说："人上一百，形形色色。"人的性格不同，和宽容大度的人开点玩笑，或许可调节气氛，和女同学、女同事开玩笑，则要适可而止。

人的性格、脾气、爱好不同。所以，开玩要因人而异。

(1) 开玩笑要注意长幼关系。长者对幼者开玩笑，需要长者保持庄重的态度，使幼者产生对长者的尊敬的意识。而幼者对长者开玩笑，首先就要尊敬长者。

(2) 开玩笑要注意男女有别。男性对语言情境并不是很在乎，一般的玩笑男性都会接受；女性对语言情境比较敏感，不得体的玩笑会使女性难以接受，甚至使她们处于尴尬的境地。

(3) 开玩笑还要注意亲疏的差异。与自己比较亲近、熟悉的朋友在一起，即便开比较重的玩笑，也不会影响彼此之间的关系。但与自己比较陌生的人在一起，开玩笑就要小心了。因为你对对方的个性、经历、情趣不了解，如果贸然地开玩笑有可能引起对方的反感，影响今后的互相了解和友谊的发展。

一般情况下，对方性格外向，能宽容忍耐，开对方的玩笑则不会有什么意外，也会得到谅解。对性格内向，喜欢琢磨别人的言外之意的人，开玩笑就需要仔细考虑了。无论哪种性格的人，在他伤心的时候，都不能随便与其开玩笑。

开玩笑要看时间。

俗话说："人逢喜事精神爽。"开玩笑，最好选择在对方心情舒畅时，或者当对方因小事生气时，通过开玩笑把对方的情绪扭转过来。

开玩笑要分场合环境。

在图书馆、医院等要求保持肃静的场合，不要开玩笑，在治丧等悲哀的气氛中，不宜开玩笑。

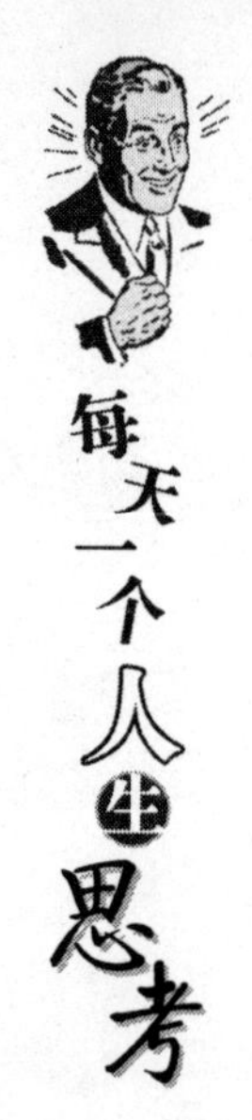


小天心里一直有个秘密不敢告诉别人，而他的这个秘密就是一个不经意间说的玩笑话却导致了别人跳楼，这件事情让他一直萎靡不振。

小天一直记得那天的场景，公司的小仁静静地站在窗边，向远处眺望，那眼神深邃而漠然。小天知道她并不在乎能够看到什么，因为她从早上就站在那里，她心里肯定有心事，小天想想要不逗她一下好了。千不该万不该，小天说错一句话，其实他只是开玩笑地说："难道你打算跳楼吗？对了，你是站在七层楼的窗前，一旦跳下去，铁定上不来，永远上不来。"那时他就逗着玩似的说了这么一句"难道你打算跳楼吗"，小仁没有说话，甚至连看都没看小天，于是小天又激将似的说了一句："虽然是七楼，不过你要是跳就跳吧，我不会拦你的。"小仁居然回头看小天一眼，但是仍然不说话。小天看着她又把脑袋向旁边一偏，那样子绝对是一个沉思者，只是这个沉思者突然微微一笑，吓了小天一跳。小仁用双手拽紧了窗框，一下子纵上了窗子……

小天经过了半年才有勇气把这件事情告诉别人，自己的一个好意玩笑没想到没救到人，还害得同事丢了性命。

开玩笑要善意。

不要为了愚弄别人而搞恶作剧，这样做会给被开玩笑的人造成伤害，甚至会形成心理障碍。捉弄别人是对别人的不尊重，会让人认为你是恶意的。而且事后也很难解释。它绝不在开玩笑的范畴之内，是不可以随意乱做乱说的。轻者会伤及你和同事之间的感情，重者会危及你的饭碗。

开玩笑要注意内容。

开玩笑时，一定要注意内容健康，风趣幽默，情调高雅。在社交活动中，忌开庸俗的玩笑。千万不要拿别人的生理缺陷开玩笑，例如不能以残疾人的生理缺陷取笑。

每个人都有自己的缺点，比如在生理上、行为或能力上等。如果把别人的缺点当做笑料来开玩笑，揭人短处，别人就会厌恶你。有些人最害怕别人揭自己的伤疤，一旦有人触动了自己敏感的神经，人的自尊心会使他采取很不理智的行为，做出异样的举动。

生活中，每个人都有自己人的隐私，没有谁会愿意让别人来触及自己的隐私，更不要说让人拿自己的隐私来开玩笑了。如果谁敢于拿别人的隐私来开玩笑，谁就是一个自寻没趣的人。

不要以同事缺点开玩笑。

你以为你很熟悉对方，随意取笑对方的缺点，但这些玩笑话却容易被对方觉得你是在冷嘲热讽，倘若对方又是个比较敏感的人，你会因一句无心的话而触怒他，以致毁了两个人之间的友谊，或使同事关系变得紧张。

不要开上司玩笑。

上司永远是上司，不要期望在工作岗位上能和他成为朋友。即便你们以前是同学或是好朋友，也不要自恃过去的交情与上司开玩笑，特别是有别人在场的情况下，更应格外注意。

开玩笑要适可而止。

平常开开玩笑，一两句话说过就可以了，千万不能一直盯着别人说事。

玩笑是生活的调味品。生活中，大部分人都有过开玩笑的经历。但开玩笑并不是想说什么就说什么，它需要把握一个尺度，掌握一定的分寸，否则，就可能适得其反，弄巧成拙。

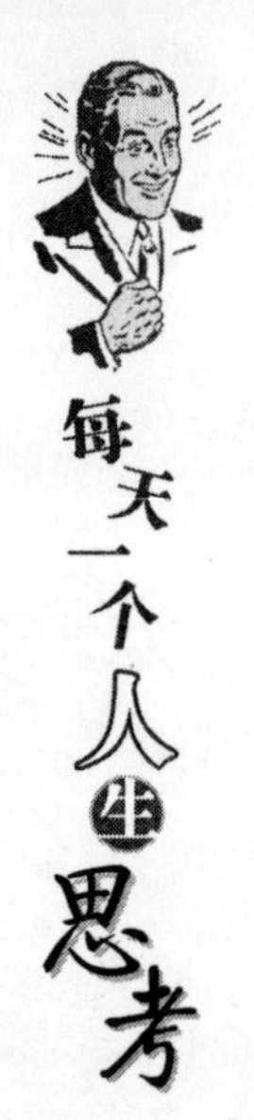

## 妄下结论害人害己

知之为知之，不知为不知，是知也。许多人不愿意说出“不知道”这三个字，认为那样做会让别人小看自己，使自己没有面子，结果却适得其反。对自己不知道的事情，坦率地说不知道，不仅不会让人小看你，还会赢得别人的尊重，认为你是一个谦虚的人。如果妄下结论，则会造成不好的结果。

德国诗人歌德曾说：“真理就像上帝一样。我们看不见它的本来面目，我们必须通过它的许多表现而猜测它的存在。”真理往往细弱如丝，混杂在一堆假象里，我们的眼睛、我们的心智，甚至我们道德上的缺失都会阻碍我们去敲响真理之门，从而对不了解的事，对尚未为人所知的领域做出错误的判断。

早年在西伯利亚的一个地方，一位年轻的太太因难产而死，留下一个孩子。年轻的丈夫忙于生活，没有时间照看孩子。于是他训练了一只狗，那狗聪明听话，能照顾孩子，甚至还会咬着奶瓶喂奶给孩子喝。

有一天，主人出门去了，留下狗照顾孩子。因途中遭遇大雪，主人当日没能回来。第二天赶回家，狗立刻叫着出来迎接主人。他把房门打开一看，到处是血，抬头一望，床上也是血，孩子不见了，狗也浑身是血。主人以为狗兽性发作把孩子吃掉了，盛怒之下，他拿起刀把狗杀死了。之后，他突然听到孩子的声音，然后又见到孩子从床下爬了出来。他赶紧抱起孩子，虽然孩子身上有血，但并未受伤。他很奇怪，不知究竟是怎么一回事，再看看狗身，腿上的肉没有了，床底下有一只死狼，口里还咬着狗的肉。原来是狗救了小主人，却被主人误杀。

不了解就不要随便下结论，一个稍微浮躁的选择，就可能酿成大错。失去的不仅仅是别人对你的信任，还有你将来的道路。在任何情况下，都要三思而后行，多想想当说出自己内心想法后，别人会怎样看待你。

无论面临怎么样的情况，都要进行事实的调查，否则妄下结论轻则是你弄错了一个现象，重则是人命关天。假设你是一个警察，在看到一丝的蛛丝马迹之后你就随便下了一个结论，这就可能导致凶手的逍遥法外，无辜者的含冤入狱。

还有一个故事，也说明妄下结论的害处：

有一次，孔子和他的弟子被两个小国家围困，长达七天都没有吃到东西。后来较为富裕的子贡拿自己的钱财好不容易换来了很少的一点米，就让颜回拿去给大家煮粥喝。子贡无意间经过煮粥的房间，竟然看见颜回拿着满满一勺粥在喝。子贡很不高兴，就去了夫子那里。他问夫子："仁人廉士穷改节乎？"夫子回答："芝兰生于深林，不以无人而不芳；君子修道立德，不为穷困而败节。"子贡又问若是颜回会如何，孔子说颜回绝对不会改变的。子贡这才告诉老师他看到的事。

于是，夫子为了向大家证实，带着众弟子来到粥房。孔子说："颜回啊，我想要先用这得之不易的粥来祭祖，你来操办吧。"颜回摇头说："不行啊，老师。这粥在煮的时候，房顶上

有一块泥落了进去，扔了太可惜，所以我已经把污染了的粥吃了，这样还可以省出一个人的饭。但是这样的粥是不能祭祖的啊。”夫子听了，看了一眼子贡，就离去了。

眼睛偶尔也会欺骗我们的心灵，有时事情的表面会与真相背道而驰，如果不经过大脑的思考就对事情妄下结论，那我们难免会犯错。

所以，不管对谁来说都是一样的，不了解的事情不要狂妄自大地得出一个结论来。无论在生活还是工作中，无论是大事还是小事，都要弄清楚事情的真相，然后再做结论，这种严谨的作风对工作和生活也是很有帮助的。

小田家里前段时间卫生间的卷纸总是无缘无故地湿了一大片，基本无法使用。他一直没有找到原因，有天家里的钟点工刚好清洁完卫生间，小田进入卫生间看到卷纸，马上想到会不会是钟点工动作太大将洗地板的水溅到上面了呢？再想想可能是不小心吧，于是没有放在心上。

又过了一个星期。新换上去的卷纸又湿了，咦，怎么又湿了。没有道理吧。于是小田就和父亲一起讨论到底是怎么回事，讨论的结果还是说钟点工动作太大造成，不过讨论完之后大家也没在意。

某日中午，小田回家拿点资料，经过洗手间的时候，突然感觉眼前有一道闪光，是从热水器下方射过来的。进去看个究竟，发现有条很细的水痕，哦，原来这样，这下全明白了，热水器就在卷纸的上方，热水器下边就是进水的水龙头，不知什么时候螺纹口处开始漏水，这个漏水也是分时间段的，应该是在使用热水器的时候它就漏，但漏的量又很小，慢慢沿着墙壁到了卷纸处。然后卷纸将漏下来的水吸干了，所以地板上就不可能看到有水迹。

很快，问题得到解决了。想想这次的经历，小田明白了一个道理，凡事都要先调查清楚再下结论。

的确，当你要对某件事下结论的时候，一定要搞清事实真相，再发表自己的看法，这才是对自己、对别人负责。如果妄下结论，势必造成不好的结果。

# 第十章

# 关于人生成败的思考

拍拍身上的灰尘／振作疲惫的精神／远方也许尽是坎坷路／也许要孤孤单单走一程／莫笑我是多情种／莫以成败论英雄／人的遭遇本不同／但有豪情壮志在我胸

——《壮志在我胸》

每个人的境遇有不同，成功与失败，不是评价一个人价值的标准。无论成败，都只是过眼云烟，未来的一切会更美好，你的人生路标指向远方。

# 成功失败莫论英雄

每个人的境遇不同，有些人成功了，有些人失败了，不能简单地以成败功过去衡量一个人的价值，否则是不公平的。成败只是相对的概念，对于具体的人更是具体的状态，没有人绝对成功，也就没有人绝对失败。成者未必英雄，败者也就未必狗雄。成功的人往往把成功归于自己，而失败的人则常常把失败说成是天意，前者容易认同以成败论英雄的说法，后者则用不以成败论英雄为自己开脱，这是人性本我的当然表现。双方各执一词，失败者因此气馁，成功者因而狂妄，两者却都是理性缺乏的表现，一个是漠视同步性的作用，一个又夸大了过程中的同步性。

中国有句古话，叫做“成者王侯败者寇”，可见，自古以来就有许多人把成功当成判别英雄的首要条件，甚至是唯一条件。但也有不少人“不以成败论英雄”，认为生活中有许多悲剧英雄，他们追求成功的过程同样是感人的、伟大的。烈火中，布鲁诺的身躯永远离开了这个世界，然而，一个令后人仰慕的英雄却从此而诞生；屠刀之下，岳飞命赴黄泉，可是，他的名字却从此载入史册，他的精神为广大后人所发扬；国民大革命虽然以失败而告终，但是，作为国父的孙中山，又有谁能够抹杀他作为英雄的事实？

英雄是一个神圣的称谓，它所代表的是一个能在精神上给我们以激励，在行动上给我们以鼓舞的人。英雄的躯体或许早已烟消云散，但他们的精神却万古流芳。

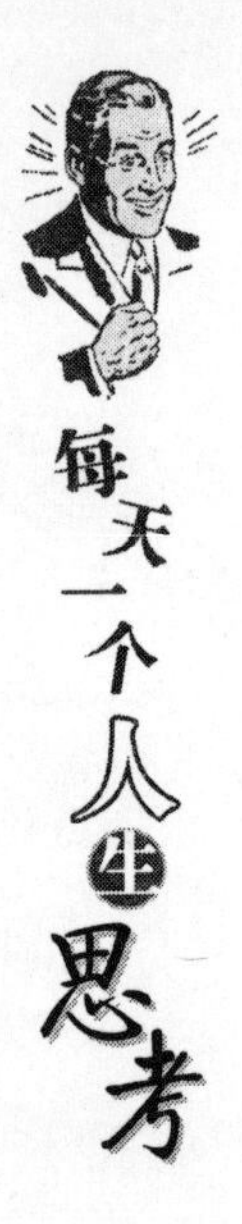


现实生活中，我们常常遇到一些失败的经历，自古以来我们信奉“失败乃成功之母”这句金玉良言，意思是我们在挫折面前能沉住气，勇敢面对困难，面对现实，哪里跌倒就在哪里爬起来。三国里，关公英雄盖世，也有败走麦城的经历。足可见我们现实生活中不能以成败论英雄。

曹操和刘备“煮酒论英雄”，曹操问刘备谁是英雄，他列举了袁绍、吕布、孙坚等，听罢曹操大笑三声曰：吾观其天下英雄，惟使君与操耳。”曹操把刘备视为对手，他一生战袁绍于官渡，平吕布于徐州，降刘琮与荆州，胜仗数不胜数，却遭到了赤壁的惨败，此一为天时不利，二为人心不稳，三为内部不够团结。曹操虽有此败，但在后人心目中仍旧是个大英雄。他统一了北方，为后来西晋的统一打下了坚实基础。

不以成败论英雄，从成败影响的因素来看，有主观因素和客观因素，机遇对于一个人的成败有巨大作用，我们判定英雄，追求英雄的本色，所看重的是英雄的素质，被客观因素屏蔽着的成败是不符合要求的。鲲鹏展翅尚须乘风趁势，没有适合发展的环境，我们又怎么可能成功？我们不是可以呼风唤雨的神仙，任何成功都不完全取决于自己，虽然环境可以依靠理性去预测，环境不能被绝对把握，因此理性强者也要机缘巧合才能成功，那成功者未必理性，失败者也就不见得没有理性。因此不能只以成败论英雄，贪天之功归于自己，把失败的责任完全推给天意，两者都存在着极端。

成败只在转瞬，虽不能改写，但也满含玄机。过程之中有一种永恒的精神。它展现的美如兰之香，即使凋谢，犹存余香。古人已深知这一道理，不以成败论英雄，今天我们更要明白过程的重要性，要做好每一过程，即便结果可能会失败，但是那又有什么关系呢？你可以对自己说我曾经努力过，这就已经足够。结果固然很重要，但人们常常于过程中，找到真正的胜利，真正的征服生命的胜利感。

每个人都渴望成功，但成功不是运气，不是捡到的，它是由日日夜夜艰辛付出与努力铸成的。不在乎一时得失，不看重区区结果，不为失败介怀，努力拼搏，你身上就闪着金光闪闪的两个大字“英雄”！

成功、失败，不过是过眼云烟。成功了，并不代表什么，只证明你以前努力过，或是遇到好的机遇，但这并不意味着今天、明天你仍成功，仍有好机遇；失败了，也不代表什么，只说明你做得还不够理想，努力得还不够，天时地利人和还不全。

成功了，你不应沉迷于喜悦中，要把昨天的成功经验加以总结，作为资本，激励自己更加努力，争取明天会更好，否则，照样会落后；失败了，也不要气馁，总结昨天的教训，发奋图强，相信总会有好的一天，否则，你永远也赶不上别人。

无论成功与失败，我们都不应太在意，重要的是今天要努力，不要沉迷现状，不夸耀成就。成就了事业不见得就高明，未成者未必就没有能耐。

成败只是相对的概念，没有人绝对成功，也就没有人绝对失败，有的只是自身生命主动实现的可能性基础，相对于自身已经实现的现实生存状态差异。总之英雄没有绝对，以成败论英雄更没有绝对，倒是成不骄败不馁更接近于英雄，否则只能说明自身理性的缺乏，那反而离英雄越来越远了，成骄败馁是理性缺乏的直观表现，那就必然招致未来人生经营的失败。

相信自己，失败并不可怕，只要你付出努力，未来的人生一定会很美好。

## 成功不难用心而已

在很多人眼里，成功看似遥不可及。其实，成功并没有你想象的那么难，只要用心去做，一切皆有可能。很多事情并不是因为难我们不敢做，而是因为我们不敢才难的。

1965年，一位韩国学生到剑桥大学主修心理学。在喝下午茶的时候，他常到学校的咖啡厅或茶座听一些成功人士聊天。这些成功人士包括诺贝尔奖获得者，某些领域的学术权威和一些创造了经济神话的人，这些人幽默风趣，举重若轻，把自己的成功都看得非常自然和顺理成章。时间长了，他发现，在国内时，他被一些成功人士欺骗了。那些人为了让正在创业的人知难而退，普遍把自己的创业艰辛夸大了，也就是说，他们在用自己的成功经历吓唬那些还没有取得成功的人。

作为心理系的学生，他认为很有必要对韩国成功人士的心态加以研究。1970年，他把《成功并不像你想象的那么难》作为毕业论文，提交给现代经济心理学的创始人威尔布雷登教授。布雷登教授读后，大为惊喜，他认为这是个新发现，这种现象虽然在东方甚至在世界各地普遍存在，但此前还没有一个人大胆地提出来并加以研究。惊喜之余，他写信给他的剑桥校友

——当时正坐在韩国政坛第一把交椅上的人——朴正熙。他在信中说，“我不敢说这部著作对你有多大的帮助，但我敢肯定它比你的任何一个政令都能产生震动。”

后来，这本书果然伴随着韩国的经济起飞了。这本书鼓舞了许多人，因为它从一个新的角度告诉人们，成功与“劳其筋骨，饿其体肤”、“三更灯火五更鸡”、“头悬梁，锥刺股”没有必然的联系。只要你对某一事业感兴趣，长久地坚持下去就会成功，因为上帝赋予你的时间和智慧够你圆满做完一件事情。后来，这位青年也获得了成功，他成了韩国泛业汽车公司的总裁。

现实生活中的许多事，只要想做并为此付出艰辛的努力，一定都能做到。成功没有想象的那么难，但也并不是一件轻而易举的事。要想获得成功，就要培养成功的品质。

一位商界女杰因绝症即将撒手人世，她的女儿成了公司唯一的继承人，没有任何经营和管理经验的女儿哭成了泪人：“您的公司可能要毁到我的手里了”母亲取出一支崭新的口红，一字一顿地说：“只要你把它完整地用完，不剩一点，公司就毁不掉。”母亲过世后，女儿开始使用这支口红。其实，此前她用过很多支名贵口红，都是中途而废，被她不耐烦地一仍了事，又买了新的。她是一个没有耐心的人，她自己知道，她母亲更清楚，然而这一回，缘于母亲的临终嘱咐，她坚持将这支口红用到最后。她举着口红的空管儿，十分欣慰——原来，她也可以这样有耐心，她也可以把一件事坚持做到底，忽然她明白了母亲的用意，母亲是在用不起眼的琐事引导她，那就是耐心和坚持。几年过去了，母亲留下的公司非但没有跨掉，反而比以前

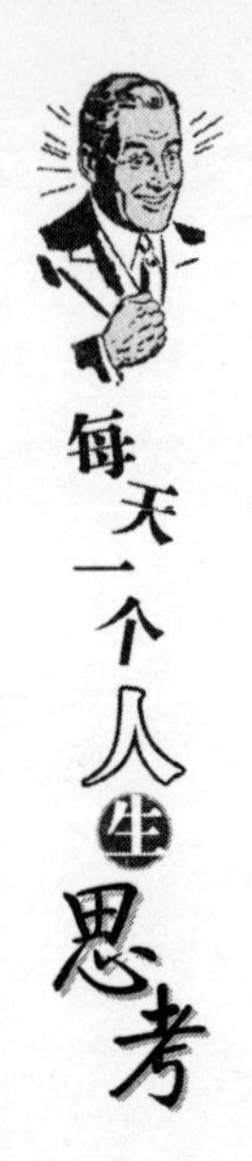

更红火，她用耐心和坚持战胜了一切障碍和困难，她成功了。后来她有了自己的女儿，再后来女儿知道了外婆和母亲都是了不起的女人。一天女儿问母亲："我怎么才能向你和外婆一样成功呢?"她听了笑了笑，从女儿的文具盒里拿了一块橡皮说："只要你耐心地把它完整地用完，不要剩一点点"。其实成功并不难，难的是我们少有成功者的品质。

成功并没有想象中那么困难，它只需要你像成功者一样思考和行动，尽心竭力地去做事，你就会拥有成功者的品质，从而步入成功人士的行列。有一份针对社会名流成功人士的调查发现，他们所有的成功者都有一个共同点——每天多用了一个小时做其他事情。

有人问文学巨匠鲁迅先生为什么能写出那么好的文章，是怎样成为文学家的。鲁迅先生的回答是："我只不过是把别人喝咖啡的时间用在了写作了。"

在日本有个赫赫有名的大商人叫安田隆夫，20世纪70年代末，他开了一间小杂货店，当时杂货店一般都在11点关门。一天夜里，年轻人正忙着清理货物准备关门，来了几个买东西的，他们刚走又来了几个，这样一直到了12点。后来，他把营业时间改到12点，由于杂货店营业时间延长了一个小时，杂货店成了附近居民夜间购物的首选，他的生意也越来越红火，一年后，他的生意越做做大，店面也是一扩再扩，最终成就了他的事业。

无论是别人喝咖啡的时间，还是每天多营业一个小时，其实对每个人来说都不困难，可却都创造了奇迹。一个人，只要每天多花一个小时的时间来做有意义的事情，这个事情是否与工作有关都无所谓，只要你坚持，都可以创造奇迹成就辉煌。

成功其实很简单，用心而已：有个人去应聘工作，随手将走廊上的纸屑捡起来，放进垃圾筒，被路过的面试官看到，因此得到了这分工作。原来获得赏识如此简单，养成好习惯就可以了。

成功其实很简单，用心而已：有个牧场主人叫他的孩子每天辛勤工作，朋友对他说："你不需要让孩子如此辛苦，农作物一定能长好。"农场主说："我不是在培养农作物，我是在培养孩子。"原来培养孩子很简单，让他吃点苦就可以了。

成功其实很简单，用心而已：有个网球教练对学生说："如果网球掉进草地里你如何找？"有人回答从草地的最凹处找，还有人说从草最长的地方找。教练说按部就班从草的一头搜寻到草的另一头。

成功其实很简单，用心而已：有一家商店经常灯火通明，有人问，你们店里用什么牌子的灯管那么耐用，店主说："我们的灯管一样容易坏，只是经常更换而已。"原来保持明亮的办法很简单，只要经常更换灯管就可以了。

成功其实很简单，用心而已：住在田边的青蛙对住在路边的青蛙说："你这里太危险，搬到我那里住吧。"路边的青蛙说："我已经习惯了，懒得搬了。"几天后路边的青蛙被轧死了，原来掌握命运的方法很简单，远离懒惰就可以了。

成功其实很简单，用心而已：有只小鸡正要破壳而出的时候，刚好有只乌龟经过，从此小鸡就背着蛋壳过了一生。原来脱离负荷很简单，放弃固执己见就可以了。

成功其实很简单，用心而已：有支淘金队伍在沙漠中行走，大家都步伐沉重痛苦不堪，只有一个人快乐地走着，别人问他为什么惬意，他说因为我带的东西最少。原来快乐如此简单，拥有少一点就可以了。

成功并没有想象中那么困难，其实它很简单。拥有成功者的品质，用心去做事，像成功者一样思考与行动，属于你的成功就不再遥远。

成功不难，用心而已。在人的一生中，总会遇到千千万万的困难与挫折。面对困难，有的人懦弱退却，被困难吓倒；而有的人却顽强抵抗，令困难俯首称臣。在人生的道路上，有着数不清的阻力，但只要坚持和困难抗争，成功一定会向你敞开大门。“世上无难事，只怕有心人。”这句话激励着无数人向人生顶峰攀登，不屈不挠。让我们始终坚信，成功并没有想象的那么难，只要以一颗顽强的心，以滴水穿石的精神，就能克服种种困难，最终登上光辉的顶点。

# 把握机遇成就人生

机会对任何人来讲都是平等的，能不能抓住它，主动权在自己手里。抓住稍纵即逝的机会，你就能走向成功，成就辉煌的一生。事实证明，那些目光敏锐、勇敢果决者常常能抓住机会，获得成功。

诸葛亮，字孔明，三国时蜀汉著名政治家，军事家。15 岁时随家人为逃避战乱，离开山东老家辗转到湖北襄阳避难。17 岁时隐居在襄阳城西的隆中。诸葛亮少有大志，常把自己比作春秋时大政治家管仲和军事家乐毅。因此，他隐居隆中边种地，边修学，静观天下，待机而出，人称“卧龙”。

汉末以来军阀混战的形势已趋明朗。曹操基本上统一中国北方，势力最大。孙权割据江东统治巩固，势力次之。刘表、刘璋等军阀也各有地盘。刘备在参加镇压黄巾起义军中，组成了一个势力不大的军事集团，但屡被曹操击败，被迫辗转四处投靠，没有自己固定的地盘。为发展自己的势力，刘备到处访寻人材。他“三顾茅庐”，请诸葛亮出山辅佐。诸葛亮向刘备精辟地分析了当时的政治形势，并提出了对策，这就是有名的“隆中对”。

诸葛亮登上政治舞台，成为刘备的主要谋士，掌握着军政大权。他联孙抗曹，取得著名的赤壁之战的胜利，并乘机占领

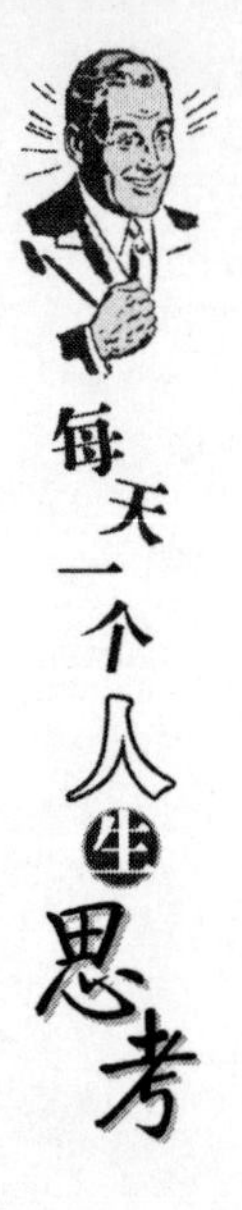


荆州，进军四川，取得益州，形成魏、蜀、吴三国鼎立的局面，为刘备建立和巩固蜀汉政权，作出了巨大贡献。

人生之路，充满机遇。并不是每个人都能抓住机会，从而走向成功。只有善于捕捉机遇的人，才能真正成就人生的辉煌。

拿破仑·波拿巴，法国18世纪政治家，军事家，法兰西第一帝国和百日王朝皇帝。可他原来只是一个小小的尉级炮兵军官。

1793年，他在前线参加进攻土伦的战役。正当革命军前线指挥官面对土伦坚固的防守犯难的时候，拿破仑立刻抓住这个机会，直接向特派员萨利切蒂提出了新的作战方案。指挥官见拿破仑的方案很有新意，就立即任命拿破仑为攻城炮兵副指挥，并提升为少校。拿破仑抓住这个机遇，在前线精心谋划，勇敢战斗，充分显示出他的胆识和才智，最后攻克了土伦。他因此荣立战功，并被破格提升为少将旅长，终于一举成名。为他后来叱咤风云，登上权力顶峰奠定了基础。

机遇对人生、对事业、对成功的至关重要，世人都很清楚，谁都想拥有发展的好机遇，但又都很无奈，因为机遇大多是可遇而不可求的，于是便有命运一说。不过，尽管许多人相信命运，却大多不会屈服于命运。因此，争取机遇，把握机遇，便是人生奋斗的主要内容。

有一个典故：

一只蛹躺在那里晒着太阳，突然冥冥中有人喊："快变吧！"它醒了，一看时机到了，一番挣扎后，化蛹成蝶，享受着莺歌燕舞的人生。如果它还在晒着太阳，那么它这一生就只是蛹。这虽是个故事，但说明了一个道理：抓住机遇的重要性。

何为机遇，何时遇到机遇，如何抓住机遇，这与一个人的智慧和灵性有莫大的关系。为什么多数人说没发现机遇，没抓住机遇？其实机遇就在我们的周围，就在我们人生的每时每刻。把握住身边的机遇，成功就属于你！

斯特恩在纽约市开计程车有很多年了，有一个乘客他却记得非常清楚，终生也不会忘记。那是多年前星期一的早晨，阳光明媚，斯特恩开着计程车在约克大街寻找顾客。在街对面，斯特恩正在停车等红灯时看到一个穿得很体面的人从医院的台阶上疾步下来，举手叫车。

正在那时，绿灯亮了，后面那部车子的司机不耐烦地按喇叭，斯特恩也听到警察吹哨子要他开走，但是斯特恩不打算放弃这个客人。终于那人走了过来，跳进汽车，说道："请去拉瓜迪亚机场，谢谢你等我。"

斯特恩心里想：真是好消息。星期一早上，拉瓜迪亚机场很热闹，如果运气好，可能有回程乘客。这时，乘客开口跟斯特恩攀谈起来，问得再平常不过："你喜欢开计程车吗？"

"喜欢！"斯特恩说。

"糊口不成问题，有时还会遇到有趣的人。可是如果我能够找到一份工作，每星期多赚100美元，我就会改行。你也会吧？"乘客说。

"如果要我每星期减薪100美元，我也不会改行。"斯特恩说。

"我在纽约医院的神经科做事。"乘客说道。

眼看就要到达飞机场了，斯特恩终于忍不住提出了请求。因为对方是一名医生，肯定认识很多人，所以，斯特恩抱着试试看的心理询问道："我可以请你帮我一个忙吗？我有一个儿



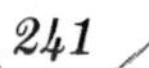

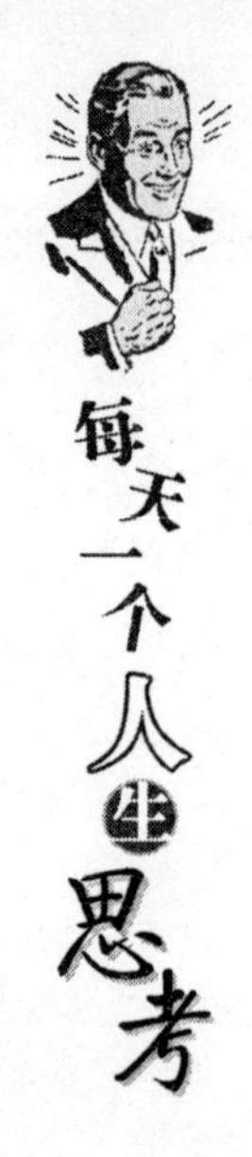


子，15 岁，是个很乖的孩子。他在学校里成绩很好。今年夏天我们想让他参加夏令营，他却想做暑期工。可是 15 岁的孩子，不会有人雇佣他。你有可能帮他找一份暑期工作吗？没有酬劳也行。”

乘客没有回答。斯特恩开始觉得自己很傻，实在不应该提出这个问题。最后，车子开到机场大厦的斜路时，乘客说：“医科学生暑期有一项研究计划要做，也许他可以去帮忙，叫他把学校成绩单寄给我吧。”

他伸手到口袋里找名片，但是找不到。他问斯特恩：“你有纸没有?”

斯特恩把装午餐的牛皮纸袋撕下一块来。他写了几个字，然后付完车费走了。斯特恩以后就没有再见到他。

那天晚上，斯特恩和家人围坐在晚餐桌旁，他从衬衫口袋里掏出那小块纸来，洋洋得意地说：“罗比，这可能会帮你找到暑期工作。”他高声读出来：“弗雷德·普鲁梅，纽约医院。”

他太太说：“他是医生吗?”

他儿子问：“这是开玩笑吗?”

第二天早上，斯特恩的儿子就把成绩单寄了出去。两个星期后，斯特恩下班回家，看到儿子满面笑容。他递给斯特恩一封信，信纸上端印着“纽约医院神经科主任弗雷德·普鲁梅医学博士”一行字。来信叫他打电话给普鲁梅医生的秘书，约个时间面谈。

罗比得到了那份工作。做了两个星期义工之后，他每星期得到 40 美元工资，一直到暑期结束为止。他跟着普鲁梅医生在医院里走来走去，做些小差事，这虽然微不足道，但他穿着白色实验工作服，自己觉得自己也很重要。

第二年夏天，他又到医院去做暑期工，这一次责任稍微重些了。中学快毕业时，普鲁梅医生想得很周到，替他写了一些推荐信给几所大学。罗比最后被布朗大学录取，他们一家高兴极了。

第三年夏天，他又到医院去做暑期工作，渐渐对行医产生了热爱。大学快毕业时，他申请进医学院。普鲁梅医生又替他写推荐信，推荐他的才能和人品。

罗比被纽约医学院录取。取得医学博士学位之后，罗比又做了四年妇产科实习医生。

计程车司机的儿子罗伯特·斯特恩医生后来成了纽约市哥伦比亚长老会医疗中心的妇科主任。现在，他自己开业行医。

机遇就在我们的身边，无处不在，而那些善于把握机遇的人终将成就辉煌的人生。你是否在苦苦寻求成功的机遇，面对一时的失意而困惑彷徨？还是，你完全忽略艰辛而奋进？人生难免有起有伏，重要的是你是否一直在充实自己，是否对自己保持信心。要知道你的人生是你的思想所导致的；你的外在世界由你的内在世界所决定，要改变外在必须先改变内在。所有成功的人都要有耐性、毅力和自信。要成功就要向成功者学习，只有第一名才能教你如何成为第一名，读万卷书不如行万里路，行万里路不如阅人无数，阅人无数不如名师开悟，名师开悟不如自己悔悟，只有一定要成功的人才能成功，一心想成功的人是铁定不会成功的，成功是看你付出了多少，而不是你想了多久！

托·富勒说过：一个明智的人总会抓住机遇，把它变成美好的未来。机遇稍纵即逝，它从不光顾没有准备的头脑，弱者坐待良机，强者制造时机。把握机遇，就能赢得明天和未来，就可取得胜利和成功。珍惜机遇，就会推波助澜，一帆风顺，就会心想事成，旗开得胜。创造机遇，就会棋高一着，技高一筹，运筹帷幄之中，决胜千里之外，就会弄潮时代，独领风骚，对于我们任何人来说都是机不可失，时不再来，一个机遇有可能改变人生，我们要好好把握，倍加珍惜，善于创造。因此，我们一定要把握机遇，成就精彩的人生。

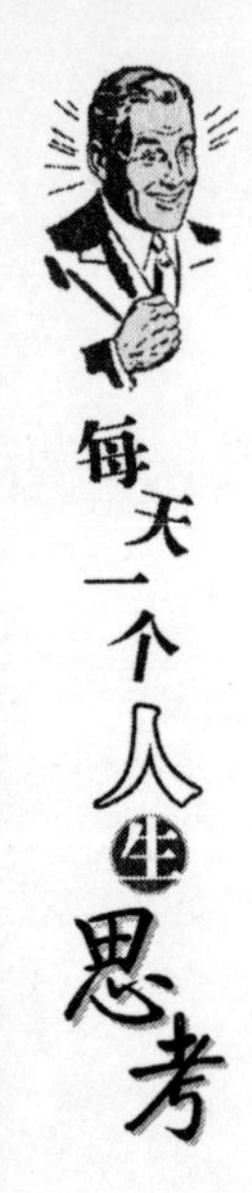


## 附录：你是善于把握机会的人吗？

有个年轻异性向你问路，而恰好方向相同，你会如何？

A. 告诉她方向相同，可以一起走

B. 很详细地告诉她，再从后面跟着

C. 你会默默地带她到目的地

D. 告诉她走法，自己另走一条路

答案解释：

A. 人生何处不相逢，这是一种缘分，你能藉此同行，可说是个善于利用机会的人。你做事负责，也能有涵养地为对方着想，懂得尊重别人。

B. 你把自己的事和别人的事，分得很清楚，但不会只告诉人家方法，而自己摆脱。你喜欢跟在人家的后面求安全，也许由于这种原因，使你得到许多成功的机会。

C. 你是个只顾自己，自求满足的人。你无视对方的困难，而一味强求，因此会制造敌人；但因为你的态度强硬，也有不少人会跟着你走，是属于政治家型的人。

D. 你意志软弱，讨厌人家误解或低估。一旦被人请托，又觉得是一种负担，而感到厌烦。你没有意气相投的朋友，也没有敌人，是个作风相当独特的人。

## 成功之路自食其力

人生在世，要想获得成功，做出一番令人骄傲的成绩，就一定要靠自己。只有自食其力，才能创造属于自己的成功。命运不会去怜惜一个不努力的人，更不会去同情一个懒惰的人，一切都需要自己去努力。谁都不可能一生一世地帮你，一时的享受也只不过是过眼云烟，成功需要自己去努力。

一个人的命运掌握在自己的手中，成功的关键取决于他的思考的方式、想法是否与行动一致，还有就是他面对失败的态度，做一个强者并不是随便说说那么简单！尤其是生活在当今世界的人，你必须有着成熟的心态，丰富的阅历，强大的自信心、爱心。成功在近处，成功就在你身边。但是，前提是你必须始终看准目标而且努力地接近目标，否则，一切都是枉然。起点低没有关系，因为有希望才要坚持。梦想在明天，但通往明天的路就在脚下，你要有成功者的心态，处处都能发觉成功的力量。把封闭的心扉敞开，成功的阳光就能驱散失败的阴霾。福特说过：大部分人都是在别人荒废的时间里崭露头角的。达尔文说过：完成工作的方式是爱惜每一分钟，因此对时间格外珍惜才能够把握人生的命运，做生活的强者。

现实生活中，大部分人生而平凡，即使你家财万贯，如果坐享其成，亦总有坐吃山空之际；纵有达官贵人提携，如果不思进取，亦总有穷途末路之时。外部的有利条件，只能帮助你比别人更好、更有利地去争取，

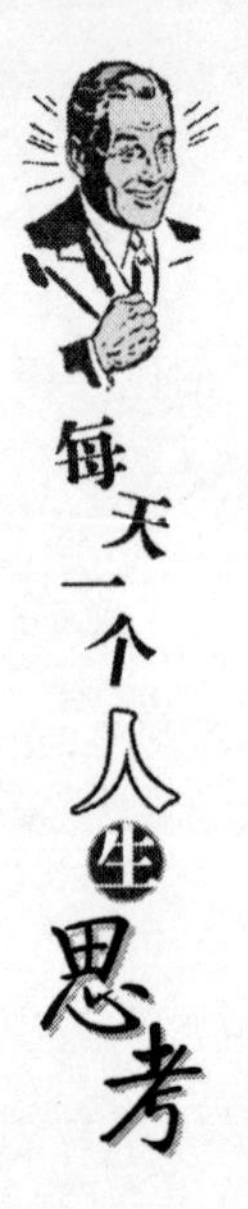


是一种优势，而绝非决定力量。抱着有利条件，驻足不前，如同坐井观天，永远看不到天有多大。完全依赖有利条件就容易停下脚步，停滞不前，最终一无所有。人的出生，其实就意味着苦难的开始，就决定了今后要走一条不平坦的路。路边有绮丽风光，也有悬崖荆棘，但无限风景终归要登上险峰才能看到。路要靠自己一步步去走，事业要靠一点点去打拼，幸福就要靠自己一点一滴去创造。

台湾歌手郑智化，从小患小儿麻痹致双腿残疾，他不屈不挠，靠着自己的坚持和毅力，创作出了《水手》、《星星点灯》等脍炙人口的名曲；作家张海迪，5岁患病全身瘫痪，自强不息，自学多类学科知识，翻译创作多种文学作品，被誉为“当代的保尔”，成为全国青年学习的楷模；英国科学家霍金，青年时患病在轮椅上坐了40多年，靠语音合成器讲话，靠自己不懈的努力，提出了著名的“黑洞”定理，被称为在世的最伟大的科学家，还被称为“宇宙之王”……

一个个身残志坚的人物感召着我们，一个个成功的事例震撼着我们。人生的乐章要靠自己去谱写，事业的蓝图要靠自己去描绘，这样你才能真正地攀上人生的顶峰。若想成功，只有自食其力，一点点积累，一步步走向成功。那些眼高手低，好吃懒做的人永远不可能品尝到成功的滋味。

从前，有一个名叫木沙的青年，远离家乡，四处流浪，但又游手好闲，大事做不成，小事又不愿做，每日讨些残汤剩饭糊口度日。

一天，他来到一个院内长满鲜花的人家。还没等他敲门，屋主人刚好走了出来，他来到木沙跟前，打量了他一番，笑着问：“年轻人，你有什么家业吗？”

木沙不好意思地说："我哪里有什么家业，我只有一条能将就睡觉的毡子，一只用来喝水的碗，一根用来打水的麻绳。"主人笑呵呵地看着他又说："噢，是这样。年轻人，去把你的这三样东西拿来吧。"

过了一阵工夫，木沙拿着那三样东西来了。主人和木沙一起到市场上将三样东西卖掉，然后买了一把斧子，一起回到了他家。他让自己贤良的妻子做了饭，叫年轻人吃得饱饱的，又给他包上了一些干粮。然后，在他腰中缠了一条长绳子，把斧子交给他，打发他上山去砍柴，并约定半个月后再来这里见面。

按照主人的指点，木沙到山里砍了许多柴禾，背到集市上去叫卖。每天如此，他不但吃饱了肚子，换了身新衣裳，而且口袋里还有了积蓄。这时他才明白了主人的意思，他心里很感激，是他教会了自己应该怎样过日子。

半个月过去了，木沙如约来到了主人家里。主人十分高兴的接待了他。两人寒暄了一阵，年轻人叙说了自己感激的心情，还说以后再不过游手好闲的日子了。

主人听了，意味深长地说："与其乞讨度日，不如自食其力。"

年轻人连连点头称是。

靠自己去成功。郑板桥说过：滴自己的汗，吃自己的饭，自己的事情自己干，靠人靠天靠祖宗，不算是好汉。只有靠自己成功的人，才有资格谈及人生的真谛；只有靠自己成功的人，才会给我们以真实的人生教益；只有靠自己成功的人，才能跳出苦难人生；只有靠自己成功的人，才能讲出人生的理性。

成功与精彩，不是某些特定人的独享物，而是靠自己的努力得来的，只要你能敢想敢做、爱我所爱、笑对人生、打破常规、树立目标、以勤补拙、珍惜机遇、纵横交际，那么成功就触手可及！



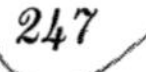

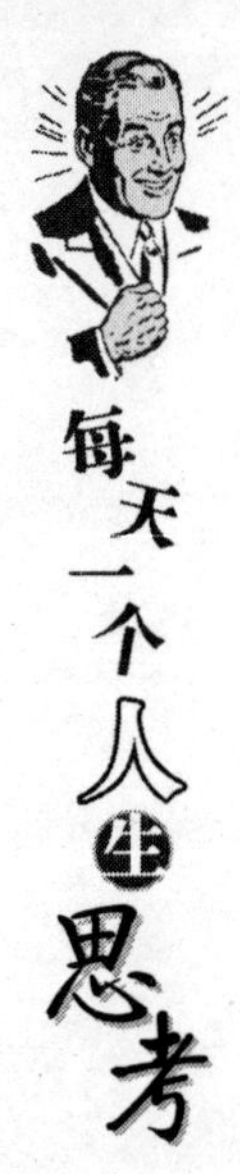

一个凭借自身努力而成功的人，拥有骄傲的资本。当他达到事业顶峰时，会真正感受到成功的快乐，体验到其中的酸甜苦辣。靠自己去成功，人生需要不断努力，让我们一起大步前行吧，为了美好的未来去打拼。

# 自暴自弃一败涂地

自暴自弃，谓自甘堕落，不求进取。语出《孟子·离娄上》："自暴者，不可与有言也；自弃者，不可与有为也。言非礼义，谓之自暴也；吾身不能居仁由义，谓之自弃也。"这段话的意思是："自己糟蹋自己的人，和他没有什么好说的；自己抛弃自己的人，和他没有什么好做的。出言诋毁礼义，叫做自己糟蹋自己。自认为不能居仁心、行正义，叫做自己抛弃自己。仁，是人类最安适的精神住宅；义，是人类最正确的光明大道。把最安适的住宅空起来不去住，把最正确的大道舍弃在一边不去走，这可真是悲哀啊！"

自暴自弃就是放弃自己，放弃生活，同时也放弃希望。产生自暴自弃主要是缘于本身性格波动较大，并且难以恢复平静。遇到挫折或失败，就自暴自弃，消极应对，这样的人永远不会取得成功。唯有那些敢于与困难抗争的人，才会战胜挫折，获得成功。

19世纪初，有位英国将军在战场上吃了败仗，落荒而逃，躲进农舍的草堆里避风雨，又痛苦，又懊丧。茫然中，他忽然发现墙角处有一只蜘蛛在风雨中拼命结网，蛛丝一次次被吹断，但蜘蛛一次次拉丝重结，毫不气馁，终于把网结成。将军深受激励，后来重整旗鼓，终于在滑铁卢之役打垮了拿破仑。这位将军就是历史上赫赫有名的威灵顿。

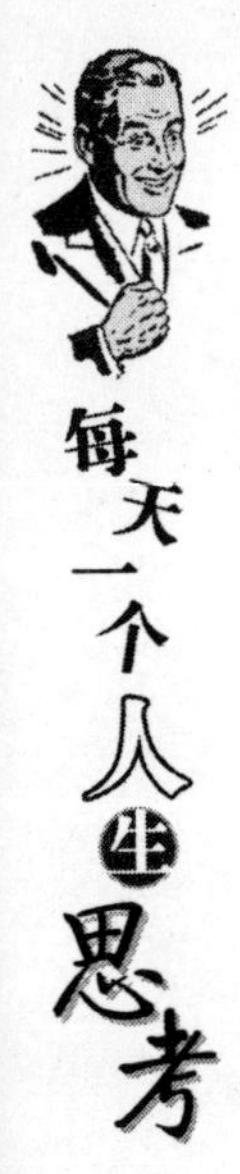


不被命运所束缚，要摆脱命运的不幸带来的灾难，靠着自己的努力，继续顽强地完成自己的事业，继续努力地活下去。就像贝多芬，尽管耳朵听不见了，但他没有服从于命运的安排，而是扼住命运的咽喉，不让自己被命运所击败，而是继续创造出更伟大的乐章。

海伦·凯勒在她一岁多的时候，因为生病，从此眼睛看不见，并且又聋又哑了。由于这个原因，海伦的脾气变得非常暴躁，动不动就发脾气摔东西。她家里人看这样下去不是办法，便替她请来一位很有耐心的家庭教师苏丽文小姐。海伦在她的熏陶和教育下，逐渐改变了。她了解每个人都很爱她，所以她不能辜负他们对她的期望。她利用仅有的触觉、味觉和嗅觉来认识四周的环境，努力充实自己，后来更进一步学习写作。几年以来，当她的第一本著作《我的一生》出版时，立即轰动了全美国。海伦·凯勒虽然五官残缺，但是她克服不幸，完成大学教育。以后更致力于教育残缺儿童的社会工作，这种努力上进的精神，实在值得我们学习。

历史上还有许多人像他们一样，遇到挫折却没有因此消沉，而是顽强地与厄运抗争。他们绝不会自暴自弃，因为他们始终相信，只有战胜自己，才能战胜命运，走出困境。战胜自己很不简单，一般人得意忘形，失意时自暴自弃；人家看得起时觉得自己很成功，落魄时觉得没有人比他更倒霉。惟有不受成败得失的左右、不受生死存亡等有形无形的情况所影响，纵然身不自在，却能心得自在，才算战胜自己。

日常生活中，当我们面对不如意的外境时，内心就会产生痛苦的感受。当心中产生痛苦感受的时候，就会很自然地抱怨说：“我内心的痛苦是外境的某某人、某某物、某某事给我带来的！”然后，心里也很自然地对“造成”内心痛苦的“人”、“物”、“事”等产生怨恨和厌恶。

事实上，我们所遭遇的一切痛苦绝非外境给我们带来的，而是自暴自弃的结果。为什么这样说呢？众所周知，外境存在于我们的身体之外，心存在于我们的身体之内，所以外境和心显然不可能直接接触。既然如此，外境肯定没有办法去逼迫我们的心产生痛苦。

尽管外境不如人意，或者看上去很凶险，但是，只要我们愿意，我们尽可以选择一些乐观的、冷静的、包容的、安详的、平和的心态面对这些不如意的或者凶险的外境，而没有必要选择诸如怨恨、责备、着急、焦虑等负面的自我伤害的心态。古人云："命由我作，福自己求。"意思是说，人的苦乐命运都是由自己的眼、耳、鼻、舌、身、意这六根所起的种种心念创造的，快乐和幸福一定要靠自己的心主动地去求才能得到。

自暴自弃者永远与成功无缘，它是成功的大敌。面对不如人意的现状，是选择就此消沉，还是积极地与其抗争，走出逆境，想必每个人都会选择后者。但是，现实生活中并不是每个人都有如此坚强的信念，他们在一两次尝试之后便放弃了，日渐消沉，自暴自弃，最终彻底失败。只有真正的强者才能成功，只有真正的强者才敢于面对现实的残酷，战胜自我，战胜一切困难，最终走向生命的辉煌。

天行健，君子自强不息！意思是说，天上的太阳每天都在按照其固有的轨迹运行着，无论大地上的万物是什么，也无论它们是美的或丑的、善的或恶的，太阳一律选择用温暖的阳光对待它们；君子之人也应当像太阳一样，远离一切痛苦和忧戚，远离自暴自弃，永远选择乐观、向上、利他的心态面对一切外境，这就叫"自强不息"。

面对不如意的外境，内心选择痛苦的负面心态，这叫"自暴"；将自己苦乐的决定权交付于外境的顺逆，这叫"自弃"；自心像太阳一样，对世间一切万物远离爱恶亲疏，永远选择快乐和利他，这叫"自强不息"。

面对生活，是以自强不息的态度顽强拼搏，还是选择自暴自弃，自我沉沦，选择权就在你的手中。美好的未来等待你去开拓，不要一时失意的影响，相信明天会更好。

# 第十一章

# 关于人生得失的思考

得失是一种轮回，得失之间：得必失，失必得。人生在世，如果太在意得失，必受其累。

得之泰然，失之淡然，此谓得失之最高境界。看淡得失，珍惜现在所拥有的一切，你就会感受到生命的本真和幸福。

# 人活一世有得有失

人活一世，有得有失，得失之间，怡然自得。人生是短暂的，匆匆如流水，人生又是漫长的，如长夜漫漫，但关键的路却只有几步，所以你必须学会选择，懂得放弃，在人生的十字路口，请不要有太多的幻想，脚踏实地，一步一个脚印往前走，不要给人生留下太多的遗憾。

古人云：祸兮福所倚，福兮祸所至。今天你得到了，明天也可能失去，所以对待生活就像对待人生一样，用一颗平常之心去面对就可以了。一般来说，人的天性是习惯于得到，而不习惯于失去的。呱呱坠地，我们首先得到了生命。自此以后，我们不断地得到：从父母得到衣食、玩具、爱和抚育，从社会得到职业的训练和文化的培养。长大成人以后，我们靠着自然的倾向和自己的努力继续得到：得到爱情、配偶和孩子，得到金钱、名誉、地位，得到事业的成功和社会的承认，如此等等。

当然，有得必有失，我们在得到的过程中也确实不同程度地经历了失去。但是，我们比较容易把得到看作是应该的、正常的，把失去看作是不应该的，不正常的。所以，每有失去，仍不免感到委屈。所失愈多愈大，就愈委屈。我们暗暗下决心要重新获得，以补偿所失。在人们的心中，人生之路仿佛是由一系列的获得勾画出来的，而失去则是必须涂抹掉的笔误。总之，不管失去是一种多么频繁的现象，我们对它反正不习惯。

整个人生是一个不断地得而复失的过程，就其最终结果看，失去反

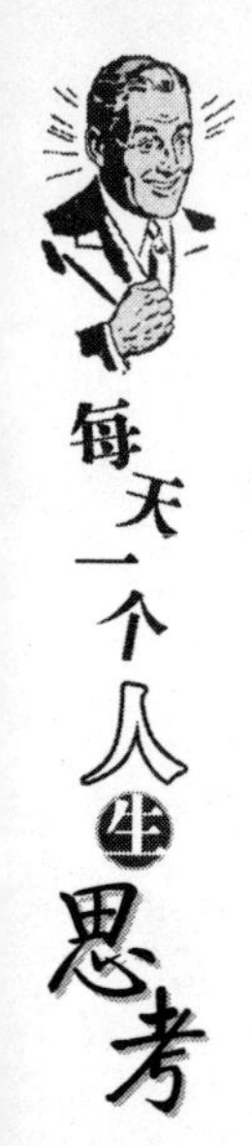


比得到更为本质。我们迟早要失去人生最宝贵的赠礼——生命，随之也就失去了在人生过程中得到的一切。有些失去似偶然，例如天灾人祸造成的意外损失，但也是无所不包的人生主题中应有之义。“人有旦夕祸福”，既然生而为人，就得有承受旦夕祸福的精神准备和勇气。至于在社会上的挫折和失利，更是人生在世的寻常遭际了。由此可见，不习惯于失去，至少表明对人生尚欠觉悟。一个只求得到不肯失去的人，表面上似乎富于进取心，实际上是很脆弱的，很容易在遭到重大失去之后一蹶不振。

人生是短暂的，在历史的长河里如白驹过隙，在这瞬间的人生里，美好的东西实在多得数不过来，我们总是希望得到的多，尽可能多的东西为自己所拥有。有人说：人生是一个不断放弃的过程，必要有所取舍，有所得失。过分的索取、自私的贪婪会压得我们喘不过起来，要知道背囊里的东西越多，走起路来越觉得沉重，最终你索取的东西会使你累倒在地。

一个人要以清醒的心智和从容的步履走过岁月，他的精神中必定不能缺少索取，但要淡泊，学会取与舍。否则，他会活得太累。看淡一切，不是不求进取，不是无所做为，不是没有追求，而是以一颗纯美的灵魂对待生活和人生，失去也许是无奈的，而得到可能得易于失去。失去未必不好，得到可能更珍贵。得与失或者不在个人，而取和舍却全在自己。

记得有个故事：

**一富商收藏了价值连城的古玩，一天，他把古玩拿在手中赏玩，忽然差点儿跌落摔碎，他惊出了一身冷汗，然而就在此时心中忽然觉醒，随即将古玩摔落地上，如同丢弃了沉重的包袱，心境变得从容而淡泊。**

得与失，实则是一种心态。得之，不要大喜，不可贪得无厌；失去，切勿大悲，不可失去精神。得与失，不要看得太重，一切付之笑谈中。

我们在拼命追求某一样东西的时候，会觉得很振奋、很起劲。当然，我们也隐约地感觉到，在追求一物的同时我们会失去另外一物。但是，我们却说什么也不情愿考虑那些可能失去的东西价值几何，或者说，我们根本就不在乎所失之物。好像那些曾令人不遗余力追寻的东西一旦到手以后，并不能够令人心满意足。何其如此？无疑，多了牵挂，少了悠闲。我们的心灵需要空间，若是被塞得满满当当，必不会舒坦。要想赢得空间，我们就不得不放弃对某些物品的占有。也就是说，清理工作首先应该对准我们满脑子的欲望。对这个道理，知之易，行之难。可以这样说，当我们初识了酸甜苦辣以后，得失这个观念就一直纠缠着我们，无论如何我们都无力将其抛在一边。

世上没有永远的得到，也没有永远的失去；每一个人都是在得与失中往前行走着，时时事事处于患得患失中，权衡着，计算着……

每个人时时都处在得与失中，是一样的。只是有的人在得到时忽略了将会失去什么，得到的与失去的哪个多哪个少；现在得到了，将来失去的是什么。有很多得失的显现需要时间，有些失却在近期、中期看不到，甚至要很长时间才会显现出来！可能今天还在为得到什么而兴高采烈，明天就会为失去什么而沮丧悔恨；也许今天所谋的好处显而易见，而到了后期才发现得到的比失去的更多，或者失去的比得到的更珍贵。人往往都是要到失去时，才懂得拥有时的不珍惜，才明白失去后的珍贵！

在人的一生中，会遇到很多的选择，在得与失，取与舍之间会有很多的矛盾，如果一个人只想取不想舍，或者只想得不想失，做什么事都没有自己一定的信念，那么一切的一切只是梦幻，在现实生活里，我们常常会遇到各种诱惑，但只要我们坚定自己的目标，当取则取，当舍则舍，该得到的我们心安理得，该失去的我们坦然面对，这是一种认识，一种能力，更是一种境界。

世界上很多的事物都是矛盾的，都是不统一的，很多的时候，我们常常想起一句话："鱼和熊不可能兼得。"你选择了勤奋，必然会放弃清闲；选择了事业，必然会放弃家庭。在人生的路上，得亦是失，失亦是

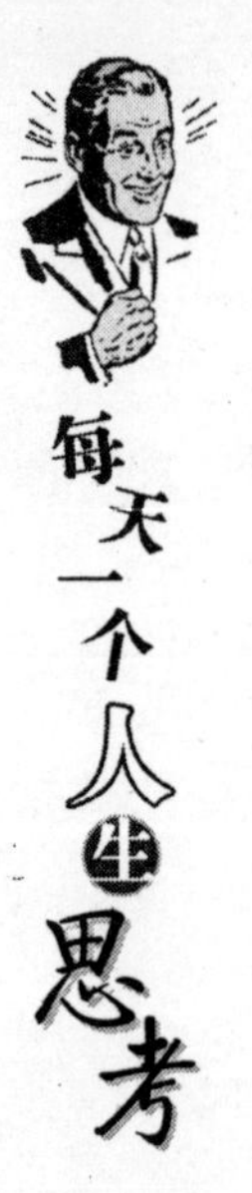


得，得中有失，失中有得，在得失之间，我们无须不停地徘徊，更不必苦苦地挣扎，我们应该用一颗平常之心去看待生活中的得与失。我们应该明白，对自己来说什么才是最重要的，什么才是应该放弃的，放弃那些可有可无、不触及生命意义的东西，求得生命中最有价值、最纯粹的东西是我们人生的主要目标。

有一个寓言故事叫做“塞翁失马”。故事是这样讲的，边塞上一个老头失掉了一匹马，别人来安慰他。他却说：“你怎么知道它不会是福呢？”后来出走的马失而复得，而且还带了一匹好马，别人又来道贺，他却说：“你怎么知道它不会成为祸呢？”果然，儿子骑马摔断了腿，福成了祸。再后来，儿子因为瘸腿而没有上前线打仗，父子俩都保住了生命，祸又变成了福。

俄国作家帕斯捷纳克说过一句话：“在人生中，失去比获得更为重要。种子消失之后，才能够发芽。”只有从来没有的东西，才永远不会失去；一旦有了得，必定会有失，人的一生仿佛就是得失的轮回。在这个得失世界，即使用心认真，百得也会有一失；但是认真用心，百失之后也会有一得。

人生的成长，不在于有无得失，而是学习如何有得有失。聪明的人从不担心失去了什么，而会思考应该得到什么；愚笨的人，则只惶惶于失去一丁点儿东西，而不曾思考真正要的是什么。16 世纪法国大思想家蒙田有一句慧黠的话：“什么都来一点儿的人，什么都得不到。”

失落身外之物，而不致失去自我的人，肯定会获得更多的机会；然而不曾失落任何东西的人，却会因为找不到自我，而终至失去一切。一时失败并不可怕，失去自我才值得担忧；有时候，不曾有过挣扎的考验，付出的代价更大。俗话说：“得之我幸，不得我命。”

人类生而获得，却无处不失落。惟有，得所该得，失所该失；因得而失，由失而得，才能真正掌握取舍之钥。

人生一世，有得有失。命里有时终须有，命里无时莫强求。重要的不是得与失，而是你曾经为得到付出了多少努力，无论你得到了还是失去了，只要你是快乐的、幸福的，你的人生就是有意义的，也是最富有的。

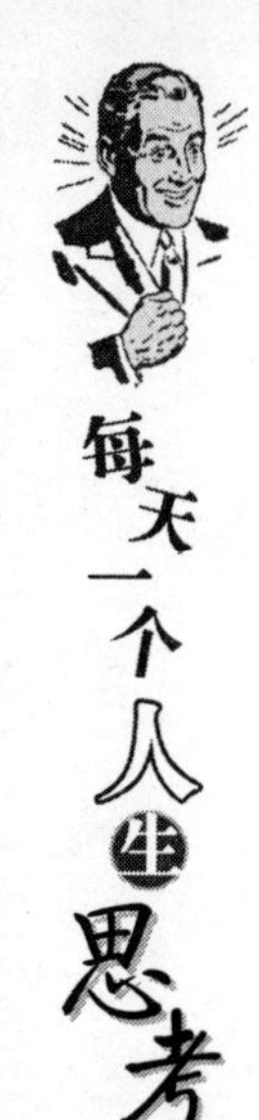

# 得之泰然失之淡然

得之泰然，失之淡然。得与失互为因果，有失必有得，有得必失。失与得是事物存在的两个状态。它们真实、客观地存在着，因此，不要因一时得失而做出草率的决断。

春秋战国时期的宓子贱，是孔子的弟子，鲁国人。有一次齐国进攻鲁国，战火迅速向鲁国单父地区推进，而此时宓子贱正在做单父宰。当时也正值麦收季节，大片的麦子已经成熟，不久就能够收割入库了，可是齐军一来，这眼看到手的粮食就会让齐国抢走。当地一些父老向宓子贱提出建议，说："麦子马上就熟了，应该赶在齐国军队到来之前，让咱们这里的老百姓去抢收，不管是谁种的，谁抢收了就归谁所有，肥水不流外人田。"另一个也认为："是啊，这样把粮食打下来，可以增加我们鲁国的粮食，而齐国的军队也抢不走麦子做军粮，他们没有粮食，自然也坚持不了多久。"尽管乡中父老再三请求，宓子贱坚决不同意这种做法。过了一些日子，齐军一来，真的把单父地区的小麦一抢而空。

为了这件事，许多父老埋怨宓子贱，鲁国的大贵族季孙氏也非常愤怒，派使臣向宓子贱兴师问罪。宓子贱说："今天没有麦子，明年我们可以再种。如果官府这次发布告令，让人们去抢收麦子，那些不种麦子的人则可能不劳而获，得到不少好处，单父的百姓也许能抢回来一些麦子，但是那些趁火打劫的人以后便会年年期盼敌国的入侵，民风也会变得越来越坏，不是吗？其实单父一年的小麦产量，对于鲁国强弱的影响微乎其微，鲁国不会因得到单父的麦子就强大起来，也不会因失去单父这一年的小麦而衰弱下去。但是如果让单父的老百姓，以至于鲁国的老百姓都存了这种借敌国入侵能获得意外财物的心理，这是危害我们鲁国的大敌，这种侥幸获利的心理，才是我们几代人的大损失呀！”

宓子贱自有他的得失观，他之所以拒绝父老的劝谏，让入侵鲁国的齐军抢走了麦子，是认为失掉的是有形的、有限的一点点粮食，而让民众存有侥幸得财、得利的心理才是无形的、长久的损失。得与失应该如何取舍，宓子贱做出了正确的选择。要忍一时的失，才能有长久的得，要能忍小失，才能有大的收获。

人的一生总是在得与失之间轮回，在这方面失去就会在那方面得到。伟大诗人弥尔顿最杰出的诗作是在他双目失明后完成的；伟大音乐家贝多芬最杰出的乐章是在他听力失聪后完成的；青年学习楷模张海迪许多译注和作品是在她高位截瘫后在轮椅上完成的……事物的转换总是这样，在他拥有时就有一份好心情，在他欲罢不能时，就失去了往日的那份好心情。这正如佛经所说：失就是得，得就是失。

有这样一个故事，说明人们应该学会珍惜，而看淡得失。

有一个阿拉伯的富翁，在一次大生意中亏光了所有的钱，并且欠下了债。他卖掉房子、汽车，还清债务。此刻，他孤独一人，无儿无女，穷困潦倒，唯有一只心爱的猎狗和一本书与他相依为命。在一个大雪纷飞的夜晚，他来到一座荒僻的村庄，找到一个避风的茅棚。他看到里面有一盏油灯，于是用身上仅




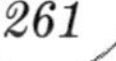

存的一根火柴点燃了油灯，拿出书来准备读书。但是一阵风忽然把灯吹熄了，四周立刻漆黑一片。这位孤独的老人陷入了黑暗之中，对人生感到痛彻的绝望，他甚至想到了结束自己的生命。但是，立在身边的猎狗给了他一丝慰藉，他无奈地叹了一口气沉沉睡去。

第二天醒来，他忽然发现心爱的猎狗也被人杀死在门外。抚摸着这只相依为命的猎狗，他突然决定要结束自己的生命，世间再没有什么值得留恋的了。于是，他最后扫视了一眼周围的一切。这时，他不由发现整个村庄都沉寂在一片可怕的寂静之中。他不由急步向前，啊，太可怕了，尸体，到处是尸体，一片狼藉。显然，这个村昨夜遭到了匪徒的洗劫，整个村庄一个活口也没留下来。

看到这可怕的场面，老人不由心念急转，啊！我是这里唯一幸存的人，我一定要坚强地活下去。此时，一轮红日冉冉升起，照得四周一片光亮，他欣慰地想，我是这个世界里唯一的幸存者，我没有理由不珍惜自己。虽然我失去了心爱的猎狗，但是，我得到了生命，这才是人生最宝贵的。

他怀着坚定的信念，迎着灿烂的太阳出发了。

人生由一连串的失与得编织而成，有得有失，有失有得。因此，只有看淡得失，才能领悟生命的真谛，从而学会珍惜。

作家毛志成说过："人间有三苦：一苦是，你得不到，所以你痛苦；二苦是，你付出许多代价，得到了，却不过如此，所以你觉得痛苦；三苦是，你轻易地放弃了，后来却发现，原来它在你生命中是那么重要，所以你觉得痛苦。"

人生的天平总是伴随着得失一起一落，让左右的托盘总是那样完美地平衡着。得与失，在时间的沙漏中来来回回，激荡着生命的火花，演绎着一出出人生的悲喜剧。世界永远是公平的，无得便无失，无失也无得。

人生是一个不断追求的过程，在这个过程中得失与你相随，放弃重负，简约而行，生命之舟就会满载着幸福快乐，驶向人生美丽的港湾。

庄子持竿钓于濮水，他放弃了“一朝权在手，便把令来行”的高官厚禄，却得到了山水的恬然与静雅，悠然自得；霍金失去健全的身体，得到那驰骋自如的思维与想象，引导他在科学界如一颗耀眼的明星绽放美丽，演绎精彩；洪战辉失去灿烂幼真的童年，得到了成熟与坚强，他过早地担负起对另一个生命的呵护，成为生活的强者，成为新时代的榜样；胡长清得到太多的权贵，失去做人的理性，失去一个人的底蕴与人格，最后贪婪大坝决堤将自己淹没，被世人不屑，臭名昭著。

“流光总易把人抛，红了樱桃绿了芭蕉。”人生茫茫，岁月流逝，不要抱怨得失，一切看开得失随缘，不要怨恨太阳，或许你会得到月亮。

“得之泰然，失之淡然，顺其自然，争其必然”是人生的最高境界。看淡得失，珍惜现在所拥有的一切，你就会感受到生命的本真和生活的幸福。

一生中不时发生这样或那样的变故，不时在得到和失去。无奈的是，很多人总以为只有得到手的才属于自己，一旦失去了就是损失。其实，一切都在不停变换，在你失去的同时，你也得到了；在你得到的同时，你也许正在失去……

只要有山，就有山峰和谷底，就像人生一样，总有得到和失去。得之泰然，失之淡然，人的本性总是希望得到，但更多的时候我们都无法拒绝地经历失去。还不如顺其自然，纵然失去也一笑置之。只要能做到这一点，我们就会发现，失去和得到的差别，并不像当初想象的那样大。得到的同时夹着迷惘，失去的时候缠着追念，两者都同样令人惆怅。

每天都在得到，每天亦在失去，如果能把得到的和失去的看得像大

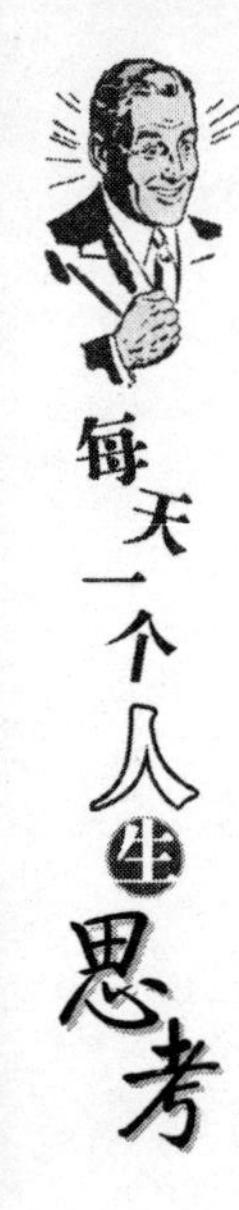

自然里的花开花落，草木枯荣一样，你就将活得潇洒，收获幸福。

得之泰然。

泰然是一种心境，是面对一切的不计较，无论是金钱、名利、地位；泰然，是面对现实的一种从容不惊，一种坦然。

泰然，就是要心态平和。它不同于古代“顺天而行”、“无为而治”、也不是不在乎，任其发展。它是“有为”后的一种心理状态。人生之路并不都是充满阳光鲜花的大道，有时也会有沟沟坎坎、磕磕绊绊，许多的成败得失，并不都是我们能预料到，也不是我们都能够承担起的，但只要我们努力去做，求得一份付出后的泰然，得到的也会是一种快乐。

失之淡然。

人生活在物质世界，有需求、有欲望，正当的欲望为人所提倡，如果目标很高，通常称之为志向。欲望得不到满足，志向得不到实现，尤其是非常想要并经过一番努力而失败的，失落感尤其重，这时就需要采取淡然处之的方式，心平气和地思考一番，然后看待失去的，准备重头再来。

淡然是一种心态，放弃之淡然，不放弃也淡然。如果你能正确对待所失去的，那么也将收获更多。

# 知足常乐幸福人生

知足常乐这句流传久远的至理名言出自《老子·俭欲第四十六》：“罪莫大于可欲，祸莫大于不知足，咎莫大于欲得。故知足之足，常足。”意思是说：罪恶没有大过放纵欲望的了，祸患没有大过不知满足的了；过失没有大过贪得无厌的了。所以知道满足的人，永远是觉得快乐的。

要想成为一名永远快乐的人，就要有一颗知足的心。当你看淡名利之时，也就意味着你正在享受当下的生活。知足常乐是一种处世哲学和生活态度，要求人们在任何的环境中都能乐天知命，安于现状，与世无争，悠然自得，没有更高的要求，感到满足。

知足者才是真正的富有者。调整好心态，在自己能力范围内，享受生活中的点滴喜悦和快乐。知足者常乐，知足便不作非分之想；知足便不好高骛远；知足便安若止水气静心平；知足便不贪婪不奢求不豪夺巧取。

知足的人快乐，在生活中，能真正适可而止地知足的人，往往能得到很多意想不到的快乐。有这样一个寓言故事：

有一个天使，送信的时候在人间睡着了。醒来后，他发现翅膀被人偷走了。没有翅膀的天使，能力比普通人还要小。他又冷又饿，来到一户人家门口。

“我是天使，请把门打开。”

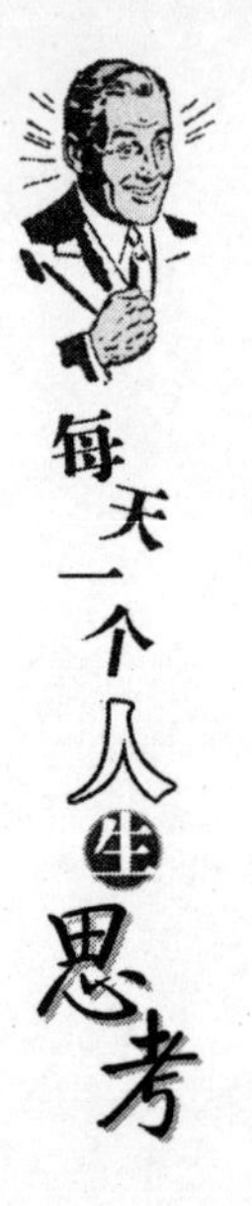


这家人打开门，看到天使被雨淋了，衣服皱巴巴的，却问：“你给我们带来了什么礼物？”

天使回答：“我的翅膀丢了，回不到天堂去，没有礼物。”

“没有翅膀和礼物的天使不算天使！”这家人把门关上了。

他敲第二家、第三家的门，都遭到了拒绝。

天使没办法，只好蹲在村口哭。一个牧羊人看他可怜，便把他带回了家。

天使吃饱了饭，穿上了暖和的衣服，开始对牧羊人述说自己的遭遇。

牧羊人说：“你即使不是天使，我也会给你一顿饭吃的。如果你没有别的事做，就留下来和我一起放羊吧。”

天使在人间的确不会什么手艺，便开始牧羊。

天使每天梳理一些羊毛留下，日积月累，他为自己织了一对羊毛的翅膀，在牧羊人目瞪口呆的注视下飞走了。

过了几天，天使来答谢牧羊人，问他要什么。

牧羊人说：“让我增加100只羊吧。”

羊的数量增加了100只，牧羊人比过去更累了。他找到天使，请他把羊收回去，为自己盖了一间大房子。牧羊人在大房子里住着，发现到处是灰尘，打扫不过来。于是他用房子换了一匹马。牧羊人骑在马背上，但不知要到什么地方去，就把马又还给了天使。

天使问：“你还要什么？”

牧羊人说：“什么也不要了。”

天使说：“人从来都有很多愿望，你难道没有吗？”

牧羊人说：“愿望实现之后，我才知道我不需要这些东西，它成了我的累赘。”

天使说：“我送你一样无价之宝，那就是性格。你想有什么样的性格？”

牧羊人说："我已经有了这样的性格，那就是知足。"

有人认为：现代社会不应当提倡知足常乐。他们认为知足就是满足现状，而满足又往往导致不思进取，提倡知足常乐会给现代社会带来种种弊端，不利于现代社会的健康发展。其实，这是由于他们错误地理解了"知足"的真正含义。所谓"知足"者，是知道"足"与"不足"矣。他们简单地把"知足"理解成"满足"，然后顺理成章地得出了一个错误的结论。

知足常乐是许多人津津乐道的人生哲学。有的人结庐于山间，一亩薄田，一壶清茶，一盘檀香，一张古琴，悠闲自在，自得其乐。比如陶渊明悄然遁世，隐匿南山；比如孟浩然厮守农舍，归隐田园。在那平凡的鸡鸣犬吠中，在那"把酒话桑麻"的笑谈中，他们知足了，也拥有了不足为外人所道的乐趣。

曾经在《读者》里看到这样一篇文章：

一位小商贩不熟悉经济学，向来都是把一页页的欠条随手一塞。别人还钱也好不还也罢，他从不追究。这位商贩的儿子是一个经济学家，就劝他管好账目。可这位商贩却说："我是不懂管账，我父亲死得早，仅仅给我留下了一条烂裤子。在我的眼里，除了一条烂裤子，剩下都是我的利润。"

这个商贩正是知足常乐的代表，他没有刻意地去追求暴利，而是本着一种洒脱、平和的心态，对待自己的事业和拥有的财物，或许，这种心态对他的生意带来的更多的是裨益。

学会"知足常乐"，首先要懂得"知足"。其实，足与不足，都是由欲望大小所导致的。知足的前提是学会节制欲望。人有欲望并不是坏事，但是如果让欲望变成贪欲，不仅不能达到知足常乐，而且还可能会因此酿成人生悲剧。



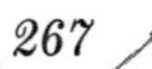

明末清初有人写过一本《解人颐》，对贪欲的描写可谓淋漓尽致，书中写道："终日奔波只为饥，方才一饱便思衣，衣食两般皆俱足，又思娇容美貌妻，娶得美妻生下子，恨无田地少根基，买到田园多广阔，出入无船少马骑，槽头拴住骡和马，叹无官职被人欺，当了县丞嫌官小，又要朝中挂紫衣，若要世人心知足，除是南柯一梦西。"正是这种贪欲的恶性膨胀，不仅让人烦恼无穷，而且还使古往今来多少人一步步地走向深渊。古代三国时期的周郎在痛呼"既生瑜何生亮"的嫉妒声中轰然倒地；近年成克杰、胡长清们则因贪欲、贪财、贪色而身受极刑。这样的例子难道还少吗？

学会"知足常乐"，还必须懂得"乐"之真谛。乐是什么？乐不过是人们发自内心深处的一种满足感罢了。一个人快乐与否，满足还是不满足，其实都是他与过去、与他人进行对比后所产生的心理反应。试想，一个百万富翁，如果将他置身于贫民窟内，他一定会很满足，觉得自己是个了不起的大富翁；但是，如果让他呆到一个千万富翁、亿万富翁成堆的地方，尽管其财富并未减少分文，他可能就会因此而倍感失落，甚至觉得自己是"一介贫民"。由此可见，人们快乐与否，主要取决于其认识和思考问题时的角度与方法，取决于其知足与不知足的心态。

知足常乐，是一种人生态度。淡泊以明志，宁静以致远。诸葛孔明在草庐之中，过着悠闲自得的读书生活，却厚积薄发、积少成多，为刘皇叔策划出了"隆中对"。正所谓，遇事不慌乱，更容易找到解决问题的出路。

很多时候，我们不要看自己没有的，而要看自己有、别人却没有的。世间所有美好的事物，你不可能全部收归囊中。想想，相对于死亡而言，活着就该知足了。毕竟死亡意味着生命的终结，生命都没有了，何谈人生呢？生命是最重要的，比黄金万两还重要。相对于体弱多病，健康的人就该知足；相对于没钱而言，有钱的人就该知足；相对于自暴自弃，自信而不自大的人更该知足。

知足常乐，是一种人生态度。当今社会，物欲横流、人欲滔滔，利益、权位、金钱、美色，时时处处在引诱着人们，使人变得贪婪，让人不得满足。正因为如此，所以，我们更应该学会知足，更应该保持一份平和淡泊、乐观豁达的人生心态，不要让自己成天生活在奢望不断、忧伤不止的阴霾中。

学会知足吧，前方将是幸福的人生；学会知足吧，让你的心从此宁静、坦然。

## 附录：你是一个知足的人吗？

下面是一个有趣的小测试，看看在这个物欲横流的社会，你能否保持一个平和的心境。

1. 你是否觉得自己被迫循规蹈矩？

A. 是的，有时是这样

B. 很少或从不

C. 是的，我经常因为必须循规蹈矩而感到沮丧

2. 你是否喜欢自己的工作？

A. 大多数时候是，但不总是

B. 是的

C. 基本上不是这样

3. 你认为下面哪个词是对你最好的概括？

A. 安定的

B. 感到满意的

C. 不平静的

4. 你是否做了一些让你良心不安的事？

A. 是的，有时候

B. 很少或从不

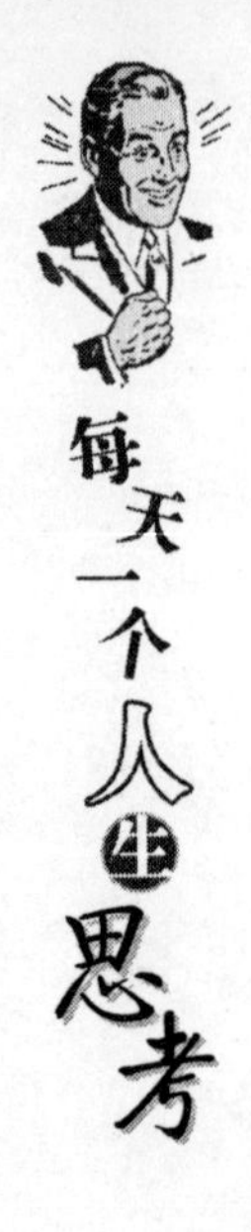

C. 是的，我在这方面很担心

5. 你对生活是否抱有一种轻松的态度？

A. 是的，对大多数事情是这样。但是，有些事情很重要，不是那么容易放得下

B. 总的来说，我的确是采取一种轻松的态度对待生活

C. 我不认为自己是一个很轻松愉快的人

6. 你是否因为自己的失败而拿别人出气？

A. 偶尔

B. 很少或从不

C. 经常

7. 你是否感到自己的生日是在比较幸运的星座上？

A. 也许我算比较幸运的

B. 绝对没错

C. 不

8. 你是否已经实现了人生的大多数抱负？

A. 是的

B. 我现在不能找出特定的抱负需要我去实现

C. 完全不是

9. 你如何看待未来？

A. 有一定程度的理解

B. 如果顺利的话，会像现在一样继续发展

C. 我希望将来会比过去和现在要好得多

10. 你拥有良好的睡眠吗？

A. 我努力做，但不总是成功

B. 是的

C. 通常不太好

11. 你是否感到自己有自卑感？

A. 可能，有时是这样

B. 没有

C. 是的

12. 你是否认为自己拥有忠诚和稳定的家庭生活？

A. 总的来说是这样

B. 毫无疑问

C. 不是

13. 你觉得自己有没有充分享受自己的业余时间？

A. 也许我的业余活动没有我希望的多

B. 是的

C. 没有，因为我没有时间参加业余活动

14. 你是否考虑过通过做整形手术来让自己变得漂亮一些？

A. 可能

B. 没有

C. 是的

15. 如果让你回顾并且评价自己的人生，下面哪句话最适合？

A. 基本上满意，但我认为自己还能够获得更多

B. 我要感谢上天的恩赐，因为我人生的顺境要多于逆境

C. 我多少会感到有些生气，因为我没有实现自己的人生价值

16. 你是否很容易休息放松？

A. 有的时候容易，有的时候比较困难

B. 很容易

C. 一点也不容易

17. 你是否已得到人生中应该得到的大多数东西？

A. 基本上是这样

B. 我认为我得到了

C. 我认为我没有得到

18. 你是否经常希望自己是另一个人？

A. 不经常，但偶尔会认为有些人比我幸运



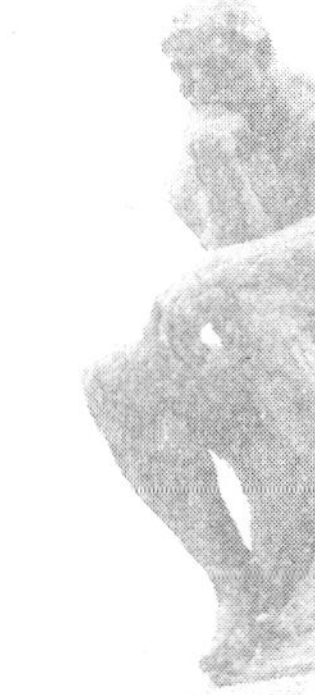

B. 我从来没有认真考虑过

C. 我经常希望自己是另一个人

19. 如果让你变换生活方式一年时间，你愿意吗？

A. 在特定的情况下有可能

B. 我认为我不会

C. 是的，我会接受这样的机会

20. 你是否觉得机会总是从身边溜走？

A. 有时

B. 很少或从不

C. 经常

21. 你嫉妒其他人的财产吗？

A. 偶尔

B. 很少或从不

C. 经常

22. 你是否经常因为做得太少而沮丧？

A. 有时

B. 很少或从不

C. 几乎始终是这样

23. 你是否渴望异乎寻常的假期，它可以让你完全逃避现实？

A. 是的，有时候

B. 假期是不错，但对我来说不是必不可少的

C. 是的，经常这样想

24. 你是否嫉妒富人或名人？

A. 偶尔

B. 很少或从不

C. 经常

25. 你对自己感到满意吗？

A. 偶尔

B. 经常

C. 很少或从不

记分方法：选 A 得 1 分；选 B 得 2 分；选 C 不得分。

分数解释：

少于 25 分：你对自己的生活不太满意。也许你对没有实现自己的人生梦想或者已经精疲力竭而感到非常无奈和痛苦；也许你认为人生太过短暂，你没有足够的时间去做许多你想要做的事情；也许你实在不满意当前所从事的工作，而且在工作的时候你常常会想到许多你真正愿意做的事情；也许你正在经历人生的一个困难或紧张的时期，这种情况是我们每个人都可能遇到的。

如果情况确如上面所述，那么现在正是审视并且评价自己人生的好时候，并且特别要多注意积极的方面，扪心自问得到了什么。也许你拥有一份稳定而喜欢的工作和一个和睦的家庭，这本身就是一种成就；也许你有一项喜爱的运动或业余爱好，而且可以倾注更多的时间从中享受乐趣……所有这些都是值得为之感激的，而不是失望的理由。

25～39 分：你对自己的人生基本满意，尽管可能你还没有意识到这一点。尽管你并不缺乏雄心壮志，但你不会为了追求这些目标而去冒风险，包括危及到你自己的快乐和现有的生活方式，以及那些和你最亲近的人。但是，在你的内心深处，经常会有一种不满足感，因为你自认为可以获得更多，并且因此而多少感到有些遗憾。

尽管如此，你还是认为总的来说自己的目标大部分已经实现，因此，没有理由做任何改变。你是自己的首席专家，有权决定自己人生的道路应该怎样走。

40～50 分：你的得分表明你对自己的生活感到满意。因此，你可能拥有快乐和内心的安宁。正是这种快乐感染并影响了你周围的人，尤其是你的直系亲属。

你是很幸运的一类人，能够找到自己的小天地。你很懂得知足常乐，这正是许多人羡慕你的地方。

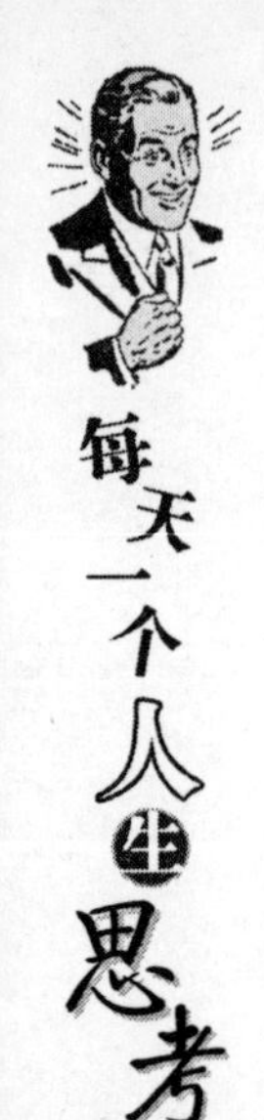

## 患得患失成功大忌

患得患失是人生最常见的心理隐患，是成功的大忌。患得患失的人犹如戴上精神枷锁，附在他们身上的阴影很长时间挥之不去，对个人情绪及生活造成很大影响。

患得患失的人，整天或为得失所忧，或被得失所累，生活郁郁寡欢。生活中往往有这样一些人，整个儿被笼罩在患得患失的阴影之中，心房被得失纷扰得没有一分安宁。单位发工资，他会把工资表翻个底朝天，生怕谁多拿了半分钱；领导们开个日常的工作会，他会费尽心机打听，看谁又要被提拔了；同事们聚会若少了他，他会猜想肯定避开他在搞什么鬼名堂。整天神经兮兮，心情忐忐忑忑、惴惴不安，生活哪来轻松与愉快?

若想铸就成功人生，必须砸碎精神枷锁，丢掉思想包袱，走出患得患失的阴影。如果不能消除患得患失的毛病，那么成功就将渐行渐远。

从前有一位神射手，名叫后羿。他练就了一身百步穿杨的好本领，立射、跪射、骑射样样精通，而且箭箭都射中靶心，几乎从来没有失过手。人们争相传颂他高超的射技，对他非常敬佩。

夏王也从左右的嘴里听说了这位神射手的本领，也目睹过后羿的表演，十分欣赏他的功夫。有一天，夏王想把后羿召入宫中来，单独给他一个人演习一番，好尽情领略他那炉火纯青的射技。

于是，夏王命人把后羿找来，带他到御花园里找了个开阔地带，叫人拿来了一块一尺见方、靶心直径大约一寸的兽皮箭靶，用手指着说："今天请先生来，是想请你展示一下你精湛的本领，这个箭靶就是你的目标。为了使这次表演不至于因为没有竞争而沉闷乏味，我来给你定个赏罚规则：如果射中了，我就赏赐给你黄金万两；如果射不中，那就要削减你一千户的封地。现在请先生开始吧。"

后羿听了夏王的话，一言不发，面色变得凝重起来。他慢慢走到离箭靶一百步的地方，脚步显得相当沉重。然后，后羿取出一支箭搭上弓弦，摆好姿势拉开弓开始瞄准。

想到自己这一箭出去可能发生的结果，一向镇定的后羿呼吸变得急促起来，拉弓的手也微微发抖，瞄了几次都没有把箭射出去。后羿终于下定决心松开了弦，箭应声而出，"啪"地一下钉在离靶心足有几寸远的地方。后羿脸色一下子白了，他再次弯弓搭箭，精神却更加不集中了，射出的箭也偏得更加离谱。

后羿收拾弓箭，勉强陪笑向夏王告辞，悻悻地离开了王宫。夏王在失望的同时掩饰不住心头的疑惑，就问手下道："这个神箭手后羿平时射起箭来百发百中，为什么今天跟他定下了赏罚规则，他就大失水准了呢？"

手下解释说："后羿平日射箭，不过是一般练习，在一颗平常心之下，水平自然可以正常发挥。可是今天他射出的成绩直接关系到他的切身利益，叫他怎能静下心来充分施展技术呢？看来一个人只有真正把赏罚置之度外，才能成为当之无愧的神箭手啊！"

患得患失、过分计较自己的利益将会成为我们获得成功的大碍。我

们应当从后羿身上吸取教训，面临任何情况时都应尽量保持平常心。

人生无非就是一个得到和失去的过程，只有收获不失去是不可能的。人获得生命，到最后还不是要归于尘埃。所以大可不必在得到和失去之间苦苦挣扎、徘徊，该是你的，迟早都是你的，不该是你的，不管你怎么费力也不会得到。患得患失是人生大忌。自古以来，在芸芸众生中，既有超然物外者，也有患得患失者。前者是一种健康而积极的人生态度，奉行这种人生态度的人，往往容易体会到心灵的自由和满足，能够过着悠然洒脱的生活，充分享受人生的尊严和快乐。后者则是一种病态消极的处事心理，这种人往往在得与失的罗网里钻来钻去，无法得到内心真正的超脱自在，更无法体悟到人生真正的快乐滋味。

人生在世有所得，必有所失，两者总是很难兼顾。因此，在生活中，对于所拥有的，要珍惜，要知足。对于那些不该得到的东西，切勿不择手段，一味奢求；对于失去的东西，不要耿耿于怀，老是放不下。这是精明、智慧、机智的生活态度。

尼采曾指出："不患得患失是活得久、过得好的艺术。"在患得患失中度过一生的人，他的生活无时无处不充满忧虑，生命也因此衰老得更快；而超然物外者，他的生活时时刻刻充满乐趣，因而他的生命也更长久。精神的力量传递给肉体，感染着肉体，美好的情绪既能使人快乐，也能使生命延伸。

实践表明，经常患得患失、心胸狭窄的人，平时总是忧思不断，耿耿于怀，精神紧张，痛苦缠身，很容易得精神忧郁症、癔病、偏执精神病等。那么，怎样改掉这些毛病呢？

(1) 淡泊名利。古人云："淡泊以明志。"养生首养心，养心淡名利。人生苦短，名利有如过眼烟云。人不可缺乏进取心和奋斗精神，但一味地追名逐利反而会得不偿失。人，最值钱的东西是生命而不是名利。这方面，我们不妨学学美术大师刘海粟先生。刘海粟年逾九十，仍精神矍铄，挥毫自如。其秘诀是："宠辱不惊，看庭前花开花落；去留无意，望天上云卷云舒。"如此虚怀若谷，坦坦然然，身心何愁不健康，生命何愁不青春永驻。

(2) 跳出自我的狭小圈子。心胸狭窄，患得患失的人，凡事总是以我为中心，把个人得失看得很重。要改掉这个毛病，就必须跳出“我”的小圈子，去掉一些私心，减少一些计较，这样时间久了，心胸就会慢慢开阔起来。

(3) 学会宽容。严以律己，宽以待人，凡事多为他人着想，多为他人排忧解难，对他人的过失给予更多的理解和体谅，这样我们就能从生活中获得许多安慰和快乐，赢得他人的尊敬。相反，为一点小事斤斤计较，横眉冷对，怒目相视，不能谦让，那么，我们就会活得很累，自寻许多烦恼。

(4) 懂得放弃。生活中的事情不可能都合理，心甘情愿地为某些事作些牺牲，放弃一些要求，不仅是应该的，而且也是需要的。高尔基说得好：给予永远比索取要好。牺牲一点，放弃一点，并不影响你什么，但却可以换来和平与宁静，得到他人的理解与尊重，自己的心灵也会因为付出而感到满足和充实。

(5) 知足常乐。每一个人都要学会比较，通过比较得到良好的心境。正确的、乐观的比较应该是自己和自己比，把自己的今天和自己的过去比。只要努力过，且通过努力进步了，收获了，即使别人已小康，你才温饱，别人已有了金条，你还囊中羞涩，也丝毫不应自惭形秽，因为每个人的基础不一样，条件不一样，经历也不一样。同样一双手，十个指头怎么能一般齐呢？学会知足，平静看待得失，你就将改掉患得患失的毛病。

# 舍得放下智慧人生

舍得放下，智慧人生。放下是成熟的表现，就如同果实成熟了便会自行坠落；而不懂放下的人，会被生活中的琐事困扰羁绊，遍寻快乐而不得。在生活中，我们放不下的东西太多了，以至于徒增了许多烦恼，甚至觉得生命是如此沉重。所以，每个人都应该学会放下，因为放下就是快乐，放下就会一身轻松。

一个青年背着一个大包裹，千里迢迢跑来找无际大师。他说："大师，我是那样地孤独、痛苦和寂寞，长期的跋涉使我疲倦到极点。我的鞋子破了，荆棘割破双脚；手也受伤了，流血不止；嗓子因为长久的呼喊而嘶哑……为什么我还不能找到心中的阳光，找到快乐？"

大师问："你的大包裹里装的什么？"

青年说："它对我可重要了。里面是我每一次跌倒时的痛苦，每一次受伤后的哭泣，每一次孤寂时的烦恼……靠着它，我才能走到您这儿来。"

无际大师带青年来到河边，他们坐船过了河。

上岸后，大师说："你扛了船赶路吧！"

"什么，扛了船赶路？"青年很惊讶，"它那么沉，我扛得动吗？"

“是的，孩子，你扛不动它。”大师微微一笑说，“过河时，船是有用的。但过了河，我们就要放下船赶路。否则，它会变成我们的包袱。痛苦、孤独、寂寞、灾难、眼泪，这些对人生都是有用的，它能使生命得到升华，但须臾不忘，就成了人生的包袱。放下它吧！孩子，生命不能太沉重。”

青年放下包袱，继续赶路，他发觉自己的步子轻松而愉悦，比以前快得多。原来，生命是可以不必如此沉重的。

舍得放下既得的一切，便会收获难得的快乐。享受当下的生活吧，因为只有眼前的一切才最值得珍惜，过去的就让它过去吧，不为昨天悔恨，只为今日的幸福。

光阴似箭，日月如梭。一个不懂得人身难得意义的人，一个至今甚至从未想过“遮挽”一下时光的人，他对人生是自然不知道珍惜的。真正是为了逃离生死苦海的人，必定会珍惜一分一秒，以求究竟的解脱。

禅宗里有这样一个公案。有一天，老禅师带着两个徒弟提着灯笼在黑夜里行走。一阵风吹起，灯灭了。“怎么办？”徒弟问。“看脚下！”师父答。当一切变成黑暗，后面的来路，前面的去路，都看不到。如同前生与后世的未知，如同失去了活气的过去和似梦般缥缈的未来，我们要做的是什么？

当然是：“看脚下，看今生，看现在！”

看脚下！看今生！看现在！有什么比脚下踩的地更踏实？有什么比今生更现实？有什么比现在更真实？

过去是一段不可再现和变更的记忆，不论是眷恋着过去的美好，还是悔恨着以往的缺憾，都不是现实的和积极的生活态度。活在过去，只能造就现在的障碍，只能培植未来的悔恨……未来是一幅难以预知画面，不论是满怀希望的期待，还是心有余悸的侥幸妄想，都不能加速或推迟




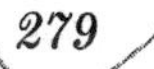

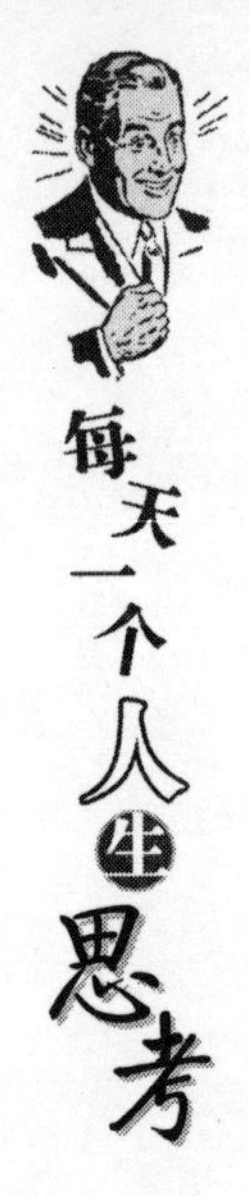


未来的脚步。恋上未来，人就生活在现在的梦里。

舍得放下，智慧人生。过去与未来，都没有当下重要，放下一切不快乐的事情，享受今天的幸福吧。

下面的这个故事，正是告诉人们要学会放下：

佛陀住世时，有一位名叫黑指的婆罗门拿了两个花瓶前来献佛。

佛陀对黑指婆罗门说："放下！"

婆罗门把他左手拿的那个花瓶放下。

佛陀又说："放下！"

婆罗门又把他右手拿的那瓶花放下。

然而，佛陀还是对他说："放下！"

这时黑指婆罗门说："我已经两手空空，没有什么可以再放下了，请问现在你要我放下什么？"

佛陀说："我并没有叫你放下你的花瓶，我要你放下的是你的六根、六尘和六识。当你把这些统统放下，再没有什么了，你将从生死桎梏中解脱出来。"

黑指婆罗门这才了解佛陀放下的道理。

舍得放下，烦恼就将离你而去，快乐也就随之而来。在繁忙的现代生活中，适时放下会让你找到一份久违的宁谧，感悟人生的美好。

生活中，我们需要放下的事情太多太多，下面是几条感悟：

(1) 放下压力，让心灵平静。心灵的房间，不打扫就会落满灰尘。蒙尘的心，会变得灰色和迷茫。我们每天都要经历很多事情，开心的，不开心的，都在心里安家落户。心里的事情一多，就会变得杂乱无序，然后心也跟着乱起来。有些痛苦的情绪和不愉快的记忆，如果充斥在心里，就会使人委靡不振。所以，扫地除尘，能够使黯然的心变得亮堂；把事情理清楚，才能告别烦乱；把一些无谓的痛苦扔掉，快乐就有了更多更大的空间。

(2) 放下烦恼，让快乐变得简单。放下烦心事，学会平静地接受现实，顺其自然，即使困难也要坦然面对，积极地看待人生。这样，阳光就会流进心里来，驱走恐惧，驱走黑暗，驱走所有的阴霾。

放下烦恼，快乐其实很简单。

(3) 放下懒惰，改变命运靠奋斗。不要羡慕别人的财富，通过不懈的努力，你也可以拥有。时刻激励自己，努力奋斗，积极进取，等待你的一定会是灿烂的人生。

(4) 放下抱怨，享受今天。所有的失败都是为成功做准备。抱怨和泄气，只能减缓成功向自己走来的步伐。放下抱怨，心平气和地接受失败，无疑是智者的姿态。

抱怨无法改变现状，拚搏才能带来希望。真的金子，只要自己不把自己埋没，只要一心想着闪光，就总有闪光的那一天。

(5) 放下犹豫，立即行动，成功无限。认准了的事情，不要优柔寡断；选准了一个方向，就只管上路，不要回头。机遇就像闪电，只有快速果断才能将它捕获。

立即行动是所有成功人士共同的特质。如果你有什么好的想法，那就立即行动吧；如果你遇到了一个好的机遇，那就立即抓住吧。立即行动，成功无限！

(6) 放下狭隘，心宽天地宽。宽容是一种美德。宽容别人，其实也是给自己的心灵让路。只有在宽容的世界里，人，才能奏出和谐的生命之歌！

放下偏见与狭隘，让一颗宽容的心陪伴你度过幸福的每一天！

(7) 放下自卑，你可以做得更好。放下自卑，让自信的力量激励自己，成就辉煌的人生。放下自卑，自信能够稀释一切痛苦和哀愁；放下自卑，自信能够有效弥补你外在的不足；放下自卑，自信能够让你无所畏惧地走在大路上，感到自己的思想高过所有的建筑和山峰！

相信自己，找准自己的位置，你同样可以拥有一个有价值的人生。



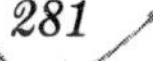

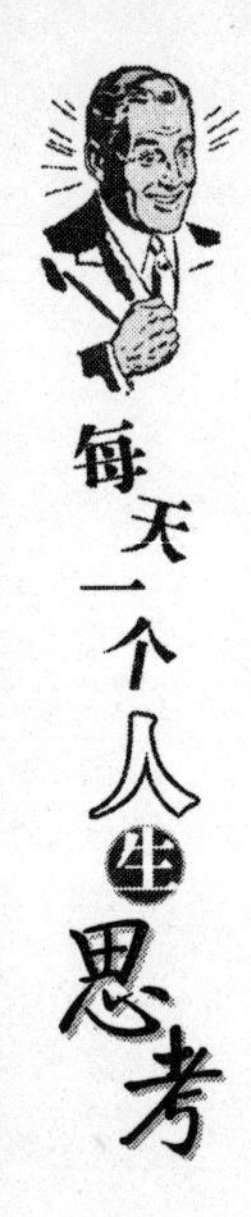


(8) 放下消极——绝望向左，希望向右。如果你想成为一个成功的人，那么，请为“最好的自己”加油吧，只要付出努力，你完全可以一辈子都做最好的自己。向着希望的方向前行，让积极的你成为不可战胜的人。

# 第十二章

# 关于人生幸福的思考

研究表明，幸福是由复杂的因素构成的，明显处于理想环境的人也未必幸福，因为理想环境也许与一个人的实际情感没太大关系。其实，一个人幸福与否，关键在于自己的内心。当你满足时，就会觉得一切都那么美好；当你被外物所扰，就会迷失在生活中而烦闷不已。

## 平平淡淡人生真谛

平平淡淡，人生真谛。平凡的日子才是内心幸福的源头，看似简单、平淡的生活蕴藏着幸福的真谛。人生最大的烦恼来自欲望，最大的敌人是自己的内心。

生活就是过日子，一个七日接着又一个七日。这句话看似简单，做起来并非易事，这也是很多人遍寻幸福而不得的原因。过日子不外乎有两种过法：一是穷过，一是富过。穷过日子的人自有过穷日子的理由。不能说他没本事，也许他安逸于这样的现状，觉得这就是生活。就像住惯了平房的人搬进楼房，总有些不习惯。喜欢住平房的人感觉自由，生活节奏慢而舒心，搬进楼房则会感到很压抑。而富过日子的人是住不惯平房的，他们不习惯慢悠悠的生活节奏，在高效率高质量生活的同时，也会给自己带来不少压力，从而无法获得内心的平静。

平平淡淡才是真，平淡的生活是快乐的源泉。无欲无求的生活让人们体会到了知足常乐的幸福。在简约的生活中，用一颗平常心去看待当下的生活，用感恩的心看待世界，拒绝杞人忧天，也不预知明天的烦恼，只是体味平淡中的从容、享受当下家庭、集体、朋友带来的欢乐与温馨。

当下是一个物质极度丰富的年代，我们可以享受到先辈们无法想象的生活。只是这也是一个生活节奏快、浮躁的社会，平淡、简约的生活反倒成为一种奢侈的想象。

其实，在这个物欲横流的现代都市丛林中，种种压力使人们活得烦

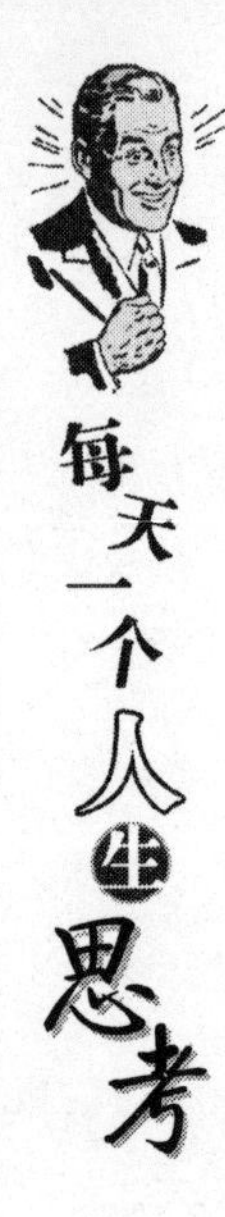


累，空虚与无聊，我们只有学着在平淡的日子里寻找一些简单的基调，沉淀一些无谓的杂质，才能愈合伤痕，完美微笑，不让快乐的生活从手中丢失，不让人生的轨迹出现偏离。但是，很多人常常抱怨生活的压力，整日处在压抑的环境中，其实，这一切皆源于内心的杂念，唯有平平淡淡的生活才是获得幸福的源泉。

一个人从小到大总会有很多欲望，为了实现这些欲望，他们常常会想尽各种办法，动用种种可以利用的手段。可是，人的欲望是无止境的，当一个愿望实现以后，他们还会绞尽脑汁去追求另外的目标。其实，当这些整天为了自己的欲望奔忙的人停下来反观自心的时候，会发现平淡的生活才是最好的生活。

佛教中有一则扫地和尚的故事，说的是在一座县城里，有一位老和尚，每天早上天蒙蒙亮的时候就开始扫地，从寺内扫到寺外，从大街扫到城外，一直扫到离城二三里远。天天如此，月月如此，年年如此。小城里的年轻人，从小就看见这个老和尚在扫地。老和尚虽然很老了，就像一株古老的松树，不见它再抽枝发芽，可也不见衰老。

有一天，老和尚坐在蒲团上，安然圆寂了，可小城里的人谁也不知道他活了多少岁月。过了若干年，一位长者走过城外的一座小桥，见桥上镌着字，字迹大都磨损，长者仔细辨认，才知道石上镌着的正是那位老和尚的传记。根据老和尚遗留的戒牒推算，他活了 137 岁。

当时有一位将军在这小城里扎营时，突然起意要放下屠刀，恳求老和尚收他为佛门弟子。这位将军丢下了他的部下，拿着扫把，跟在老和尚身后扫地。老和尚心中自是了然，向他唱了一首偈：

扫地扫地扫心地，心地不扫空扫地。

人人都把心地扫，世上无处不净地。

这虽是一则故事，却能揭示了幸福的真谛，那就是平淡的生活和内心的清净。然而，简约平淡的生活看似简单，却有很多人做不到。在这个物欲横流的社会，每个人都有着无穷无尽的欲望：没有钱的想要有钱，有了钱想要更多的钱；普通员工想升职涨薪，升职涨薪后就想自己当老板；租房住的还在为买每一平米而奋斗，买到房子的却在憧憬着海边的别墅……我们都在想着存款里的数字再多一点，业绩的排名再靠前一点，职位再向上爬升一点……我们总是不满现状，总想变成什么，总想拥有更多。

我们不甘落后与平庸，总在更新着理想，不断更新的理想和来不及实现的现实间总有一段距离。距离让我们恐慌，让我们觉得落后，落后让我们一刻也无法放松。我们的生活目标总是定得很高，总出现在理想中的未来，所以，只有奋力再奋力地奔跑、追赶。

我们很少想到自己拥有的，却常常看到自己没有的，于是，没有的就成了理想——我们的理想就是这样被制造出来的。因为有理想，所以必须不断追赶；因为有理想，所以对现在总是不满；因为有理想，所以把现在过得很不理想，一直无法放松下来，甚至在睡梦中还在不停地追赶。

其实，人的欲望就像一道难填的沟壑，似乎永远也填不满。这个欲望刚刚满足了，下一个欲望又产生了。欲望的产生永远比满足跑得快，欲望的满足只存在于完成的那一刻，在满足的一刻实现之后，人们就对它再也没有兴趣了。似乎人们已经忘记了享受当下的生活，只知道不停地追求未来的欲望。

夜深人静的时候，你是否对自己敞开心灵，审视过自己的欲望？我们曾经想得到一千元，现在得到了，然而为什么还不快乐？因为我们又开始创造出新的欲望，开始期待新的未来——一万元。没错，得到一万元之后，下个目标就是十万元，得到十万之后呢？就是百万、千万……你的内心是不是存在着无穷无尽的欲望？只是当欲望满足后，你是否真

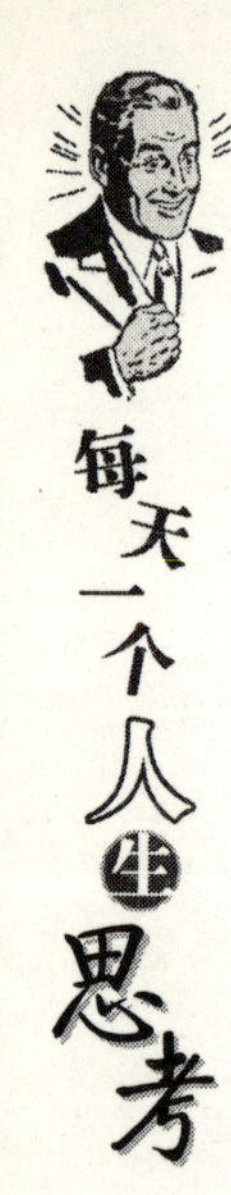

的快乐和知足了呢？

有个老人在自家门口的空地竖起一块牌子，上面写着：“此地将送给一无所缺，全然满足的人。”

一名富有的商人，骑马经过此处看到这个告示牌，心想：“此人既要放弃这块土地，我最好捷足先登把它要下来。我是个富有的人，拥有一切，完全符合他的条件。”

于是，他叩门说明来意。

“你真的全然满足了吗？”老人问道，

“那当然，我拥有我所需要的一切。”

“果真如此，那您还要这块土地做什么？”

我们常以为，若能得到更多的钱、更大的权力、更高的名位、更大的成就，就会满足。但当我们达到这些目标，我们还是不满，因为永远都有下一个更远的目标在前面等待我们去完成，这就是欲望的本质，也是欲望的可怕之处。

读过《圣经》的人，对于古代犹太国极盛时期的君王所罗门，有很深的印象。所罗门被称为充满智能的君王，他领导的犹太国，国强民富。他个人的聪明才智，超过历代的学者智士。他的财富名位，也是得心应手，可以说要什么有什么，物质的享受，算得上达到了极点。但是，所罗门满足了吗？他是否感觉到自己得到了真的幸福呢？我们看看他自己写的一段话就能明白：“空虚而又空虚，万事全是空虚。太阳底下没有一件可以留念的东西。一代过去，一代又来，大地仍然常在。”所罗门又描写到：“智能愈多，烦恼愈多。学问越广，忧虑越深。”从所罗门的作品中可以看出，世间的一切，都不能满足他，都不能使他幸福。他充满智能，又是一位极其富有的君王，尚且不能满足于现实，何况普通人呢？

并不是每个人都了解自己要的是什么，我们应根据心底的声音去找寻想要的生活。不是看到别人有什么就想要什么，也不是因为别人拥有了什么我就一定要比他的好。如果这样，此生，我们恐怕都填不满这个欲望的洞。只有真正了解了自己的需求，我们才能真正快乐，才不会欲望无止境。

平平淡淡才是真，满足于现在的生活，不要好高骛远，被欲望所牵绊而无法感受生活的快乐。人生如水，有顺流也有逆流，在柔情似水中，层层剥开心灵的茧子，用真诚与善良点缀自己的世界，把每一段都演绎得精彩。如果我们每个人可以活得简约一些，平淡一点儿，就能给自己一个澄澈的生活空间。

法国杰出的启蒙哲学家卢梭认为现代人的物欲太盛，他说："十岁时被点心、二十岁时被恋人、三十岁时被快乐、四十岁时被野心、五十岁时被贪婪所俘虏。人到什么时候才能追求睿智呢?"人生在世，不可能没有欲望。除了生存的欲望之外，人还有各种各样的欲望。欲望在一定程度上是促进社会发展和自我实现的动力。可是，欲望是无止境的，尤其是现代社会，物欲更具诱惑力，如果管不住自己的欲望，随心所欲，就必然会带来痛苦和不幸。

现实生活中一些拒绝平淡生活的人，他们管不住自己的物欲，有的掉了脑袋，有的当了囚犯，有的虽然侥幸没有被检举揭发出来，但整天提心吊胆，如同惊弓之鸟，稍有风吹草动就惶惶不可度日，那颗心早就无从谈起幸福了。

一个人能有一颗淡泊的心，不为名利所累，不为世俗所扰，不以物喜，不以己悲，并不是件很容易就能做到的事情。这需要树立一种正确的人生观、价值观，对于名利、地位等身外之物要有一种超然物外的洒脱，这样才能使自己"君子坦荡荡"，而不会陷于"小人常戚戚"之境地。在追名逐利惟恐不及的现代社会里，不要小瞧这不起眼的平淡心态，它能于利不趋，于色不近，于失不馁，于得不骄。它还会帮助你抗拒物欲的诱惑，帮你事业有成。有了它，你才会彻悟人生的真谛，进入宁静高远的生命境界。

平平淡淡地享受生活，开开心心地度过人生。不必苛求自己什么。

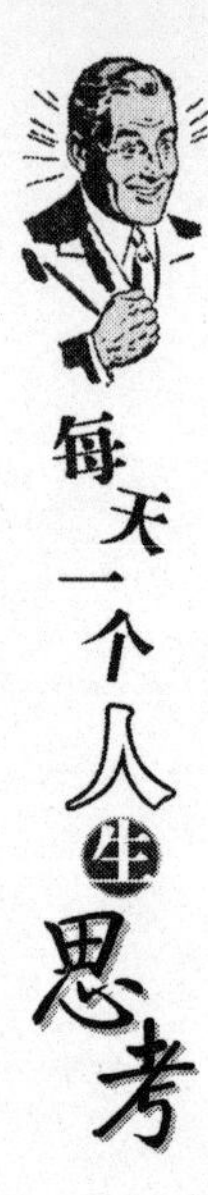


小草也是生命，也在为大地增绿。滴水也可以穿石——只要意志坚。上帝对每个生命都是公平的。不必抱怨什么，保持一颗平常的心，你会发现美无处不在。生活中不是缺少美，而是缺少一双发现美的眼睛。换个角度看世界，你会发现美无处不在，换个思维看生活，你会发现看似平淡的生活竟是如此绚丽！平平淡淡才是真……

平平淡淡，人生真谛，当你放下心中的牵挂，接受平淡的生活时，一切都会变得美好。

# 控制情绪幸福自来

如果一个人能够管理好自己的情绪，那么幸福就会围绕在他的身边。生活中的许多事情，既可以引起积极情绪，也可以引起消极情绪，至于究竟产生哪一种情绪，取决于我们把思想集中到事情的哪一方面。如果我们把思想集中到事情的积极方面，就会产生积极情绪；如果我们把思想集中到事情的消极方面，则会产生消极情绪。

学会控制情绪，幸福就会自己找上门来。你是否也有过这样的经历：考试前焦虑不安、坐卧不宁？被老师父母批评后更不思进取、自甘堕落？和朋友争吵后，上街乱逛并买一堆多余的东西泄愤呢？偶尔有这样的情绪不要紧，如果经常这样，可就得注意了！因为不知不觉中，你已经成了"感觉"的奴隶，陷于情绪的泥淖而无法自拔，所以一旦心情不好，就"不得不"坐立不安，"不得不"旷工、"不得不"乱花钱、"不得不"酗酒滋事。长期下去，会扰乱自己的生活秩序，也会干扰别人的工作、生活。

潮起潮落，月圆月缺，雁来雁往，花开花谢，世界万物都在循环往复的变化中，又何况我们人类呢？所以有情绪并不可怕，可怕的是不能控制情绪，任由情绪向着消极的方面发展。而控制情绪的能力会助你走向成功，从而享受幸福、快乐的人生。

**麦金莱是第二十五届美国总统。一天，一个议员带着几个**

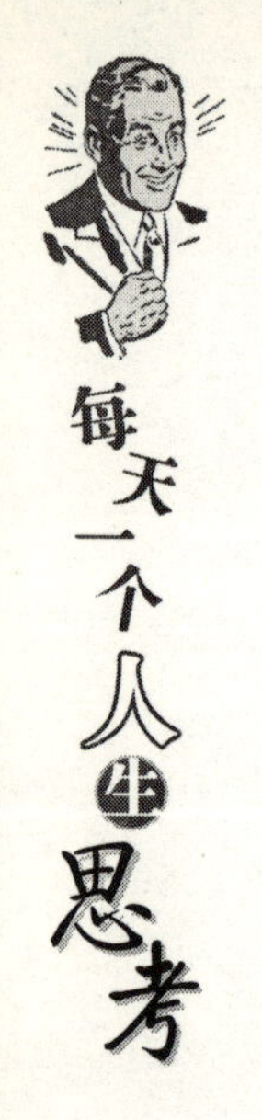


人冲进他的办公室，向他提一项抗议。议员的脾气很大，开口就用难听的话咒骂总统。而麦金莱却异常平静，一点也不动怒，耐心地让这些人发泄怒气。等他们一个个说得筋疲力尽，他才用温和的口气问："现在你们觉得好些了吗?"然后，总统开始向他们解释自己为什么要做那项决定，为什么不能更改。总统平和的态度，使那个议员立刻为自己粗暴的指责脸红了，意识到自己的观点的确站不住脚。如果麦金莱总统在议员粗暴地指责时竭力解释，就会导致一场激励的争吵。麦金莱总统凭着他超强的控制自己、管理自己情绪的能力赢得了那项决议的实施。

当我们感到有压力时，我们应学会把压力分解，避免在一个时期，承担太重的压力。美国著名心理学家丹尼尔提出：一个人的成功，只有20%是靠IQ，80%是凭借EQ而获得的。而EQ管理的理念即是用科学的、人性的态度和技巧来管理人们的情绪，善用情绪带来的正面价值与意义来帮助人们成功。

有这样一个关于佛陀的故事。一次，在旅途中，佛陀碰到一个不喜欢他的人。连续有好多天，在很长的一段路上，那人用尽各种方法诬蔑、诋毁、折磨佛陀。

在路的转弯处，佛陀问那人："假如有人送你一份礼物，可是你拒绝接受，这时，这份礼物应该属于谁呢?"那人答："这还不简单，当然属于送礼的那个人。"只见佛陀笑说："没错，若我不接受你的谩骂，那你不就是在骂自己了吗?"于是，那人摸摸鼻子走了。

情绪是我们生命的一部分，就像我们的手与脚，像我们积累的经验和知识一样，是可以为我们服务的。我们要妥善发挥情绪的作用，不做情绪的奴隶，成为情绪的主人。只有做情绪的主人，我们才能形成"不以物喜，不以己悲”的心态，遇事不恐慌、不激动，保持一颗平和心，享受幸福、美满的生活。

《黄帝内经》中说，人有七情六欲，喜伤心，怒伤肝，忧伤肺，思伤脾，恐伤肾。可见，情绪反应是人们正常行为的一方面，但用情过度却会伤害身体。因此，学会控制情绪，才能尽享幸福人生。

在这纷繁错杂的世界，或许我们曾经迷茫过、失落过、愤怒过、厌恨过……而事后的结果总是相当糟糕。因此，学会控制情绪，解放心情，做情绪的主人才是关键之所在。

这样的事情经常会发生在交通拥挤的十字路口：整个路面都成了车的海洋，不耐烦的司机在里面使劲地按着喇叭并烦躁地叫喊着，交警的及时出现阻止了就要陷入瘫痪状态的交通。他熟练地指挥，该停的停，该转的转，该走的走，场面很快得到了控制。这时，交警的重要性便体现出来了，没有他们的管理疏导，这种糟糕的状况可能还会持续很久。

有时候，人的心情也会像杂乱的交通一样，乱七八糟的各种情绪一起涌上心头，让人觉得心烦、头痛不已，同样，我们也需要给这些情绪一个合理的释放。

疏导情绪时，我们要学会情绪转化。不管是好心情还是坏心情，都得有一个转化过程。当我们心情极度兴奋的时候，要学会情绪转化，以免太过激动而发生不必要的麻烦；当我们心情极度低落的时候，也得情绪转化，以防一蹶不振。我们只有学会疏导情绪，才能算是真正的成熟，才能做到不轻易流露出自己的情绪。

## 快乐心境悠然一生

幸福是什么，幸福就是永远保持快乐的心境，悠然度过此生。拥有怎样的心境，也就拥有怎样的人生。是悲观还是乐观，一切都取决于你的心境。我们生活在同一个世界，为什么有的人过得幸福快乐，享受精彩的生活，而有的人却一直生活在烦恼之中？究其原因，主要是由于各自的心境不同。快乐积极的心境，能让人生充满不断向上的力量，为人生扬起蓬勃的风帆；而悲观消极的心境，却只能使我们的意志消沉，生活暗淡无光。

人生短暂，不要让痛苦掩盖了你生命的光彩，心向阳光，从不幸中获得超越，从平淡中捡拾喜悦，从拥有中学会感恩，你会发现，你的生活充满了快乐。

苏格拉底还是单身汉的时候，和几个朋友住在一间只有七八平方米的房间里，他一天到晚总是乐呵呵的。

有人问他："那么多人挤在一起，连转个身都困难，有什么值得高兴的？"

苏格拉底说："朋友们在一块儿，随时都可以交换思想，交流感情，这难道不是件很值得高兴的事儿吗？"

过了一段日子，朋友们一个个成了家，先后搬了出去。屋子里只剩下了苏格拉底一个人，每天，他仍然很快活。

那人又问："你一个人孤孤单单，有什么好高兴的？"

苏格拉底说："我有这么多书哇，一本书就是一个老师。和这么多老师在一起，时时刻刻都可以向它们请教，这怎不令人高兴呢！"

几年后，苏格拉底也成了家，搬进了一座大楼里。这座大楼有七层，他的家在最底层。底层在这座楼里是最差的，不安静，不安全，也不卫生，上面老是往下面泼污水，丢死老鼠、破鞋子、臭袜子和杂七乱八的脏东西，那人见他还是一副喜气洋洋的样子，好奇地问："你住这样的房间，也感到高兴吗？"

"是呀！"苏格拉底说，"你不知道住一楼有多少妙处呵！比如，进门就是家，不用爬很高的楼梯；搬东西方便，不必花很大的劲儿；朋友来访容易，用不着一层楼一层楼地去扣问……特别让我满意的是，可以在空地上养一丛一丛花，种一畦一畦菜，这些乐趣呀，没法儿说！"

过了一年，苏格拉底把一层的房间让给了一位朋友，这位朋友家有一个偏瘫的老人，上下楼很不方便。他搬到了楼房的最高层——第七层，每天，他仍然非常快乐。

那人揶揄地问："先生，住七层楼也有许多好处吧？"

苏格拉底说："是啊，好处多得很！仅举几例吧：每天上下几次，这是很好的锻炼机会，有利于身体健康；光线好，看书写文章不伤眼睛；没有人在头顶干扰，白天黑夜都非常安静。"

后来，那人遇到苏格拉底的学生柏拉图，他问："你的老师总是那么快快乐乐，可我却感到，他每次所处的环境并不那么好呀？"

柏拉图说："决定一个人心情的，不是环境，而是心境。"

现实生活中，为什么很多人整天都在抱怨，每天都有这么多烦心事，每天都不快乐呢？原因就在于他们缺少一颗快乐的心。同样，我们也看

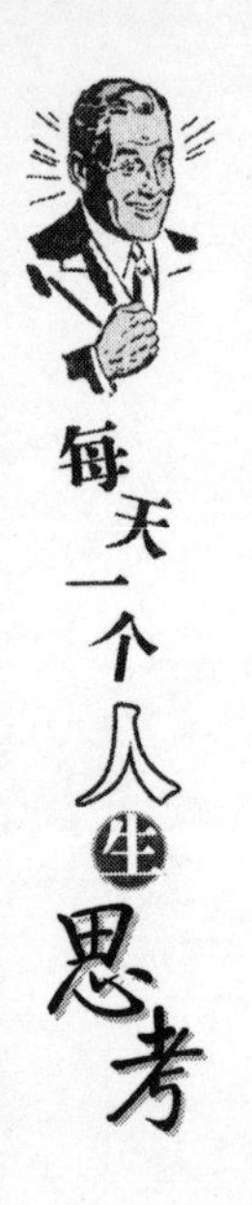


到了，总有一些人，尽管他们的生活状态并没有别人好甚至处在更糟的环境中，但他们却从不抱怨，天天都洋溢着快乐的笑容。原来他们早就意识到，其实生活中快乐的事比烦恼的事要多得多，所以他们绝不让一点点的烦心事充斥自己的内心。凡事都想到好的方面，主动从生活中发掘快乐，这样的生活，怎么会不愉快呢?

50年来，玛丽一直是四大洲剧院独一无二的皇后，深受世界观众喜爱。她在71岁那年破产了，而且她的医生波基教授告诉她必须把腿锯断。医生以为这个可怕的消息一定会使玛丽暴跳如雷。可是，玛丽看了他一眼，平静地说："如果非这样不可的话，那只好这样了。"

她被推进手术室时，她的儿子站在一边哭。她却挥挥手，轻松地说："不要走开，我马上就会回来。"去手术室的路上，她背她演过的台词给医生、护生听，使他们高兴。手术完成、健康恢复后，玛丽继续周游世界，使她的观众又为她疯迷了7年。

幸福是一种感觉，快乐是一种心境，寻找快乐其实就是寻找那份快乐的心境。每个人的生活境遇都会不同，但快乐是每个人梦想的，只不过遭遇不同，快乐的方式就会不一样，简单的生活会有简单的幸福，那也许是最大的快乐和幸福。

波特和汤普森几年前跟人合伙做生意。不幸的是，有一次，运货船遇到风浪，他们所有的财产包括梦想都沉入了海底。波特经受不住这个打击，从此一蹶不振，整天失魂落魄、神情恍惚。可是汤普森却活得有滋有味，他每天白天去码头做搬卸工，晚上还要到图书馆去看营销方面的书籍，生活得很充实、很快乐。于是波特去问汤普森，为什么经历了那么大的磨难，他还

**能乐得起来。汤普森回答说："你咒骂、你伤心，日子一天天地过去；你快活、你高兴，日子也一天天地过去，你选择哪一种呢？"他劝波特说："你每天早晨起床前、晚上睡觉前，都花一些时间重温当天发生的美好事情，这样坚持下去试试。"果然通过这种方式，波特很快就培养起了对生活的积极态度，从而变得快乐起来，不久在家人和朋友的帮助下，又开始从小生意做起，现在他已经成了一个成功的商人了。**

人生往往就是这样，当你遭遇到工作和生活中暂时的黑暗时，不要怨天尤人，要善待生活，善待挫折，看开了，你就会依然乐观快乐。

人生在世，要经历太多的风雨和变数，怎么去看待它们，决定了你以后的人生。在经历痛苦的时候总会有一些朋友不时地给予你关心和照顾，用酸甜苦辣来充实你的人生，这些都是你应该看到的快乐与幸福。

人生在世，不要让短短几十年的光阴在悲叹中度过，而要以乐观积极的心态去寻找快乐，这样才能让自己过得更有意义。所以不要封闭自己的快乐，让自己真正成为一个快乐的人吧！

幸福源于你的内心，快乐是一种心境。在春天的早晨，伴着花香，伴着鸟鸣，伴着甘露，踏着溪水，走进山林，走进自然的怀抱，或静静地思索，或放声地歌唱，释放你所有的重压，让生命回归最初的自然，那就是一种快乐！

在秋天的夜晚，伴着明月，伴着清风，伴着微霜，踩着落红，走进原野，走进金黄的世界，或默默地感受，或纵情地呼喊，减轻你内心的疲惫，让生命走向最初的宁静，那也是一种快乐！

快乐是一个人内心世界的真实体验。同一个事物对于不同的人来说是不同的，快乐的心情也是不相同的。快乐是一种心境，境由心生。快乐是主观的，它存在于人们的内心世界之中。我们要学会用哲学的态度看待人生，人不是因为美丽而可爱，而是因为可爱而美丽。

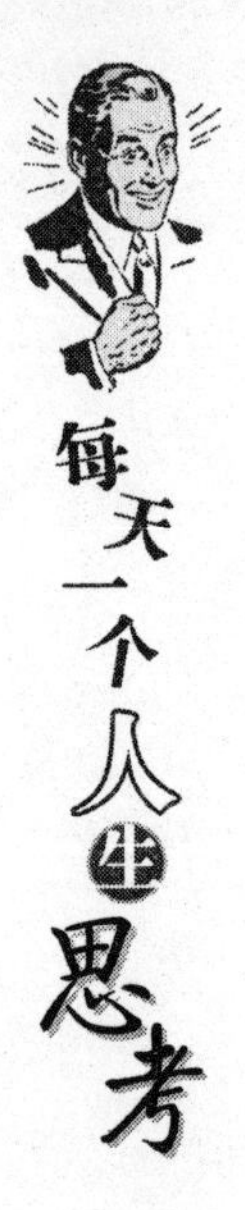

有一位禅师非常喜爱兰花，在平日弘法讲经之余，花费了许多的时间栽种兰花。有一天，他要外出云游一段时间，临行前交待弟子：要好好照顾寺里的兰花。

在这段期间，弟子们总是细心照顾兰花，但有一天在浇水时却不小心将兰花架碰倒了，所有的兰花盆都碎了，兰花散了满地。弟子们都因此非常恐慌，打算等师父回来后，向师父赔罪领罚。

禅师回来了，闻知此事，便召集弟子们，不但没有责怪，反而说道："我种兰花，一来是希望用来供佛，二来也是为了美化寺里环境，不是为了生气而种兰花的。"

快乐是人生的一种洒脱，是人生的一种成熟。快乐能够带给我们很多好处：快乐的人能够安于平淡的生活；快乐的人能够与世无争；快乐的人能够健康地度过每一天。只要我们拥有了快乐的心态，就会发现生活非常美好，就会发现我们原来担心的一些琐事，原来是这样不值得一提。

拥有快乐的心境，也就拥有幸福的人生。无论遇到什么情况，请保持一颗快乐的心吧，它能使你健健康康、开开心心地度过生命中的每一天。

# 开心工作快乐生活

开心工作，快乐生活，说起来简单，做起来却很难。很多人一提到上班、工作就会紧锁眉头，他们认为要不是迫于生活压力，谁愿意天天这样劳碌呢？难道工作仅仅是谋生的手段吗？枯燥、辛劳只是因为你没有真正认识到工作的价值。如果你能竭诚竭力地投入工作，你就可以使最乏味的工作充满乐趣，可以使最平凡的事情变得不平凡，可以把最简单的劳作变成博得满堂喝彩的艺术，而心灵也会随之得到充实、升华。较高的薪水、优厚的福利、轻松的人际关系、和睦的工作氛围、自由施展才华的空间、充满挑战的发展前景，无不是你前行的动力，你会感到在辛苦劳碌的同时也有机会发展自我，为自己的付出感到骄傲，感到快乐！

日本有一个国家级的奖项，叫“终生成就奖”。在向来把荣誉看得比自己的生命还重要的日本人心目中，这是一项人人都梦寐以求却又高不可攀的荣誉。在日本，无数的社会精英、博学才俊一辈子努力奋斗，就是为了能够获得这项大奖。但最近一届的“终生成就奖”却出人意料地颁发给了一位名叫清水龟之助的邮递员。

清水龟之助是东京一位普通的邮递员。他每天的工作就是把各式各样的邮件，快速而准确地投递到每一个相关的家庭。在大家眼里，清水龟之助所从事的这项工作，简直就不值得一

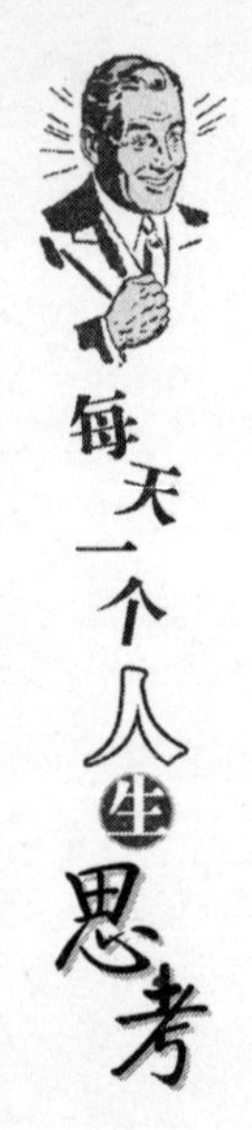


提。然而，就是这位长期从事如此平凡工作的清水龟之助，却无可争议地获得了这项殊荣。这是因为在他从事邮递员工作的整整25年中，清水龟之助的工作态度始终与他到职第一天一样认真。在25年中，他从未有过请假、迟到、早退等任何缺勤情况。而且经他所投递的数以亿计的邮件，从未出现过任何差错。不论是狂风暴雨，还是地冻天寒，甚至在大地震的灾难当中，他都能够及时而准确地把邮件投送到收件人的手中。

清水龟之助是怎么做到几十年如一日，持之以恒地把一件极为平凡普通的工作，铸造成了一项伟大无比的成就呢？他曾感慨地说："我知道我工作的重要。我的工作就是要让所有的人都能在第一时间拿到亲人的问候和祝福。"他说他喜欢看到人们在收到远方的亲友捎来的信件时，脸上那种发自内心的快乐的表情。自己的工作虽然微不足道，但却能够给别人带来莫大的心灵安慰和精神快乐，使他感到自己的工作神圣而有意义。

清水龟之助之所以能够几十年如一日地坚守在自己的岗位上，是因为他知道自己的工作是为了他身边所有的人，为了让他们快乐。正是他的信念，正是他为大众服务的心，让他一直努力地工作着。

人生中最重要的事，就是及早认识到，我们是自己命运的主宰者。我们在为自己工作，在为我们周围的人服务。认识到这点，你就会更专注于工作，更加热爱你的工作，同时以往的那些抱怨少了，从而开开心心工作，快快乐乐生活。

其实，开心工作并不难，关键在于你自己。对于工作上的事情，不用太斤斤计较，大家都多想一想，多讨论一下，多伸一下手，什么事情都解决了；对于同事间的相处，多一个微笑，多一份理解，也没有解不开的结；至于薪酬问题，我相信大部分的老板都是聪明人，他知道你值多少钱，关键在于你工作中的表现和与他的沟通。

开心工作最重要的一点就是热爱自己的工作，因为工作让你感到了充实，感到了快乐，感受到了生活的精彩。在你的工作中不失去热情，你会生活得更快乐。心理学家认为，成功的第一要素，就是一定要喜欢你的工作，或者做你喜欢的工作，如果你喜欢自己的工作，即使工作的时间很长，你也丝毫不会觉得是在工作，而是在做游戏。

马尔·强森的父亲拥有一家洗衣店，他常常会把儿子叫到店中工作，希望他将来能接管这家洗衣店。但马尔痛恨洗衣店的工作，所以懒懒散散，提不起精神，只做些不得不做的工作，其他工作则一概不管。有时候，他干脆“缺席”了。他父亲十分伤心，认为养了一个没有上进心而且不求进取的儿子，这使他在员工面前觉得丢脸。

有一天，马尔告诉他父亲，他希望做个机械工人——到一家机械厂工作。这位老人十分惊讶。不过，马尔还是坚持自己的意见。他穿上油腻的粗布工作服工作，从事比洗衣店更为辛苦的工作，工作的时间更长，但他竟然快乐地在工作中吹起口哨来。他还利用业余时间选修工程学课程，研究引擎和装置机械两个专业。当他1944年去世时，他已经成为了波音飞机公司的总裁，他们制造的“空中飞行堡垒”轰炸机，帮助盟国军队赢得了世界大战。

的确，因为喜欢，可以充满激情地工作，就算一天工作十六七个小时，你也不会觉得很累。但是做一份自己不喜欢的工作，每分钟或许都充满了埋怨，没有热情去创造更多的价值。因此，无论你是否喜欢现在的工作，都要尽快调整你的心理，因为只有真正热爱工作，才能快乐工作，从而享受幸福的生活。

开心工作，快乐生活。当你面对生活中许许多多不如意时，告诫自己，提醒自己，亭前花开花落，窗外云卷云舒，生命中总交织着这样那样的悲喜。当你做什么都有一份坦然，一份淡定时，当你面对什么都有一份从容，一份释然时，你便真的有种禅的洒脱了。宽以待生，宽以待

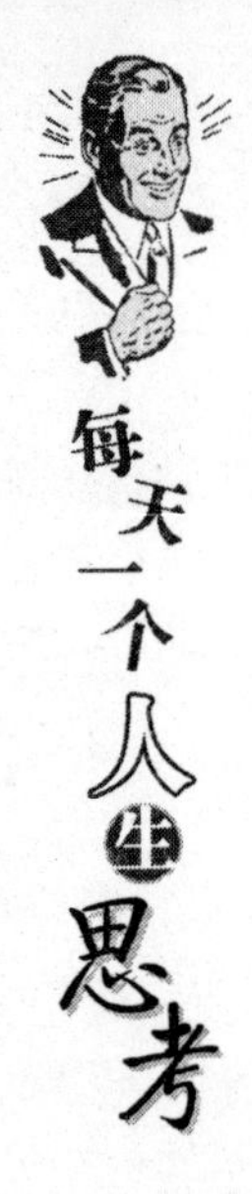


人，其实收益的还是自己。把工作中的不快乐忘掉，多想想高兴的事，你的生活会更加美好。

有人会问，如何做到开心工作，快乐生活呢？下面的几点建议希望能有所帮助：

(1) 坐直、放下肩膀——每当我调整完坐姿，会立刻感到更有精神和更愉快。

(2) 戴上电话耳机。我对此抗拒了很长时间，因为这样看上去很傻，其实却很舒适。而且，它让我在打电话的时候能踱步子，虽然这也很傻，可是却提神。

(3) 不要在桌子上放糖果。研究表明，如果零食在随手可得的范围内，那么吃零食的可能性会大大增加。每天吃一把巧克力豆，到了年末体重可能会增加 5 磅。

(4) 绝对不要在电话上说“好”，而是说：“等一会儿再和你联系”。当你和某人交谈时，会有很强的迎合冲动，而且会让你不经充分考虑就答应对方。

(5) 当你决定要不要说“是”的时候，把它想象成这是一件你在下周就得要做的任务。别仅仅因为它似乎看上去很遥远而且繁重，你就去答应。

(6) 饮食要有规律。

(7) 对于难解决的电话、任务或电子邮件要尽快处理，拖沓会增加它们的难度。把它们搞定会极大提高轻松度。

(8) 如果你感到忙不过来，仔细想想自己的时间都花到了哪里。对自己诚实点，你花了多少时间上网、多少时间去寻找乱放的东西、多少时间去做其实是别人的工作？

(9) 如果不需要知道，就别去知道。

(10) 至少一天到户外一次，如果可能的话，散个步。阳光和运动对你的注意力、心情还有记忆存储都有好处。

(11) 对每个人说“早上好”。人际接触令人愉快，如果你感觉和办公室里的每个人都和睦，那么你每天都会更快乐。另外，这也是礼貌。

## 悦纳自我不求完美

我们也许羡慕过别人，但未必赏识过自己；我们也许欣赏过别人，但未必接受过自己；我们也许喜欢过别人，但未必拥抱过自己！事实上，我们完全不必羡慕别人，因为我们已经很出色。

每一朵花都有自己的春天，所以你千万不要估低自己！了解自己，正确认识自己，坦然承认自己的不足或缺陷，欣然接受自己的不完美，把自己看成是有价值的，值得尊敬的人，每天给自己一个笑脸，你一定会有属于自己的精彩人生。

悦纳自我，不与别人攀比，欣然接受自己，生活中就会减少很多烦恼，而欢笑也会越来越多。在现代社会，竞争日益激烈。我们身边到处都有比我们强的人。如果我们总想超过别人，处处都要抢在别人前面，我们内心就会承受巨大的压力，也会为此烦恼和忧虑。面对竞争，最好的方法就是只与我们自己比成长，而不与他人争高低。相反，如果一味与人争高低，只能使自己陷入困境。下面就是一个这样的例子。

日本精工集团在与瑞士名表欧米茄的多次竞争中，都处于下风，于是，管理层准备将目标转向石英表，以此来寻找突破点。石英表的运行机理是在石英上通入电流，使其发生伸缩性规律振动，然后将此振动以电气的方法连接马达来划分时间。从精确性来说，机械表根本无法与石英表相比，石英表的计时

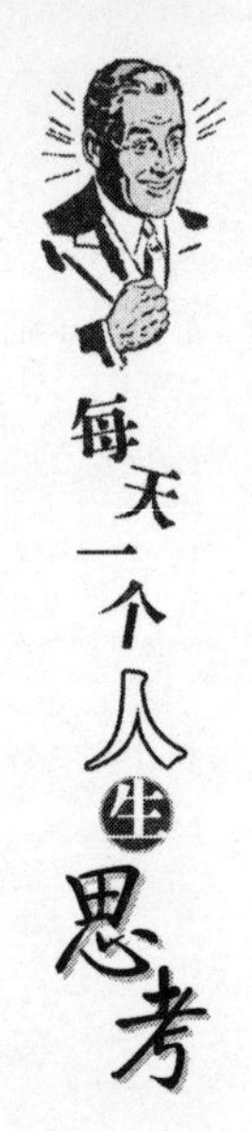


几乎不受温度等其他情况的影响，能够达到十分精确的程度。

在1968年纽沙贴夫天文台的钟表比赛上，15块精工牌石英表的参赛成绩令考评者哑口无言：瑞士表都排在了日本精工表的名次之后。这个结果对瑞士人无疑是个沉重的打击。在这个沉重的打击下，瑞士厂商忧心忡忡，直到第二年才把得分表寄往日本，同时没有公开名次，并宣布从此停办纽沙贴夫天文台的钟表竞赛。这意味着有着百年辉煌历史的瑞士钟表黄金时代宣告结束。为了洗刷耻辱，瑞士人更加追求机械钟表的极致和高精确度，而忽视了竞赛钟表耐性差、成本高等难以商品化的缺点，他们刚从惨败中逃出，却又步入了误区。日本精工集团则恰好相反，他们并没有因此而自傲，而是迅速转移思路，准备将竞赛的成绩转化为生产力，作出了将石英表商品化的战略决策。

接着，日本精工集团的高层又制订了明确的生产目标：“生产大众化、小型化的石英表”。1967年，在日本东京举办的新产品发布会上展出了外表直径30毫米、厚3.5毫米的石英表——精工35SQ。这在当时是件重大的事情，整个钟表业界为之震动。其实瑞士的钟表中心CEH开发石英钟表比日本早，但到了1968年才开始出售产品，迟了半年。而此时精工表已经在市场上站稳了脚跟，瑞士钟表厂家又失去了一次机会。

从上面的例子可以看出，日本精工集团非常清楚自身的长处，在与瑞士名表欧米茄几次较量都失败的情况下，他们马上决定把目光转向石英表，以此来作为突破口。而瑞士名表欧米茄不知道追求自身的发展，而是一味地与日本精工集团进行竞争，结果使自己的公司陷入了逆境。

因此，如果我们能够发现自己的优点，能够把握住自己，不断地发展自己，突出自身的优势，这样就可以增强竞争力，从而取得成功。与自己比，能看到自身的进步，与他人相比，只会使我们的士气低落，严重影响我们自身的发展。更重要的是，在与人攀比的过程中，快乐会离你越来越遥远，而等待你的将是无尽的烦恼。

杰米从小到大，无论做什么事情都比别的孩子慢半拍，同学们讥笑他笨，老师们说他不努力。他费尽心思地去试图改变自己，但是，他却从来没有成功过。直到杰米上了九年级，才被医生诊断出患有动作障碍症。

高中毕业时，杰米也没有像其他同学那样申请名校，他申请了10所最一般的学校，心想总有一所学校会录取他。可直到最后，他连一份通知书也没有收到。后来，杰米看到一份广告，上面写着："只要交来250美元，保证可以被一所大学录取。"结果他付了250美元，果真有一所大学给他寄来了录取通知书。看到这所大学的名字后，杰米立刻想起了几年前，一份报纸上写着有关这个大学的文章："这是一所没有不及格的学校，只要学生的爸爸有钱，没有不被录取的。"当时杰米只有一个信念："我要用自己的实际行动去证实这是个错误的说法。"

在这个大学上了一年后，杰米就转到另一所大学。大学毕业后，他进入了房地产行业。22岁那年，他开了一家属于自己的房地产公司。此后，他在美国的4个州建造了近1万间公寓，拥有900家连锁店，资产高达数亿美元。

如果杰米也喜欢跟同学比较，那么杰米的一生无疑是痛苦的。相反，他却有自己的理想，自己的目标，他一直在跟自己赛跑，不停地与以前的自己比较，这样促使自己不断地成长，因而杰米是快乐的。

我们知道，世界上并没有十全十美的人和事。一味苛求完美，只会让你陷入无尽的烦恼之中。曾几何时，我们会为一只折断翅膀的蝴蝶标本而惋惜，会为无意间错失的一个机会而懊悔，会因一次离别而痛哭不止……生活中没有完美的事情，看淡一切，幸福自来。

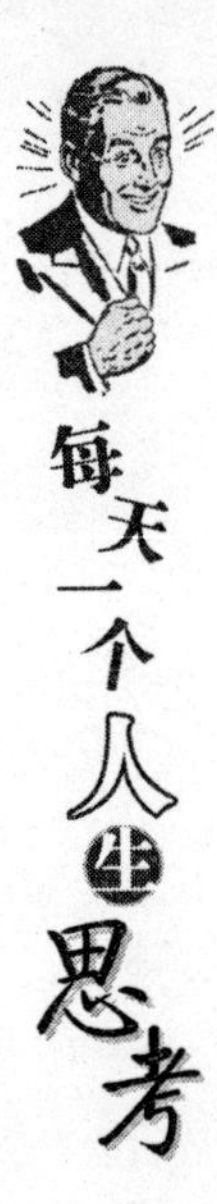


不必苛求完美，因为完美是一种负累。完美没有极致，也没有标准，只会随着追求者的心境而永远无法企及。向往完美是给精神套了枷锁、压上包袱，使人忘却了身边就存在的快乐和真实。

不必苛求完美，因为完美不符合规律。花开虽艳却迟早要败，燕舞虽美却秋来南飞，完美的生活只会让生命失去色泽，失去社会的真实，失去意气风发的自我。

追求完美的人必定得不到快乐，而真正的愉悦来自于一颗平淡知足的心，把一切烦恼与逆境都看作烟云，让它在一笑间消逝，这就是生活的另一种美。没有刻意的要求，也没有瑕疵的失落，一切事物都还原到真实，于是，完美的并不是事物，只是愉悦的心境。

幸福与否，与世俗和物质的一切没有什么必然联系。我们每个人都生活在这个世界上，不必刻意地追求完美。如果在意太多，你的生活肯定会失去快乐。试想，我们每天除了要生活，要吃，要穿之外，还要去挣钱，养活自己的家人。我们要等着评职称、晋级、涨工资；要面对生活中的各种琐事，还要应对病痛折磨等不测。如果我们对自己的生活要求太高，处处都要讲究完美，那样我们的生活会很累，就会没有亮点，一切就会索然无味。

悦纳自我，不求完美。从今天起，做一个开开心心、快快乐乐的人，从此与烦恼无缘，开始全新的幸福生活吧！